After Bitcoin

アフター・ビットコイン

仮想通貨と
ブロックチェーンの
次なる覇者

中島真志
Masashi Nakajima

新潮社

はじめに

ビットコインが一大ブームとなっています。いわゆる仮想通貨法の施行や分裂騒ぎを経て、価格は大幅に上昇しており、ビットコイン投資のすそ野も広がりをみせています。しかし、この辺で一度立ち止まって、冷静に事態を見てみる必要があるのではないでしょうか。

仮想通貨のブームがまだ続き、ビットコイン本やブロックチェーン本が次々と出版されている中で、「ビットコインはもう終わった」と言わんばかりの『アフター・ビットコイン』という題名の本を敢えて書いたのは、以下のような理由によるものです。

1つ目は、ビットコインについては、「通貨の未来を変えるもの」として、非常に美しい姿ばかりが喧伝されていることに懸念を覚えるためです。ブームを盛り上げたいサイドによる書籍や記事が多いこともあって、斬新な仕組みの魅力や、値上がりにつながるような明るい未来が強調されています。物事には必ず表と裏の両面があるはずですが、これまでは「ビットコインの光と影」のうち、美化された「光の部分」のみがクローズアップされる傾向がありました。本書では、敢えて辛口に「ビットコインの影の部分」についても解説を加えて分析しています。ブームに乗るのであれば、こうした面も理解したうえで、ダンスの輪に加わって頂きたいと思います。懸念材料も承知のうえでの参加は、各位のご判断ですから、読者の皆さんにお任せ致します。

2つ目に、わが国のマスコミでは、ビットコインばかりが脚光を浴びていますが、これから大きな影響を与えるのは、むしろブロックチェーン（分散型台帳技術）の方だと考えるためです。つまり、ビットコインのブームの次には、ブロックチェーンのトレンドが来る公算が大きいのです。ご存知の方も多いと思いますが、もともとブロックチェーンというのは、ビットコインを支える中核技術として開発されたものです。ビットコインなどの仮想通貨は、いわば従来の金融本流から離れた周辺部分（これまで金融機関が手掛けていなかった分野）におけるイノベーションですが、ブロックチェーンは、銀行や証券会社などの主流の金融機関がこれまで手掛けてきた、いわば「金融のメインストリーム」に革新を起こそうとしています。このため、その影響度は格段に大きくなるものと考えられます。

3つ目に、このブロックチェーンを使って、世界の中央銀行が「デジタル通貨」を発行しようとする動きがあるということを知って頂きたいからです。デジタル通貨とは、簡単に言うと、銀行券に代わって公的なビットコインが発行されるといったイメージになります。「仮想通貨が広まれば、中央銀行には死がもたらされる」などとも言われ、ビットコインの登場によって、中央銀行は押されっぱなしという印象をお持ちの方が多いことと思いますが、実は、ビットコイン用に開発された技術を使って、中央銀行が自ら公的なデジタル通貨を発行していこうとする動きがあるのです。これも世界経済の仕組みを大きく変える可能性がある話ですので、読者の皆さんにいち早くお伝えしておきたいと考えています。

4つ目に、ブロックチェーンの金融への応用について、詳しい内容を知って頂きたいということがあります。ブロックチェーン本の中には、「ブロックチェーンは素晴らしい。銀行業務や証券業務を大きく変えるだろう」といったざっくりとした説明はあるものの、何をどのように変えるのかについてはほとんど説明されていないものが少なくありません（技術としてのブロックチェーンには詳しくても、必ずしも金融業務には明るくない書き手が多いからかもしれません）。本書では、特に有力な応用分野とみられる国際送金と証券決済の2つを取り上げて、ブロックチェーンの応用手法とその課題について詳しく説明を加えています。

このように、本書は、かなり盛りだくさんの内容となっており、一冊で相当多くの知識を得て頂くことができるものと思います。

＊＊＊

著者は、長らく日本銀行に勤務し、リサーチ関連の仕事を多く経験しました。その中で「決済システム」に出会い、大学教授への転身後もライフワークとして調査研究を続けてきています。日本銀行時代には、金融研究所で「電子現金」の研究に携わり（詳しくは本論でどうぞ）、国際決済銀行（ＢＩＳ）に出向の際は、決済に関するグローバルなルール作りに携わりました。この間、資金決済、証券決済、外為決済、ＳＷＩＦＴなどについての著作を刊行し、いずれも金融関係者に広く読んで頂いています。こういった経歴から、わが国における決済分野の有識者の一人として、金融庁の審議会や全銀ネットの有識者会合などにも数多く参加してきました。

本書は、こうした著者の長年にわたる決済や通貨に関する研究の蓄積をもとにまとめたものです。読者の皆さんが、ビットコインとブロックチェーンの今後の潮流を正しく把握し、新たなビジネスシーンに役立てて頂ければ幸いです。

アフター・ビットコイン

仮想通貨とブロックチェーンの次なる覇者

目次

目次

第2章

仮想通貨に未来はあるのか

第3章

ブロックチェーンこそ次世代のコア技術

第4章

通貨の電子化は歴史の必然 151

第5章

中央銀行がデジタル通貨を発行する日 193

アフター・ビットコイン

仮想通貨とブロックチェーンの次なる覇者

序章

生き残る次世代通貨は何か

1. 過大評価されている仮想通貨？

「ビットコイン」という仮想通貨が、一般の人にも知られるようになり、仮想通貨の書籍が出版され、マスコミにもしばしば取り上げられるようになったのは、2014年ごろのことです。このときには、「仮想通貨が世界を変えるのでは？」といった論調で世の中は盛り上がりました。それまで考えたこともなかった仮想通貨（バーチャル・カレンシー）という仕組みによって、自由にモノを買ったり、「おカネ」を世界中にリアルタイムに送ったりすることができるという斬新な発想に、人々は驚き、また興奮を覚えたのです。この時期、ビットコインは、通貨の歴史上の大革命であり、インターネット上の仮想通貨が社会革命を引き起こすのではないかとも言われました。

しかし、その後の展開をみていると、「革命」というまでのインパクトは生じていないように思われます。ビットコインについては、違法サイトにおける麻薬取引での利用や、最大の取引所の破たんなど、信頼を失わせるようないくつかの事件も発生しました。また、何の規制もなく自由に取引されていた仮想通貨に対し、政府の規制が各国で導入され、ビットコインの匿名性を利用するための使い方にはブレーキがかかるようになりました。ビットコインの仕組みにも、発行上限の設定や発掘作業に対する報酬の半減など、いくつかの問題点や将来の不安材料があることも、次第に分かってきました。

ビットコインの保有や使い方については、「世界中の利用者が、少しずつコインを保有している」「ネットワークの参加者がみんなでビットコインの仕組みを支えている」「世界中のいろいろな取引所で取引されている」「さまざまな通貨との間で交換されている」「インターネットや実際の店舗で、商品やサービスを購入するために幅広く使われている」といった美しいイメージが流布されています。しかし、利用の実態を仔細に眺めてみると、必ずしもこうしたイメージ通りの展開とはなっておらず、一部の人が取引の承認作業とそれによる報酬を独占し、また一握りの人が多くのビットコインを保有している構造となっていることが分かります。すそ野の広い参加者が幅広く参加して、皆でビットコインの仕組みを支えていくという当初の理念が必ずしも実現しておらず、仮想通貨の健全なコミュニティ作りがあまりうまくいっていないものと言えるでしょう。

ビットコインが登場した当初は、金融界においても、衝撃をもって迎えられました。「中央銀行が存在しない通貨」というこれまで考えたこともなかった仕組みが登場したのです。しかも、暗号技術やブロックチェーンの仕組みを使っていて安全性も高く、インターネットを通じてコストもほとんどかからずに世界中に自由に送金を行うことができるというのです。これが普及したら、銀行を通じた送金や決済が不要になり、そのビジネスモデルに大きな影響が出ることが想定されました。

2013~2014年ごろに金融関係の国際会議に出ると、「ビットコインによって何が変わるのか」「銀行業務にどう影響が出るのか」といったことが盛んに討議されました。かなりの危機感を持って議論が行われていたのです。

ところが、2015年頃を境に、国際会議のテーマとして取り上げられることもなくなり、欧米の銀行関係者と話をしても、「ビットコイン」という言葉自体をまったく聞かなくなってしまいました。当時は日本ではビットコインについてまだ盛んに報道されていた時期でしたので、不思議に思って尋ねてみると、「あれはもう終わったものだから」という反応で、まったく相手にしていません。「一部の特殊な人たちが使うマイナーなサービス」として位置付けられており、金融のメインストリームに影響を及ぼすような存在ではないとみられるようになっていたのです。

これに対して、世間では、未だにビットコインの価格が上がったとか下がったとか、ビットコインが使える店舗が増えたといった報道が頻繁になされており、また雑誌でも仮想通貨の特集が組まれたりしています。さらに、仮想通貨が普及すると、中央銀行が不要になるとか、銀行が消えるといった物騒なタイトルの書籍も次々に刊行されており、金融関係者と一般の方との間で大きな認識の差異を感じます。上記のような海外主要行の反応に比べると、世間では、ビットコインを中心とする仮想通貨のイメージが美化されすぎており、また過大に評価されすぎのようにも思われます。

2. 期待が高まるブロックチェーン

先にも述べたとおり、金融の専門家たちの間では、ビットコインに対する期待が低下しているのに対して、逆に評価が高まってきているのが「ブロックチェーン」です。ブロックチェーンは、取引記録を入れた「ブロック」を時系列に鎖のようにつなげて管理する仕組みであり、これによって、不正な取引や二重使用などを防止できるようになっています。この技術は、もともとはビットコインの仕組みを支える技術でしたが、現在では、仮想通貨とは切り離して、独立した技術として利用が進められようとしています。

ブロックチェーンについては、「インターネット以来の発明である」と言われており、またビットコインとの対比で「この技術は本物だ」との声も多く聞かれます。「金融を抜本的に変えるポテンシャル（潜在能力）がある」との見方が有力であり、真のブレーク・スルーになるのではないかとの期待が高まっています。

こうした期待の高まりから、国内外では、すでにブロックチェーンを使った多くの実証実験が行われています。まず金融界では、貿易金融、シンジケート・ローン、債券発行など多方面にわたって実証実験が行われていますが、これらの中でも、特に有望視されているのが国際送金や証券決済の分野です。また、ブロックチェーンの応用は、金融界だけでなく、非金融分野である土地登記や医療情報、選挙システム、ダイヤモンドの認定書などにも及んでいます。

なお最近では、ブロックチェーンは、「分散型台帳技術」（DLT：ディストリビューテッド・レッジャー・テクノロジー）と呼ばれることが多くなっています。ブロックチェーンを使うと、ネットワーク内の参加者が、所有権の記録を分散して管理できるようになるためです。ブロックチェーンには、取引記録を改ざんすることが難しい点や、障害が発生しにくく、システムダウンしにくいといった特徴があります。これに加えて、ブロックチェーンが注目されている最大の要因は、劇的なコストの削減につながる可能性があるためです。ブロックチェーンを使うと、金融取引にかかるコストは10分の1程度にまで削減できるとの見方もあります。

3. 中央銀行によるデジタル通貨発行への取組み

民間銀行が国際送金や証券決済などの分野でさまざまな実証実験を行っているのに加えて、注目すべきは、中央銀行までもがブロックチェーンの利用に向けて積極的な取組みをみせていることです。つまり、中央銀行では、ブロックチェーンを使って、自らがデジタル通貨（電子的な通貨）を発行する可能性を模索し始めています。

ビットコインなどの仮想通貨が「私的なデジタル通貨」であるのに対して、中央銀行が発行しようとしているのは、公的な「中央銀行デジタル通貨」です。貨幣の歴史を振り返ってみると、その時々で利用可能な最新の技術（鋳造技術、印刷技術など）を使って貨幣が発行されてきています。このため、ブロックチェーンというイノベーションの出現に伴って、それを使った「デジタル通貨」の発行を考えることは、実は「歴史の必然」であるかもしれません。実際に15年ほど前には、いくつかの中央銀行で、ＳｕｉｃａやＥｄｙのような電子マネーの技術を使って「電子的な法定通貨」を発行しようとする動きもあったのです。実は筆者が在籍していた日本銀行でも、密かにこうした研究を行っていました。

現在、デジタル通貨の発行に向けて動きをみせている中央銀行は、イングランド銀行（英国）、カナダ中央銀行、スウェーデン中央銀行、日本銀行のほか、シンガポール通貨監督庁（ＭＡＳ）、オランダ中央銀行、中国人民銀行、香港金融管理局（ＨＫＭＡ）など、かなりの広がりをみせています。これだけ多くの中央銀行が、ブロックチェーンを使った実証実験に一斉に取り組んでいるというのは驚くべきことと言えるでしょう。このうち、カナダ中銀は「ＣＡＤコイン」、オランダ中銀では「ＤＮＢコイン」など、実験段階ではありますが、実際に中央銀行発行のコインを作って実験を進めています。また、スウェーデン中銀では、デジタル通貨である「ｅクローナ」の発行計画を打ち出しており、「世界初のデジタル通貨発行国」を目指すことを公言しています。

実際に中央銀行がデジタル通貨を発行するようになると、そのデジタル通貨にマイナス金利を付けるなど、新しい政策ツールとなる可能性があります。つまり、デジタル通貨の発行によって、金融政策のスキームが変わる可能性もあるのです。

4. ブロックチェーンがつくる新たな未来

ビットコインを始めとする仮想通貨は、今後、さらに利用できる店舗が増え、また取引量も増えてメジャーな決済の手段となっていくのでしょうか？ そして、当初に期待されたように、通貨のあり方を変えるような存在になっていくのでしょうか？ それとも、限定されたユーザーのみが使う「ニッチな商品」であり続けるのでしょうか？

筆者の結論を先に言えば、ビットコインは、通貨のあり方を根本から変えるといった「次世代の通貨」にはならないのではないかと考えています。これは、仮想通貨がすぐに使われなくなるということを言っているのではなく、それなりの存在として存続したとしても、金融のメインストリームとしての存在にはなりえないだろうということです。ビットコインの将来性に期待して投資されている方やビットコイン関連のビジネスで一儲けを考えておられる方は、「そんなことはない！」とお怒りになるかもしれませんが、筆者が「ビットコインの中長期的な将来性については、厳し目に見ておいた方がよい」と考える理由は、第2章で詳しく説明しますので、それを読んで当否をご判断頂きたいと思います。

一方で、ビットコインの中核技術として開発されたブロックチェーンについては、間違いなくこれからの金融やビジネスの仕組みに革命を起こす「本物の技術」だと高く評価できます。「はじめに」でも述べたように、ブロックチェーンは、これまで銀行や証券会社など、金融の中枢にある機関が担ってきた、いわば「金融のメインストリーム」の部分で活用されようとしています。このため、これが本格的に導入された場合のインパクトは、仮想通貨の比ではないものと考えられます。また、ビットコインは、管理者も発行者も存在しないのに対して、中央銀行というしっかりとした管理者・発行者がデジタル通貨を発行する実験に乗り出しています。こうした通貨に人々が信頼感を覚えれば、多くの人が公的なデジタル通貨で日常的な支払いを行うようになるといった日も夢ではないかもしれません。

こういったブロックチェーンの実用化に向けた動きや中央銀行のデジタル通貨のプロジェクトの概要についても、これから本書で詳しく説明していきます。

第1章

謎だらけの仮想通貨

ビットコインの仕組みについては、すでにさまざまな本が出ていますので「もう十分に理解している」と思っている方もいるかもしれません。しかし、ＩＴ技術者が書いたものは、技術的な説明に終始していてビジネスパーソンには理解しにくい一方で、やさしく解説したものについては、重要なポイントが端折られていたりします。筆者がみる限り、いずれも「帯に短し、襷《たすき》に長し」の感が否めませんので、ここで改めて簡単に確認しておきたいと思います。ビットコインの基本的な仕組みを正しく理解しておくことは、この先の議論をより深く理解する助けともなりますので、ぜひ読んでみてください。

1. すべての始まりはビットコイン

「ビットコイン」（Bitcoin）とは、「サトシ・ナカモト」と名乗る人物が、２００８年に発表した論文（ナカモト［２００８］）をもとに作成された「仮想通貨」（バーチャル・カレンシー）です。２００９年１月３日に、最初のブロック（「ジェネシス・ブロック」と呼ばれます）が作られ、ビットコインの運用が始まりました。

銀行券や硬貨といった通常の「通貨」は、物理的にそれを受渡しすることによって価値の受渡しや商品との交換が行われます。これに対して仮想通貨では、インターネットを通じて価値がやり取りされます。仮想通貨には、紙幣やコインといった目にみえる形での物理的な存在はなく、あくまでも単なるデータがコンピュータ上でやり取りされることになります。このため、「仮想の（バーチャルな）通貨」と呼ばれるのです。

ドルや円には、「１００ドル」とか「１万円」といったかたちで、通貨の量を示す単位が存在します。ビットコインにも、「ＢＴＣ《ビーティーシー》」という単位があり、１ＢＴＣ、10ＢＴＣというかたちで数えます。また、ビットコインは１ＢＴＣより小さな単位に分けることができ、０・05ＢＴＣとか、０・００１ＢＴＣといった取引も可能です。ちなみにビットコインの最小単位は小数第８位までとなっており、これを「１サトシ」と呼びます。これは、発明者であるサトシ・ナカモト氏の名前に由来するもので、１サトシ＝０・００００００００１ＢＴＣとなります。

ドルや円といった通常の「法定通貨」は、中央銀行などの公的な発行主体があり、この主体が責任をもって、全体の通貨の流通を管理し、供給量などを調整しています。法定通貨は、法的な裏付けを伴っているため、一般に「リーガル・カレンシー」あるいは「リーガル・テンダー」（法貨）と呼ばれます。そして、その法的な裏付けにより、国内において強制的に支払いに用い

図表1―1　円やドルとビットコインの比較

	円やドル	ビットコイン
性格	法定通貨（法貨）	仮想通貨
価値の受渡方法	物理的な受渡し	ネットワーク上のやりとり
通貨の単位	円、ドルなど	BTC
管理主体	中央銀行など	なし
強制通用力	あり	なし
偽造や二重使用の防止方法	特殊な紙、印刷技術など	暗号技術、 ブロックチェーン技術

出所：筆者作成

ることができる（受取側は法定通貨での支払いを拒否できない）という「強制通用力」を持っており、このため誰にでも受け取ってもらえる「一般的受容性」という性質があります。

これに対して、ビットコインの場合には、中央に通貨をコントロールする管理主体が存在しないのが大きな特徴となっています。ビットコインの全体的な仕組みは、基本的にプログラムによって管理されており、また世界中のビットコイン・ネットワークの参加者が協力して、ビットコインによる取引を確認し、取引処理を行う仕組みとなっています。ビットコインには、高度な暗号技術が用いられており、それにより、コインの不正な複製や二重使用ができない仕組みになっています。このため、暗号技術が活用されているという意味で、「暗号通貨」（クリプト・カレンシー）と呼ばれることもあります。円やドルなどの法定通貨が、特殊な印刷技術（特殊インク、すかし、ホログラム等）などによって偽造を防止しているのに対して、ビットコインは暗号技術によってその安全性を確保しているのです。ここまでみた現実の通貨とビットコインを比べたのが図表1―1になります。

2. ビットコインはどうやって使うのか

(1) ウォレットとアドレスが必要

円やドルなどの「現金」で支払いをするためには、通常、財布の中に紙幣やコインを入れて持ち歩き、必要になると、そこから現金を取り出して支払いを行います。ビットコインの場合にも、取引を行うためには「ウォレット」というものが必要となり、パソコンやスマートフォンの中に設定されます。電子的な財布であるため「デジタル・ウォレット」とも呼ばれ、ここから、世界中のビットコイン・ユーザーに支払いを行ったり、あるいは逆に相手からビットコインを受け取ったりすることができます。

ビットコインでは、ネットワークを通じて相手とやり取りを行うため、どのウォレットとの間でやり取りをするかを一義的に決める必要があります。このために、各ウォレットには「ビットコイン・アドレス」が付されています。これは、ビットコインを利用するための「口座番号」のようなもので、約30桁の英数字から成る文字列です。アドレスは、1つのウォレットについて、複数を作成することができるようになっています（図表1－2）。これは、取引の都度に、異なるアドレスを使ってビットコインの授受を行うことを可能にして、アドレスからウォレットの持ち主が特定されないようにするためです。

図表1—2　ウォレットとアドレスの関係

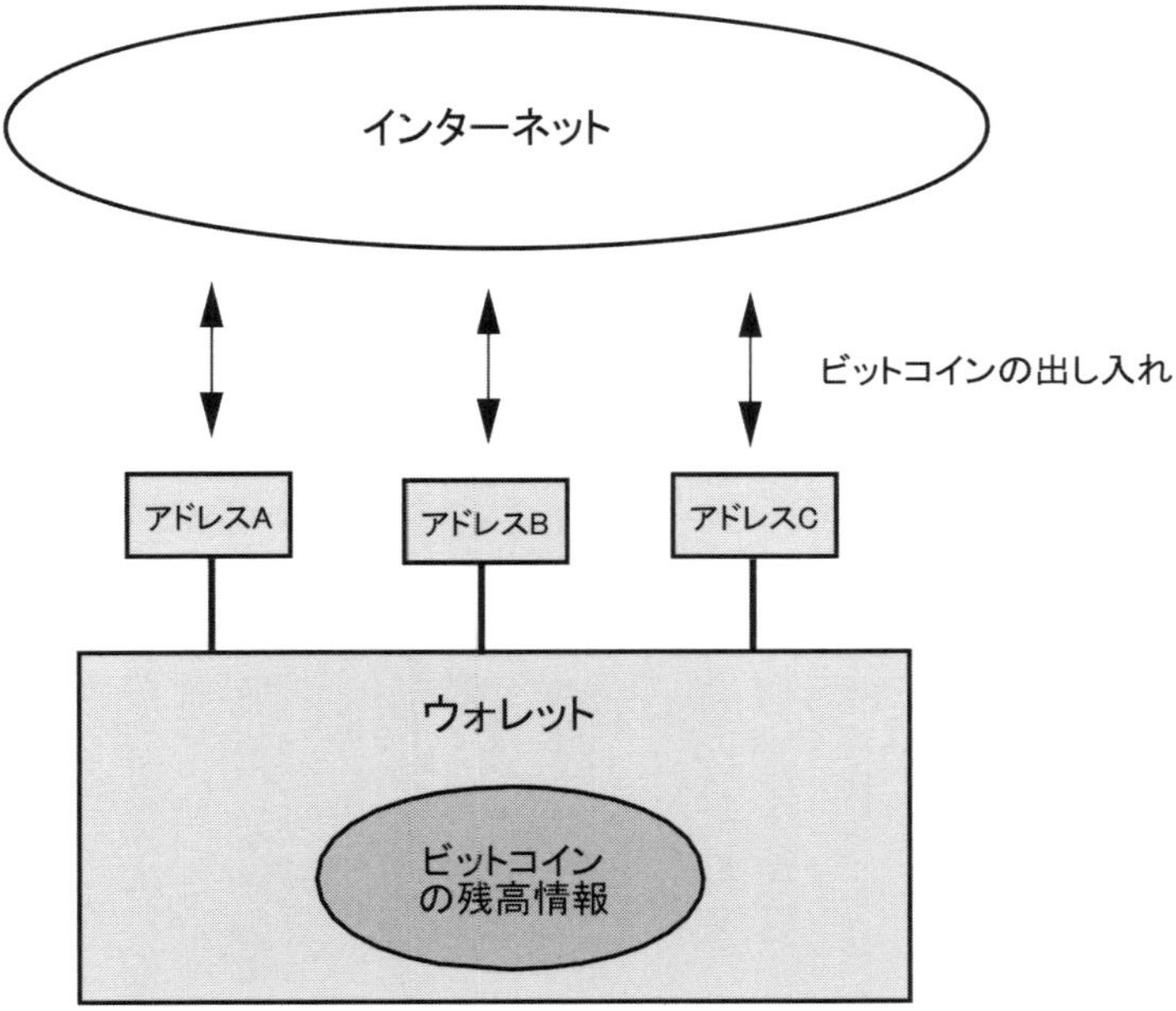

出所：筆者作成

ビットコインのウォレットを作成する際には、特に自分の名前や身分を明かす必要はありません。[1]この点が、本人確認が必要とされている銀行口座との大きな違いであり、ビットコインの「高い匿名性」につながっています。ビットコインを送る際には、受取側のビットコイン・アドレスを指定して送付の手続きを行います。

（2）分散型のネットワークによる情報のやり取り

さて、世界中にあるウォレットの間で取引を成立させるためには、ウォレット同士が通信できるようにする必要があります。ビットコインでは、この際に「P2P型ネットワーク」という仕組みを採用しています。P2Pとは「peer-to-peer」の略で、「クライアント・サーバー型」に対比して使われる概念です。

クライアント・サーバー型のネットワークでは、多数のクライアントに対して、サーバーが中央に1つだけ設けられ、各クライアントは、サーバーとだけ通信することができます。つまり、中央にあるサーバーが、全体の管理を行いつつデータを保持・提供し、個々のクライアントは、サーバーに対してアクセスやデータを要求するという「中央集権型」のモデルになっています（図表1－3の①）。

これに対して、「P2P型」のネットワークでは、ネットワークに接続されたコンピュータ同士が、対等な立場および機能で直接通信を行うかたちになります（図表1－3の②）。P2P型ネットワーク上の端末は、「ピア」（peer）または「ノード」（node：結節点）と呼ばれます。つまり

図表1−3　クライアント・サーバー型ネットワークとP2P型ネットワーク

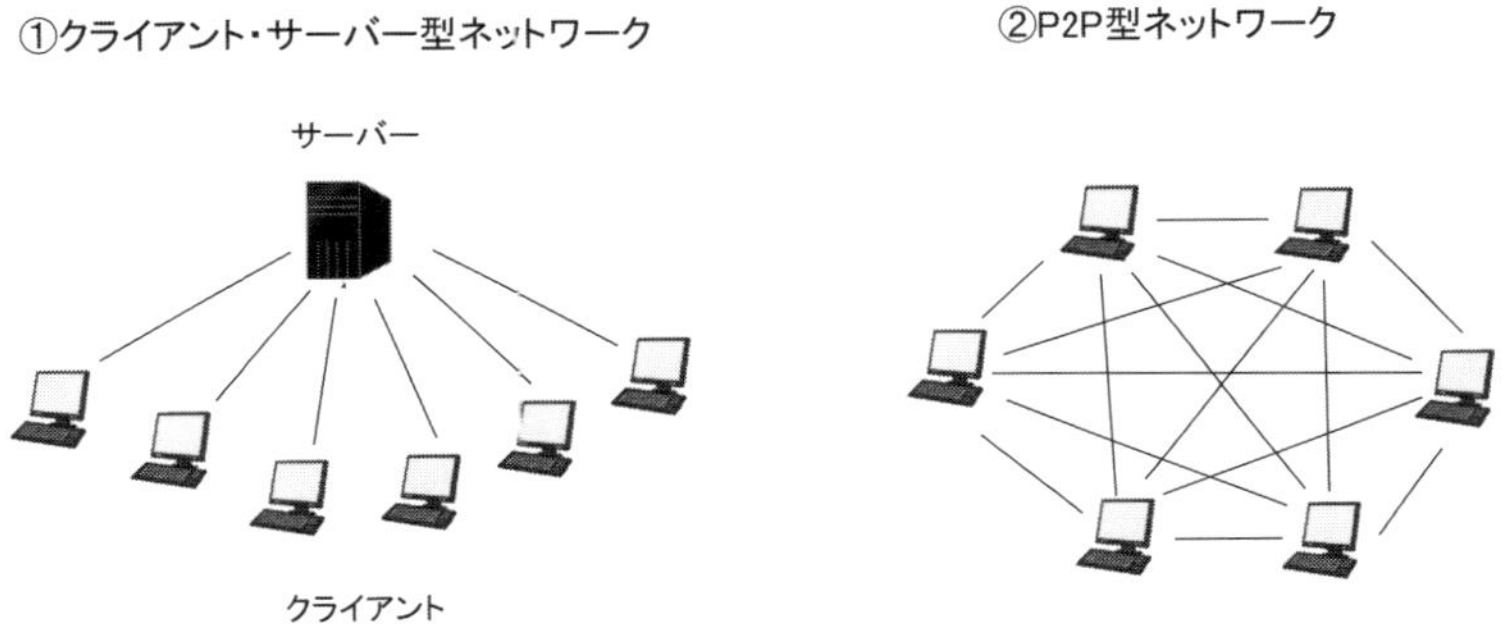

出所：筆者作成

P2Pでは、各ピアがデータを保持するのと同時に、他のピアに対して対等な立場でデータの提供およびアクセス・要求を行うという「分散型ネットワーク」になっており、リーダー役がいないのです。

P2P型ネットワークでは、取引が行われると、その情報を共有するために、取引内容が「ブロードキャスト」という方法でメンバー全員に向けて同時に通知されます。つまり、ネットワーク内では、どのアドレスからどのアドレスにいくらの取引が行われたのかという情報を全員で共有することになります。

ビットコインでは、こうした分散型のネットワークを採用しているため、取引を行うたびに中央にあるサーバー（仲介業者など）を介する必要がありません。これによって、参加者同士が直接的にビットコインを送り合う

1　仮想通貨取引所に対する規制が導入された国（日本を含む）では、取引所で取引を行うためには、本人確認が必要となっています。

ことができ、きわめて安い手数料で送金（ビットコインの支払い）を行うことが可能となっているのです。

（3）ビットコインを入手する3つの方法：買う、受け取る、採掘する

ビットコインを入手するには、大きく分けて以下の3つの方法があります。

第1は、「ビットコイン取引所」で法定通貨（円、ドルなど）と交換することです。世界には100以上ものビットコインの取引所があり、ビットコインと法定通貨との交換を行っています。これらの取引所では、他の仮想通貨も取り扱っているため、「仮想通貨取引所」とも呼ばれます。

第2は、商品やサービスの対価としてビットコインを受け取ることです。インターネット上のオンライン・ショップや現実の店舗のいくつかでは、支払手段としてビットコインを受け入れるようになっており、店と顧客の双方にビットコインによる決済の用意があれば、商品やサービスに対する代金の支払いをビットコインで行うことができます。店舗側では、これによってビットコインを入手することになります。

第3は、ビットコインの取引を承認するために必要となる複雑な計算処理を行い、その対価としてビットコインの新規発行を受ける方法です。これは「採掘」（マイニング）と呼ばれています（この仕組みについては後述します）。

3. ビットコインを支える不思議なメカニズム

では、このビットコインは、どのような仕組みによって取引が可能になっているのでしょうか。ここでは、なるべく技術的な細部には深入りしないで、できるだけ簡潔に説明します。

(1) 高度な暗号技術を使った暗号通貨

ビットコインは仮想通貨であり、デジタル・データでできていますので、最も困るのが、同じデータを使って2度目の支払いを行うこと(二重使用:ダブル・スペンディング)や偽のデータにより支払いを行うこと(偽造)が発生することです。こうした不正使用を防ぐために、ビットコインでは、暗号技術を利用しています。

より具体的には、「デジタル署名」(digital signature)という技術が用いられています。デジタル署名は、電子的な記録(データ)に対して行われる電子的な署名のことであり、紙の書類における署名や捺印に相当するような機能を果たすものです。ビットコインのデータには、その所有者の署名が付けられており、正しい署名ができる人だけが、取引(次の人へのビットコインの受渡し)を行うことができる仕組みとなっています。

送信者は、ビットコインのデータをもとに、自分のデジタル署名を付けて送り、受信者は、その署名が確かに送信者のものであることを確認します(この過程では、秘密鍵や公開鍵といった概念の理解が必要になりますが、ここでは深入りしません）。

これによって、①ビットコインを送ったのは確かに署名者であること（本人確認）、②通信の途中で金額が変更されていないこと（改ざんの防止）、③署名者はビットコインを送ったという事実をあとで否定できないこと（否認の防止）、といった点が確保されることになります。ビットコインでは、こうしたデジタル署名をチェーン状につなげていくことによって、受渡しの正当性を確認することが基本原理となっているのです。

（2）二重使用を防ぐ「ブロックチェーン」の仕組み

ビットコインでは、「ブロックチェーン」という基幹技術を使っています。これは、一定時間の「取引の束」（これを「ブロック」と呼びます）を時系列でチェーンのようにつなげて記録していく仕組みのことです。ビットコインの取引を書き込む「台帳」がチェーン状に連なっていくことから、このように呼ばれます（図表1－4）。このブロックを参加メンバーがお互いに正しいものであるとして次々に承認し合うことにより、データの改ざんによる偽造や二重使用ができない仕組みとなっています。

正当な所有者が、受取人Aと受取人Bの両方に同じコインを譲渡した場合（ダブル・スペンディングのケース）には、どちらかの譲渡のみをネットワーク上での正しい取引として決定する必要があります。これを可能にするのが、それまでの正当な取引データを使って、次の正当な取引データを承認するというブロックチェーンの仕組みなのです。

図表1−4　ブロックチェーンのイメージ

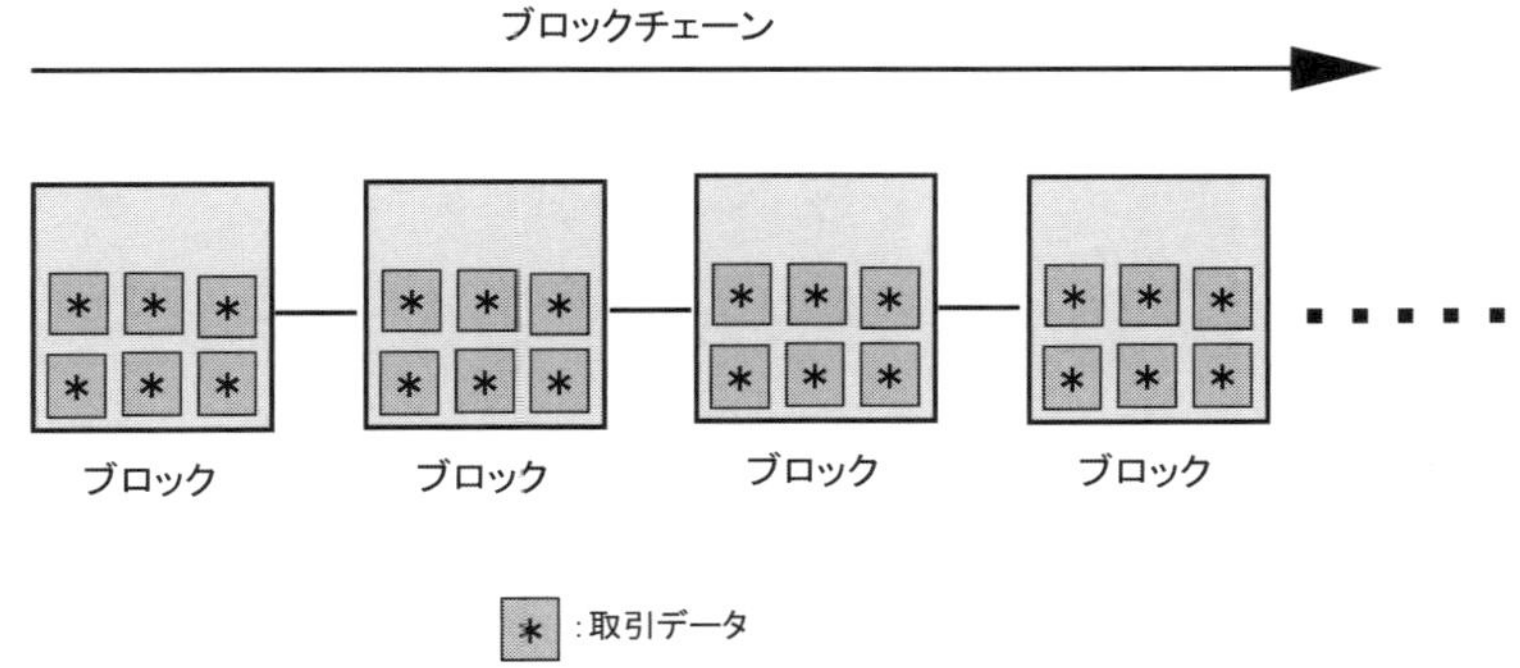

出所：筆者作成

図表1−5　ブロックチェーンのブロックに含まれるデータ

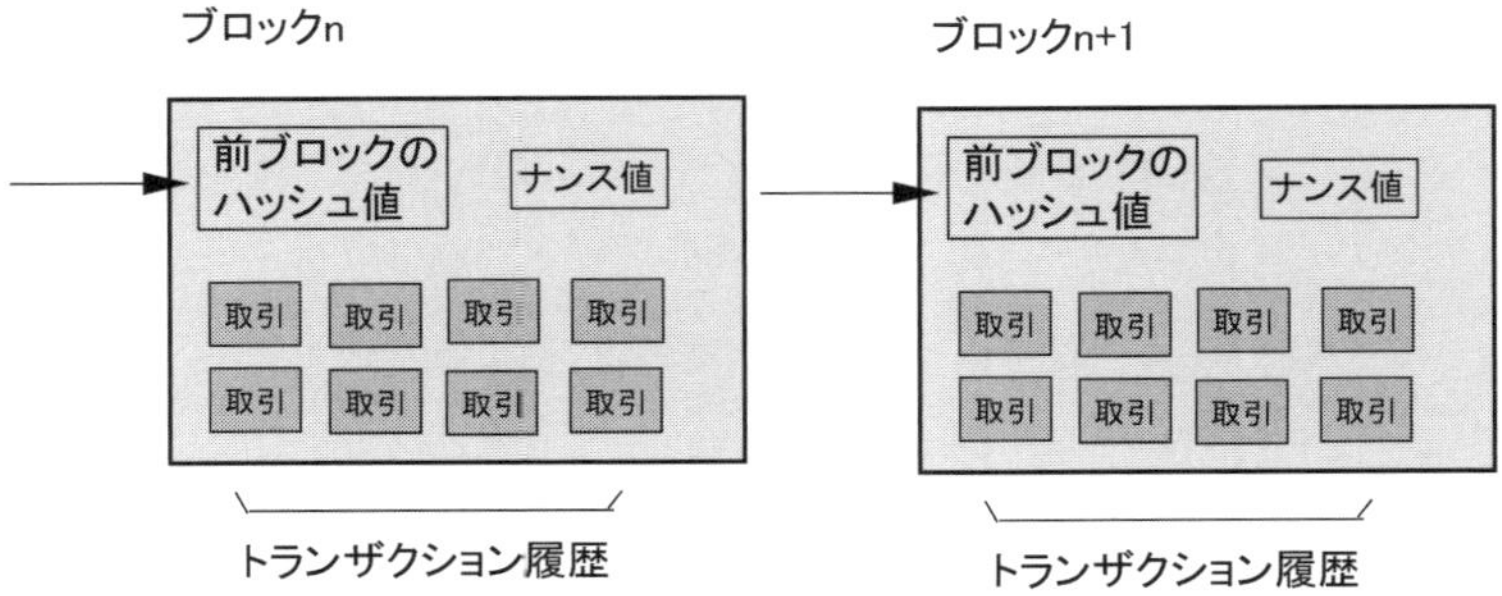

出所：筆者作成

1つのブロックの中には、①一定期間ごとの多数の取引データ、②前ブロックのハッシュ値、③ナンス値と呼ばれる数字、の3つが含まれています（図表1－5）。

①取引データ

「取引データ」には、送金額や送金人などの取引情報が含まれます。また「一定期間」という意味では、ビットコインでは、10分間に1個のペースでブロックが作成されるようになっており、この間の取引データ（トランザクション履歴）がブロックに格納されていきます。つまり10分ごとに、その間の取引の正当性が確認され、それ以降の取引につながっていきます。

②ハッシュ値

「ハッシュ値」（hash value）とは、「元になるデータから一定の計算方法によって求められる規則性のない固定長の値」のことです。元のデータからハッシュ値を求める計算方法のことを「ハッシュ関数」と言います。ハッシュ関数は、同じデータからは必ず同じハッシュ値が得られる一方で、少しでも異なるデータからはまったく異なるハッシュ値が得られるように作られています。たとえば、図表1－6のように、元データの一部を「Bitcoin」から「Vitcoin」へと1文字変更しただけで、ハッシュ値はまったく異なったものになります。

ハッシュ関数は、出力値（ハッシュ値）からは入力値（元のデータ）を復元することができないようになっており、この性質を「一方向性」と言います。また、ハッシュ関数には「圧縮関数」が含まれており、膨大なデータ量を固定長の短いデータに圧縮して変換します。これによって、データの量を増やすことなく、改ざん防止などに利用することができるのです。

図表1−6　ハッシュ関数の例

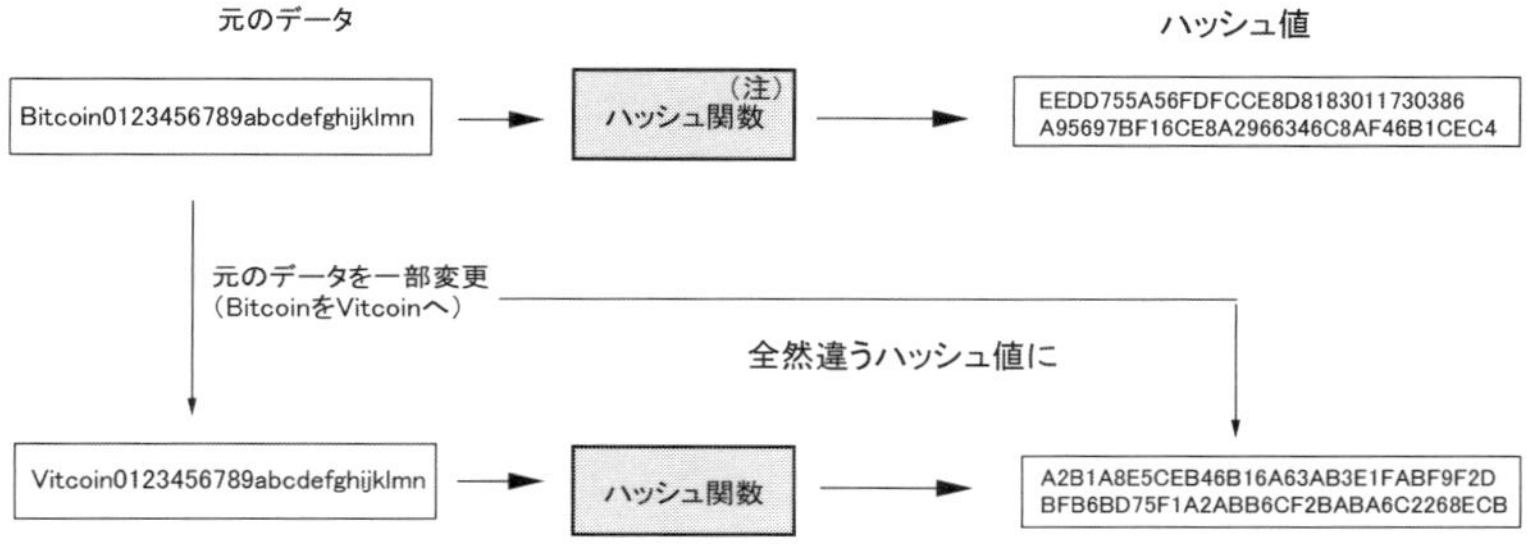

(注)ここでは、ビットコインでも使われている「SHA−256」を使用した。

出所:筆者作成

③ナンス値

「ナンス値」(nonce)とは、「number used once」(一度だけ使われる数字の意味)の略で、一度だけ使う使い捨ての数字になります。実は、このナンス値そのものには特別な意味はありません。ただし、このナンス値によって、次のブロックに使う「前ブロックのハッシュ値」が変わってくるという点がポイントになります。

ブロック全体のデータは、「前ブロックのハッシュ値+取引データ+ナンス値」から構成されています。このうち、「前ブロックのハッシュ値+取引データ」はすでに決まっているため、次のブロックに使うハッシュ値をコントロールするために変えることができるのは、ナンス値のみとなります。

ビットコインには、次の新規ブロックを追加できる条件として、「そのブロックのハッシュ値が一定の条件を満たすものになることが必要」というルールが定められています。一定の条件とは、具体的には、ハッシュ値の最初に一定以上のゼロが続くことを意味します。このため、新規ブロックを追加するためには、この条件を満たすハッシュ値を作り出すような適切なナンス値を探し当てる必要があるのです。

＊＊＊

このように、ビットコインでは、ブロックチェーンという技術を使って、ビットコインの取引（取引が行われた時点では未承認）を10分ごとにまとめて1つのブロックとして、それを一括して承認する仕組みとなっています。新しく承認されたブロックは、それまでに作られた鎖状の1本のブロックチェーンの最後尾に追加されます。

(3) 複雑な計算をする「プルーフ・オブ・ワーク」

「プルーフ・オブ・ワーク」は、ビットコインにおいて偽造や二重使用を防止するために取引を承認していく中心的な仕組みです。これは、前述した「ナンス値」を計算することを意味します。具体的には、「前ブロックのハッシュ値＋取引データ＋ナンス値」から新規ブロック用のハッシュ値を求め、そのハッシュ値が「先頭に一定の数以上のゼロが連続して並んでいる」ようにするようなナンス値を求めることを指します。

ハッシュ関数は、前述のように、一方向性の関数であり、出力値（ハッシュ値）から入力値（ブロック全体のデータ）を逆に計算することはできません。このためプルーフ・オブ・ワークを行うためには、ナンス値に次々にいろいろな数値を入れて、ブロック全体のハッシュ値を求めてみるという「総当たり法」によって計算を行う必要があります。総当たり法では、可能性のある組合せを片っ端から試してみることが必要であり、「力まかせ探索」または「しらみつぶし探索」とも呼ばれます。少し考えると分かると思いますが、この演算を行うためには、かなり膨大な計算量が必要となります。

こうして条件を満たすハッシュ値を導くようなナンス値が求められ、新たなブロックが作成されることを「取引の承認」と呼びます。これにより、そのブロックに含まれているすべての取引がその時点で承認されることになり、取引が確定します。ビットコインでは、この計算に約10分を要するように設定されているため、10分ごとに取引がまとめて承認されていくことになります。

仮に、悪意の攻撃者がビットコインを偽造しようとしたものとします。ビットコインの偽造とは、ビットコインの取引データを改ざんすることですので、それに基づくハッシュ値も変わり、ナンス値を再計算しなければなりません。そして、偽造したデータを正当なものとするためには、次のブロックのプルーフ・オブ・ワークも再計算し、さらには次のブロックのナンス値も再計算して……という形で、最新のブロックまで改ざんし続けることが必要になります。そのためには、膨大な作業量が必要になり、世界中の計算者の計算能力をすべて合わせたよりも高い計算能力（コンピュータの処理能力）を持つことが必要となります。つまり、多数の善意の計算者がいる世界では、悪意の攻撃者による再計算は、正しい取引の承認のスピードに追い付くことはできず、偽造が極めて困難になるという仕組みになっています。

このように、プルーフ・オブ・ワークは、ビットコインにおけるセキュリティの根幹をなす仕組みとなっています。ビットコインの「セキュリティ・システム」そのものと言ってもよいでしよう。

＊＊＊

ビットコインでは、このように、①暗号技術、②ブロックチェーン技術、③プルーフ・オブ・ワークといった技術の組合せによって、安全な取引を可能にしています。こんなに複雑な仕組みが必要となっているのは、なぜなのでしょうか？　それは、ビットコインが、お互いに顔を見たこともなく、名前も知らないという「相互に信頼できない」関係にある参加者同士で使われることを前提としているためです。

4．ビットコインの新規発行「マイニング」の仕組み

(1) 新しいビットコインがもらえる「マイニング」

「マイニング」（mining）とは、ビットコインの取引の承認に必要な計算（コンピュータ演算）を実行した人に、一定のビットコインを付与する仕組みのことです。前述のプルーフ・オブ・ワークを行って、あるブロックについて最初に最適なナンス値を求めた人に、報酬として新たにビットコインが発行され、支払われることになっています。つまり、新たなブロックができた瞬間に、ビットコインが新規に発行されることになります。また、通貨としてのビットコインの新規発行（いわば「ビットコイン・サプライ」）は、このマイニングを通じてしか行われません。

マイニングは、複雑な計算を解いて、最初に解答を得た1人の参加者にのみ、リワード（報酬）として、新たに発行されたビットコインが与えられます。つまり、リワードを得るためには、「2番目以下ではダメ」であり、世界中で誰よりも早く、この計算問題を解かなくてはいけません。

このようにマイニングは、「承認レース」とも呼ばれる競争のプロセスであり、第1位になった勝者にしか報酬が与えられない「勝者総取り方式」（ウィナー・テイク・オール方式）となっています。そして、見つかった解答が正しいかどうかは、2番手以降の人たちがチェックを行い、複数の人が承認すれば、そのブロックは認証されて、ブロックチェーンの流れの最後尾に追加されます。このようにして、ビットコインの取引データが含まれたブロックがチェーン状に続いていきます。

このプロセスは、鉱山で金（ゴールド）を掘り当てるように、計算によって「無から有を生み出す」プロセスであることから、「マイニング」（採掘）と呼ばれています。また、こうした計算作業を行う人のことを「マイナー」（採掘者、miner）と呼んでいます。

ビットコインには、「全体の管理者」も「コインの発行者」も存在していないことが特徴となっています。このため、マイニングにおいては、誰かが新たなビットコインを発行しているということではありません。マイニングを行った人に対して、「ビットコインのプログラムによって、自動的に新たなコインが生成して与えられる」ことが決められているのです。

（2）ビットコインの安全性確保に不可欠なマイニング

上記のような「複雑な計算をすると通貨がもらえる」という点が、初めてビットコインの仕組みを聞いたときに、なかなか理解しにくい点ではないでしょうか。通貨は何らかの対価を伴って発行されるというのが社会的な通念だからです。

実際に、円やドルといった法定通貨は、何らかの対価を伴って発行されます。たとえば、日本銀行が民間銀行A行から国債を買い入れて、その代金をA行の日銀当座預金に入金するとします。そしてA行では、顧客のために必要になると、日銀当座預金を取り崩して銀行券を引き出します。銀行券が日本銀行から引き出された時点で、銀行券が発行されたことになりますが、この場合、銀行券は、国債を対価として入金された日銀当座預金を取り崩して発行されています。

これに対して、ビットコインが「計算の実行による通貨の発行」という不思議な仕組みをとっているのは何故でしょうか。それは、ビットコインの安全な取引を確保するためには、このプルーフ・オブ・ワークが必要不可欠な作業となっているために他なりません。誰かがこの計算を行って、一定期間ごとに「取引の承認」を行っていかない限り、ビットコインのブロックチェーンは先に伸びていきません。その場合、ビットコインの安全性は確保されず、たえず偽造や二重使用のリスクに晒されることになります。したがって、この作業を自発的な無償のボランティア活動に任せておく訳にはいかず、ビットコインの安全性を確保するためには、確実にマイニングが行われるようにしておくことが必要なのです。そのために、計算作業に対しては、報酬の付与という「経済的インセンティブ」の仕組みが導入されています。すなわちビットコインでは、マイニングの報酬を求めて、一人一人の参加者が利己的に行動することが、全体としては、ビットコインのシステムを正しく機能させ、全員の利益になるという巧妙な仕組みになっているのです。

こうした仕組みの下で、マイナー（採掘者）たちは、新たなコインという報酬を得るために、24時間365日にわたり、せっせと大型コンピュータを動かして複雑な計算を行っています。そして、それによって、ビットコインの安全性が確保され、システムが維持されています。すなわち、①ビットコインの安全性、②マイニング、③新規通貨の発行、の3つは、すべてが密接に関連したワンセットのメカニズムであり、表裏一体の関係にあるものとなっています。

このように、ビットコインは、計算作業に基づいて新規発行されるものであるため、「特定の個人や機関の負債ではなく、また当局による裏付けもない」（国際決済銀行）という存在となっています。

中央に管理者がいない（中央銀行が存在しない）という点や、誰の負債でもないという点、そして計算に成功すると報酬として新規発行された通貨がもらえるという点など、ビットコインは、通貨としては（通貨だとすると）かなり常識破りの存在であると言えます。その意味で、ビットコインは、「通貨とは何か」という「通貨の概念」に再検討を迫ったものと言えます。

5. 1000種類以上もあるビットコイン類似の仮想通貨：アルトコイン

「仮想通貨と言えば、ビットコインのことだ」と思い込まれている方も多いことと思います。しかし、実際にはビットコインの仕組みを真似した（あるいは修正を加えた）仮想通貨がたくさん出てきています。

これらのビットコインに類似した仮想通貨のことを「アルトコイン」（altcoin）と呼びます。これは、「alternative coin」の略で、「ビットコインを代替するコイン」といった意味になります。ビットコインの仕組みを真似して作られていることが多いため、「ビットコイン・クローン」と呼ばれることもあります。

仮想通貨を調べているウェブサイト[2]によると、これまでに1049銘柄の仮想通貨が出てきています（つまり、ビットコインを除いたアルトコインは1048種類ということになります）。

仮想通貨の規模をみる際には、株式と同様に「時価総額」がよく使われます。これは「発行量×価格」によって算出されるもので、発行量が多いほど、また価格が高いほど時価総額は大きくなります。

主要10銘柄の仮想通貨の時価総額を示したのが、図表1－7です。これをみると、ビットコイ

2 https://coinmarketcap.com/ 2017年8月半ば時点。

図表1−7　仮想通貨の時価総額リスト

順位	仮想通貨名	時価総額（百万ドル）	シェア（%）
1	ビットコイン（Bitcoin）	56,037	45.6
2	イーサリアム（Ethereum）	27,850	22.7
3	リップル（Ripple）	6,907	5.6
4	ビットコイン・キャッシュ（Bitcoin Cash）	4,570	3.7
5	ネム（NEM）	2,611	2.1
6	ライトコイン（Litecoin）	2,441	2.0
7	ネオ（NEO）	1,750	1.4
8	イオタ（IOTA）	1,562	1.3
9	ダッシュ（Dash）	1,501	1.2
10	イーサリアム・クラシック（Ethereum Classic）	1,434	1.2
	1-10 位合計	106,663	86.8
	その他とも計	122,873	100.0

出所：CryptoCurrency Market Capitalizations（2017 年 8 月半ば時点）

ンが時価総額560億ドル（110円／ドル換算で約6・2兆円）で圧倒的なトップの地位にあることが分かります。2位のイーサリアムが279億ドル（約3・1兆円）、3位のリップルが69億ドル（約7600億円）ですから、桁違いの規模であることが分かります。なお、4位のビットコイン・キャッシュは、2017年8月にビットコインから分裂してできた仮想通貨です（詳細は、第2章で後述）。

仮想通貨全体（1049銘柄）の時価総額に占めるシェアでみても、ビットコインが46％と断トツのトップの地位にあり、それに次ぐイーサリアムは23％、リップルは6％、ビットコイン・キャッシュは4％に過ぎません。5位のネム（NEM）以下のアルトコインに至っては、それぞれ2％以下のシェアしか有していません。上位10通貨までが合計で87％のシェアを占めており、残りの1000種類以上のアルトコインは合わせても13％のシェアしか有していません。

このようにアルトコインの多くは、ビットコインを模倣して作ってみたものの、さほど普及していないものがほとんどというのが実態です。仮想通貨取引所でも取引の対象とはなっていないものが多く、このため「ジャンク・コイン」と呼ばれることもあります。ただし、独自の機能を持たせたり、使い勝手がよかったりすれば、これらの中から人気となるアルトコインが出てくる可能性もあります。たとえば、2位のイーサリアムは、2015年7月にリリースされた比較的新しい仮想通貨ですが、ビットコインでは約10分とされている取引の承認時間が10〜15秒程度に短縮されており、また、通常のパソコンでもマイニングが可能で、利用者にとっては使い勝手がよい設計となっています。また、様々なコントラクト（契約）と組み合わせて使うことができることから、「次世代の仮想通貨」としての期待が高まっており、時価総額も急拡大しています。

以上のように、仮想通貨には数多くの種類があるのですが、現時点では、やはりビットコインが、その中で中心的な役割を占めています。ただし、一頃は圧倒的であったビットコインのシェア（2014年時点では93％、2017年3月末で87％）は、2017年に入ってからかなり低下してきており、5割を切ってきています。

6. ビットコインは果たして通貨か？

ビットコインを考えるうえで避けて通れない論点として、これは果たして「通貨」なのかという問題があります。この検討にあたっては、①法律的な側面と②金融的な側面に分けて考察することが必要であると考えられます。

（1）法律的には通貨ではない？

まず、法律的な側面からみていくこととします。2014年2月、大久保勉参議院議員から政府に対する「ビットコインに関する質問主意書」が出されました。これに対する政府の「答弁書」（内閣総理大臣名）は、次のようになっています（傍線は筆者。表現などを一部変更）。

> わが国において通貨とは、貨幣（コイン）については、「通貨の単位及び貨幣の発行等に関する法律」で額面価格の20倍まで、日本銀行券については「日本銀行法」で無制限に、それぞれ「法貨」として通用するものとされているところであり、ビットコインは通貨に該当しない。
>
> 民法における「通貨」とは、「強制通用力」を有する貨幣及び日本銀行券であって、これを用いた「金銭債務の弁済」が当然に有効となるものをいうと解されており、強制通用力が法律上担保されていないビットコインは、当該「通貨」には該当しない。

これをみると、かなり一刀両断に、「ビットコインは通貨ではない」ものと断定しています。その理由づけとしては、「法律で『通貨』と定めているものには含まれないため、ビットコインは通貨ではない」という、一種の「同義語反復」（トートロジー）的な説明となっています。後半の民法の部分についても、強制通用力を持つものだけが通貨なのであるから、「強制通用力が与えられていないビットコインは通貨ではない」という、いわば「定義により通貨ではない」という問答無用の説明ぶりとなっています。

この政府見解では、ビットコインが果たしている機能やその性格に照らして、法律上どのように判断するのかという本質的な点については何ら判断が示されていないと言ってよいでしょう。たとえば、強制通用力はないが、取引上の交換や弁済のために通用するものを「自由貨幣」として認めるといったアプローチ[3]や、通貨的な特徴を持つが、中央銀行の債務として発行されるソブリン通貨ではない「非ソブリン通貨」として捉えるといった見方[4]もありますが、ここではこうした可能性についてはまったく触れられていません。

一方、2017年4月に施行された「改正資金決済法」（詳細は第2章で後述）においては、「仮想通貨」を「不特定の者との間で物品やサービスの購入に対する代価の弁済のために使うことができる財産的価値」として定義しています。つまり、「決済手段に使える財産的価値」と定義付けているのです。これは、仮想通貨の役割からみて、「通貨に準じた機能」を果たしていることを認めたものと解釈できるでしょう。しかし、あくまでも「貨幣」や「通貨」に関する法律ではなく、「資金決済法」によって規定しているので、依然として「法律的には通貨ではない」との従来の立場は堅持しているものと考えられます。

このように、ビットコインを始めとする仮想通貨は、法律的にみると「決済手段の一つ」としては正式に認められており、「通貨」ではないが、「通貨に準ずるもの」として位置付けられています。

2017年7月には、ビットコインを含めた仮想通貨の購入時にかかっていた消費税が撤廃されましたので[5]、税制の面からも「モノ」や「サービス」ではないものとされ、「支払手段」としての位置付けがさらに明確となりました。

3　岡田・高橋・山﨑（2015）の121頁など。
4　BIS（2015）
5　これまで、主要国（G7）の中で仮想通貨に消費税を課していたのは日本だけでした。

図表1−8　ビットコインにより売買が可能な物・サービス

貴金属、衣類、アクセサリー、玩具、ビデオゲーム、家庭用品、ガーデニング用品、オフィス用品、フィットネス用品、スポーツ用品、ペット用品、工芸品、電気製品、自動車、自動車用品、楽器、旅行、ホテル、食品、お茶、タバコ、書籍、教育、音楽、ギャンブル、違法薬物

出所：筆者作成

（2）「貨幣の三大機能」は満たしている？

これに対して、経済学の一分野である「金融論」による理解ではどうなるでしょうか。

金融論では、一般に貨幣（通貨）には、①一般的交換手段、②価値の尺度、③価値の保蔵手段という3つの機能があるものとされており、これを「貨幣の三大機能」と言います。ビットコインがこの3つの機能を持っていれば、ビットコインは通貨に該当することになりますし、そうでなければ通貨には当たらないということになります。

第1に「一般的交換手段」とは、「交換手段」または「支払手段」としての貨幣の機能です。つまり、貨幣を相手に渡すことによって、自分の欲しいモノやサービスを手に入れる機能です。ビットコインについてみると、すでに数千ものインターネット上の電子商取引（eコマース）のサイトでは、ビットコインによるモノやサービスの購入が可能となっており、そこではビットコインを支払うことによって商品などを手に入れることができます。また、実店舗でも、世界で約9500の店舗がビットコインによる支払いを受け入れています。[6] 売買できる品物についても、貴金属、衣類、アクセサリーなどから、電気製品、書籍などに広がりをみせています（図

図表1−9　ビットコインによる商品の価格表示の例

出所：https://store.bitcoin.com/

表1－8）。このためビットコインは、広がりは限定的とはいえ「一般的交換手段」としての機能が備わっているとみることができるでしょう。

第2に「価値の尺度」とは、モノやサービスの価値を客観的に表す機能です。たとえば、シャツが1万円、タクシー代が3000円、アイスクリームが200円といったかたちで、円という貨幣単位により、異なるモノやサービスを共通の尺度で表すことが可能となっています。ビットコインを受け入れているインターネット上のeコマースのサイトでは、「腕時計が0・881924BTC」、「キャップ（帽子）が0・027742BTC」などと表示されており、BTCが価格を表示するために一定の機能を果たしていることが分

6　https://coinmap.org/　2017年8月時点。

かります（図表1－9）。ただし、ビットコインの価格が予想外に高騰してしまったため、BTC建ての表示価格は小数点以下の細かな数字になってしまい、価格表示機能としてはいささか分かりにくくなってしまっている点は残念です（こうした点からも、ビットコインの設計段階では、現在のような高い価格は想定されていなかったことが推測できます）。

第3に「価値の保蔵手段」とは、将来に備えて価値を蓄えておくことのできる機能のことです。貨幣で持っていれば、将来の一定時点まで、いつでも使える状態でその価値を安全に保っておくことができます。ビットコインについて言うと、元々ビットコインが注目されるようになったきっかけは、2013年3月のキプロス危機にありました。このとき、キプロスでは、銀行預金への課税や預金封鎖が検討（一部は実施）されました。これを受けて、預金封鎖を嫌ったキプロスの資金（その多くはロシア・マネーであったものとみられています）が、ビットコインに流出し、ビットコインの相場は、それまでの1BTC＝5ドルから250ドル以上にまで一気に急騰しました。この時、ビットコインは、資金の安全な避難先（セーフ・ヘブン・アセット）として買われたのです。

またビットコインについては、すでに将来の値上がりを期待した「ビットコイン専用の投資ファンド」が作られています。このファンドは、映画「ソーシャル・ネットワーク」でマーク・ザッカーバーグ（フェイスブックのCEO）の敵役として描かれ、一躍有名になったウィンクルボス兄弟が立ち上げたことで有名です。このように、ビットコインは、価値の保蔵手段としても、一定の機能を果たしているものと言えるでしょう。

図表1－10　ビットコインと貨幣の三大機能

貨幣の三大機能	機能	範囲	理　由
①一般的交換手段	○	△	ネット上の店舗や実店舗で、数千店がビットコインによる支払いを受け入れている。 ただし、範囲は限定的。
②価値の尺度	○	△	ビットコインを受け入れているサイト上では、BTC 建てで価格を表示している。 ただし、範囲は限定的。
③価値の保蔵手段	○	○	投資（投機）目的での保有が主体。 キプロスの預金封鎖事件が注目のきっかけ。 ビットコイン専用のファンドあり。

出所：筆者作成

以上のように、①一般的交換手段、②価値の尺度、③価値の保蔵手段という3つの機能からみると、ビットコインは、それぞれ（かなり限定的ながら）ある程度の役割を果たしており、機能的には通貨として一定の役割を果たしているものと考えられます（図表1－10）。前述のように、「法律的には通貨ではない」ものとされていますが、金融論による機能面からみると「通貨にかなり近い機能を果たしている」ものと判断できます。ただし、繰り返しになりますが、交換手段として利用できる店舗数やビットコイン建ての価格表示を行っている店舗は、法定通貨に比べると極めて限定的であり、実際に使える範囲は、法定通貨に比べると雲泥の差があるものと言えます。

(3)「通貨」よりも「資産」として利用されるビットコイン

このようにビットコインは、貨幣の3つの機能をそれぞれ果たしているようにもみえます。ただし、ビットコインの実際の利用状況をみると、①一般的交換手段や②価値の尺度としての利用はかなり限定的となっており、③価値の保蔵手段としての利用が中心となっているのが実態です。つまり、将来の値上がりを見込んだ投資（あるいは投機）目的での「資産としての利用」が主となっているのです。

交換手段や価値の尺度としての利用が限定的である理由としては、第1に、ビットコインの値動きの激しさを挙げることができます。1日に10％も15％も価格が変動するものは、やはり支払手段として使ったり、価値の尺度にしたりするにはあまり適していないでしょう。第2に、ビットコインに内在する仕組みとして、発行上限の設定があり（詳細は第2章で後述）、このため将来の供給量の減少（とそれに伴う価格の上昇）を見越した投資（あるいは投機）の動きが活発になっていることです。将来の値上がり期待が高ければ高いほど、誰もそれを現在の支払いには使いたがらないでしょう。

多くの人が支払手段として安心して使うためには、当面の価格が安定しており、また将来的にも安定した価値が保たれることが前提となります。しかし、ビットコインの場合には、価格の乱高下などから現状ではそうした条件を満たしておらず、このため、支払手段として幅広く使われる「真の通貨」とはなっていないのです。

ちなみに、ビットコインの利用方法を、大口取引と小口取引や、支払いと受取りなどに分けて、個別のウォレットごとにその利用の性格を分類しようと試みた研究があります（バウアー・ホン・リー［2016］）。この研究によると、ビットコインによって、小口の受取りと支払いの両方を行っている「通貨ユーザー」（つまり、支払手段としてビットコインを使っている人）のビットコイ

図表1−11　ビットコイン市場の中心的な構図

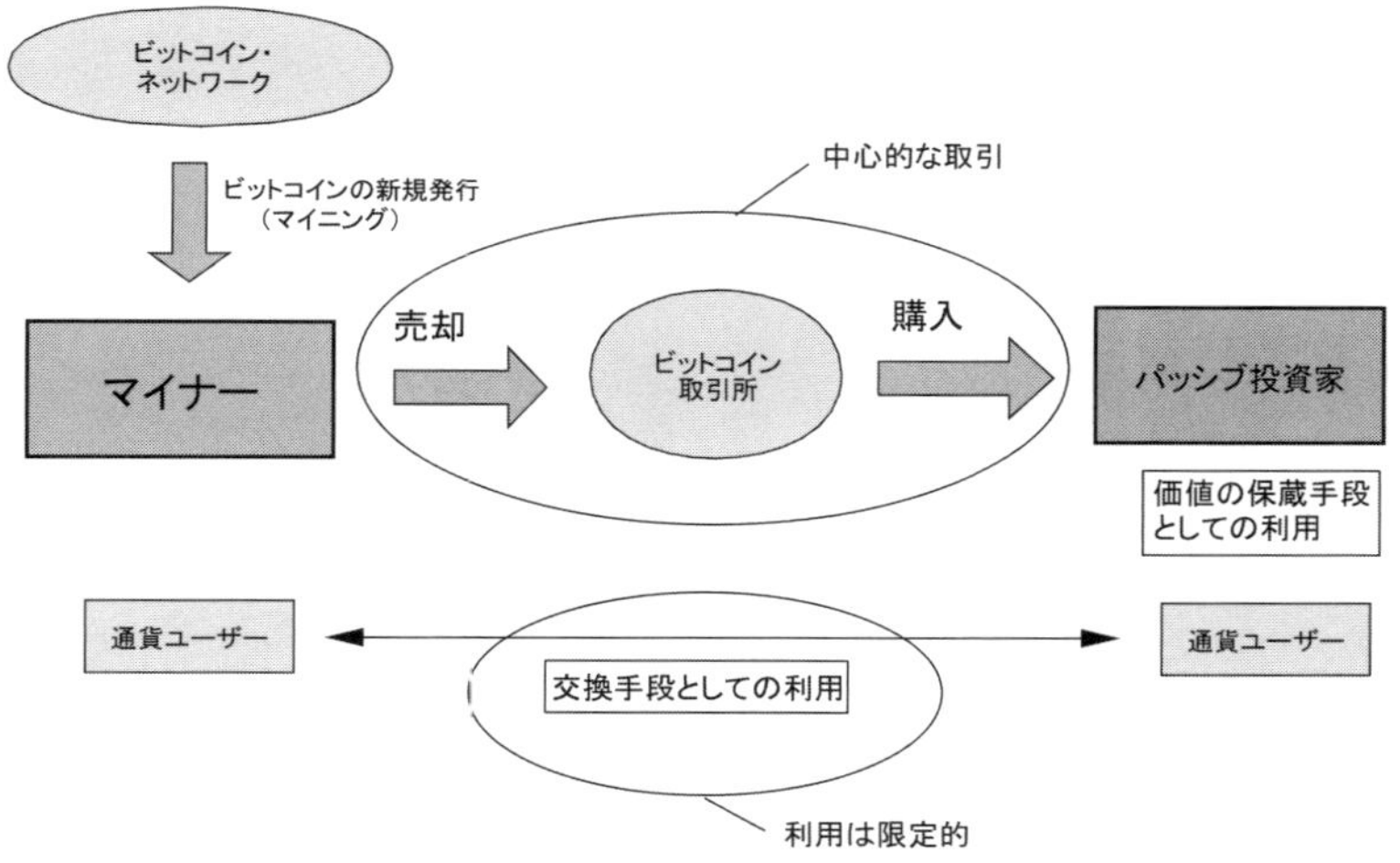

出所：バウアー・ホン・リー（2016）をもとに筆者作成

ン保有量は全体の2％程度に過ぎないものとされています。これに対して、「パッシブ投資家」（ビットコインの受取りのみを行い、支払いを一切行っていない人）と「マイナー」（マイニング業者）の保有量は5割以上を占めており、ビットコインを「純粋に価値の交換手段として使っているユーザーはかなり限定的である」と結論づけています。

またこの研究では、ウォレットごとの残高や年間の取引件数からみても、「マイナー」と「パッシブ投資家」が中心の市場構造となっているものと分析しています。つまり、マイナーがマイニングで得たビットコインを市場で次々と売却し、それをパッシブ投資家が投資目的で次々に購入しているという図式が、ビットコイン市場の中心的な構図となっているのです（図表1−11）。

マスコミでは、「シリコンバレーやニュ

ーヨークではたくさんの店で使える」とか、「米国のスターバックスではコーヒーが買える」とか、「日本国内でも使える店が〇千店を超えた」など、ビットコインが使える店舗の数や種類が増えていることがよく話題となります。つまり、「支払いに使える通貨」としての側面が注目されることが多いのですが、実は、「交換手段」としての利用は限定的であり、「価値の保蔵手段」としての機能である「投資用資産」(インベストメント・アセット)としての使い方が中心となっているのです。

消費者にとってのビットコインの最大のメリットは、低コストで支払い(海外への送金など)ができる点であるとされています。しかし、ビットコインは、「仮想通貨」として騒がれている割には、そのメリットが活かせる支払いのための「通貨」としてはあまり利用されておらず、むしろ専ら値上がり期待による「投資用の資産」(投資商品)として用いられているというのが実態であることは認識しておいた方がよいでしょう。

第2章

仮想通貨に未来はあるのか

ビットコインについては、一般に「通貨史上の大きな革命である」とか、「通貨の未来を変える存在になる」といった捉え方がなされており、「バラ色の未来」が語られることが多くなっています。また、そうした見方を背景に、興味を持つ人も増えて、ビットコインへの投資も活発化しており、価格も上昇傾向にあります。

本章においては、こうした点について、①ビットコインをめぐる事件の発生、②ビットコインの保有・売買や採掘者の構造、③ビットコインの仕組みそのものに内在する懸念材料、④ビットコインの分裂騒ぎ、⑤政府の規制による影響、などの観点から、「仮想通貨に未来はあるのか」について考察を加えたいと思います。また最後に、ビットコイン相場がバブルとなっている可能性についても検討します。

1. ビットコインのダーティなイメージにつながった3つの事件

欧米の銀行関係者と話をしていると、ビットコインについては「通貨としての信頼性に疑念が生じている」とみており、「信頼性がないものは金融のツールには使えない」として、ビットコインからは距離を置こうとするスタンスにあることが分かります。

その背景には、ビットコインの信頼性を損ねるようないくつかの事件が発生したことがあります。主な事件としては、①シルクロード事件、②マウントゴックス事件、③ランサムウェア事件、の3つを挙げることができます。

(1) ビットコインが違法取引に使われた「シルクロード事件」

ビットコインの取引は、1件ごとに誰でも見られる形でネットワークに公開されています。つまり、どのアドレスとどのアドレスが、いつ、どのような取引を行ったかについては、ネットワーク上で閲覧が可能となっており、誰でも見ることができます。ただし、ビットコインを使うのには個人情報を公開する必要はありませんので、特定のアドレスは特定の個人とは結びつきません。これは、銀行券に印刷されている「記番号」(アルファベットと数字の組合せ)とその銀行券の保有者との関係を特定できないというのと似ています。こうしたビットコインの性格を悪用して問題となった事例として、「シルクロード事件」があります。

①違法薬物取引の闇サイト：シルクロード

「シルクロード」（Silk Road）というのは、米国で違法薬物などを不正に販売していたウェブサイトのことです。このウェブサイトでは、マリファナ、ＬＳＤ、ヘロイン、コカインなどの禁止薬物を手広く販売していました。また、違法薬物のほかにも、盗まれた口座番号やクレジットカード情報、偽造免許証など、ありとあらゆる違法なものが取引されていました（図表２－１）。シルクロードは、２０１１年に、特別な手段によってのみアクセスができるインターネットである「深層ウェブ」（ディープ・ウェブ）に作られました。

この「闇サイト」（ダーク・ウェブ）において、決済手段となっていたのがビットコインだったのです。むしろ、このサイトでは「ビットコインのみが決済手段であった」と言う方が正確でしょう。インターネットでの取引の支払いは、クレジットカードや銀行振込で行うのが一般的ですが、そうすると、誰が違法薬物を買ったのかがすぐに特定されてしまいます。これに対して、ビットコインでは、たとえその取引が問題になったとしても、どのアドレスから支払われたかは特定することができますが、そのアドレスが誰のものかは特定できないのです。自由にいくつものウォレットやアドレスを作ることができるビットコインには、高い「匿名性」[1]があります。シルクロード事件では、このビットコインの匿名性が悪用されて、違法薬物を売買するための「便

1　ビットコインの取引は、アドレスが分かっているため、完全な「匿名性」とは言えないという議論もあり、「疑似匿名性」あるいは「仮名性」と呼ばれることもあります。

利な決済手段」として利用されてしまったのです。

②違法サイト運営者の逮捕と当局とのイタチごっこ

２０１３年にＦＢＩ（米連邦捜査局）が、シルクロードの運営者であったロス・ウィリアム・

図表2−1　シルクロードのサイト画面
（あらゆる違法薬物をビットコイン建てで販売）

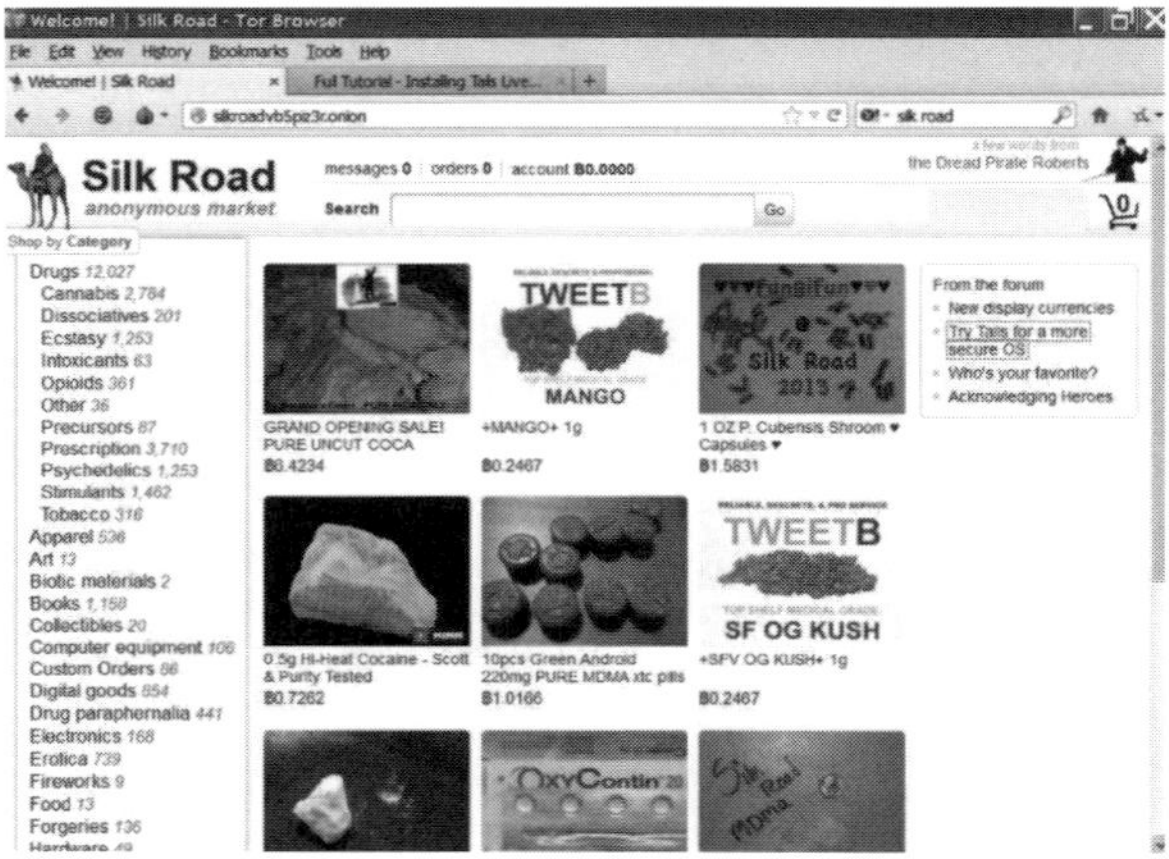

出所：http://www.coindesk.com/

ウルブリヒトという20代の男性を逮捕し、サイトは閉鎖されました。この事件をきっかけに、「ビットコインは違法取引に使われるもの」というダーティなイメージがついてしまいました。このあたりが、欧米の銀行関係者が「ビットコインは終わった」「ビットコインは使えない」と言っているイメージになっているものと思われます。

なお、シルクロードのサイトが閉鎖されたあとも、「シルクロード2・0」と呼ばれる、シルクロードを模倣した一連の闇サイトがいくつも開設されており、FBIとの間でイタチごっこが続いています。「ビットコインによって違法薬物を販売する」というビジネスモデルが確立されてしまっているのです。このように、ビットコインの持つ高い匿名性は、マネーロンダリングや違法な商取引に利用されやすいというデメリットと紙一重であることが分かります。ビットコインは、現金と違って持ち運びや物理的な引渡しの必要がなく、電子的に決済ができてインターネット上で取引が完結するため、違法取引に使われた場合には、犯罪者側からみると「現金よりも格段に便利」であり、取り締まる側からは「現金よりもさらにタチが悪い」ものとなります。

(2) 大量のビットコインが消失した「マウントゴックス事件」

ビットコインのイメージを悪化させた、もう一つの事件が「マウントゴックス事件」です。日本で起きた事件であり、大きく報道されただけに、覚えておられる方も多いことと思います。

---

2 後に、裁判で終身刑の判決を受けています（『The New York Times』電子版、２０１５年5月29日付）。

①マウントゴックス事件の真相

「マウントゴックス」（Mt. Gox）は、東京に所在するビットコインの取引所でした。当時は、ビットコイン取引所としては世界の最大手であり、最盛期には全世界のビットコイン取引の7割以上を取り扱っていました。この最大手の取引所が、２０１４年2月に突然、すべての取引を中止し、サイトを閉鎖してしまったのです。これにより、マウントゴックスにビットコインを預けていた投資家は、一切の払い戻しを受けることができなくなり、大騒ぎとなりました。

当初、この原因は、外部からのハッキングによって、同社が顧客から預かっていたビットコインが大量に消失したためであると発表されました。顧客分の75万ＢＴＣと自社保有分の10万ＢＴＣが消失したものとされ、これは当時のレートで約４７０億円にもあたる巨額なものでした。[3] マウントゴックスの運営会社は経営破綻し、社長であったマルク・カルプレスはその後まもなく警視庁に逮捕されました。また、顧客の9割以上が外国人であったため、わざわざ日本に来て事務所の前で座り込みの抗議をする外国人が多数現れるという騒動にもなりました。最大手の取引所が突然に閉鎖されたことは、ビットコインの関係者に大きな衝撃を与え、一般の人には「やはり、これはどうも胡散臭いものだ」というマイナスのイメージを抱かせました。

ハッキングによる盗難というこの事件は、いわば銀行が強盗にあって、金庫にあった現金を盗まれてしまったようなものです。ビットコインを擁護する立場からは、「銀行が強盗にあってドルの札束が盗まれたら、Ｆｅｄ（米国の中央銀行）に行って、ドルに問題があると文句を言うだろうか」という反論がありました。つまり、これはある特定の取引所の管理方法に問題があったということであって、取引対象となっていた「ビットコイン自体が悪い訳ではない」ということです。取引所の問題とビットコインの問題とは、まったく別であるという主張でした。これは、先に触れたシルクロード事件でも、同様なことが言えるでしょう。つまり、「違法な取引をする人に問題があるのであって、ビットコイン自体が悪い訳ではない」という論法です。

ところが、その後、事件は意外な展開をみせます。警視庁の調べで、ハッカーによるサイバー攻撃により消失したと言われていたビットコインの大部分は、実は、元社長のマルク・カルプレスが外部の口座に送金するなどして横領していたことが分かったのです。[4] つまり、外部のハッカーによる犯行ではなく、犯人は「ハッカーにやられた」と言って被害者役を演じていた取引所の社長その人だったのです。このため、カルプレス被告は、2015年9月に業務上横領罪などで起訴されました。

外部からのハッキングによるものではなく、社長が勝手に横領していたということは、前述した銀行のたとえ話で言えば、銀行強盗が金庫の中にあった札束を盗んだのではなく、銀行の支店長が自分の銀行の金庫に勝手に入って、札束を持ちだしたという事件だったことになります。

こうした事件の詳細をみると、たしかにブロックチェーンなどビットコインを支える技術その

3 「マウントゴックス破綻　ビットコイン114億円消失」（日本経済新聞電子版、2014年2月28日付）

4 ただし、全体の1％は、外部からのサイバー攻撃による消失であったことが分かっています（「ビットコイン、不正操作で99％が消失」読売新聞電子版、2015年1月1日付）。

ものには問題はなかったのかもしれません。しかし、通貨の安全性を考えるときには、通貨そのものだけではなく、流通経路や管理体制なども含めた総合的な仕組みとして考えるべきであり、仮想通貨のシステム全体としては、やはり問題があったとみるべきではないでしょうか。多くのユーザーにとっては、取引所を通じてビットコインを購入するしかないのが実情ですので、そこに問題があれば、一般ユーザーは安心してビットコインを使えないことになります。世界の7割以上のビットコイン取引を扱う業界のリーダー的な立場にあった取引所で起きた事件だけに、やはりビットコインを取り巻く業界の体質としては問題があるのではないかという印象を残し、ビットコインの信頼性に対してはネガティブな影響があった事件と言えるでしょう。

②相次ぐ仮想通貨の盗難事件

実は、ビットコイン取引所での盗難事件は、このマウントゴックス事件だけに止まりません。2016年8月には、香港に拠点を置くビットコイン取引所である「ビットフィネックス」(Bitfinex)で、顧客の口座から約12万BTC(当時の価格で約75億円)が盗まれる事件が発生しています。[5] この事件については、セキュリティ上の欠陥があったことにより、外部からの不正アクセス(ハッキング)があり、コインが盗難にあったことを取引所が認めています。日本ではあまり大きく報じられませんでしたが、取引所の安全性の信頼に傷がついたという意味では、マウントゴックス事件より、ある意味で深刻な事件であったかもしれません。ビットコインの盗難としては、これが2番目の被害額となります。

また、ビットコインではありませんが、別の仮想通貨でも同様な問題が起きています。201

6年6月に投資ファンド「ダオ」(The DAO)[6]がハッキングを受け、集めていた巨額のイーサリアム(ビットコインに次ぐ2位の仮想通貨)が流出するという事件がありました。不正に盗まれたイーサリアムは、当時の価格で65億円相当であり、これを受けて、イーサリアムの価格が2割以上も暴落しました。[7]もっとも、この件に関しては、イーサリアムの安全性の問題ではなく、ダオ側のプログラムに問題があったものとされています(この辺は、ビットコインとマウントゴックスとの関係に似ています)。ただし一部の専門家以外には、この区別は難しいものと思われます。周辺部も含めた仮想通貨の流通や取引のシステムには、未だに何らかのリスクがあるのではというマイナス・イメージにつながっています。

このほかにも、ビットスタンプ(Bitstamp、英国)、ゲートコイン(Gatecoin、香港)、シェイプシフト(ShapeShift、スイス)などのビットコイン取引所が、これまでに軒並みハッキングの被害にあっており、ある調査によると、2009年から2015年までの間に、ビットコイン取引所のうち33%がハッカーの被害に見舞われたものとされています。[8]

こうした仮想通貨の盗難や流出といった事件では、ビットコイン自体が偽造されたり、改変さ

---

5 「香港のビットコイン取引所で盗難、被害額7200万ドル　相場急落」(ロイター電子版、2016年8月4日付)
6 「Decentralized Autonomous Organization」の略で、「分散型自律組織」を意味します。
7 「The DAOが65億円相当の不正送金被害」(仮想通貨通信、2016年6月18日付)
8 「アングル:仮想通貨、ハッカー攻撃に対する脆弱性が浮き彫り」(ロイター電子版、2016年8月30日付)

れたりした訳ではないため、ブロックチェーンやプルーフ・オブ・ワークなどのビットコインの仕組みが破られた訳ではありません。しかし、いくら「ビットコインそのものに問題がある訳ではない」と言っても、ビットコインを「通貨」（ないしそれと同様なもの）として流通させるのであれば、その保管や流通の仕組みなども含めた広い意味での「仮想通貨のエコシステム（生態系）」全体として、高い信頼性が求められます。「ときどき盗まれたり、なくなったりします」というのでは、安心してそれを利用することはできません。既存の銀行や証券取引所などが人々の信頼を得て機能しているのは、保管や流通面も含めた全体としての管理システムがしっかりと整っているからです。そうした秩序だった構造がまだ十分には整っていない仮想通貨については、安全な取引に対する懸念は拭えないことになります。

（3） 犯罪者が愛用するビットコイン

①身代金はビットコインで：「ランサムウェア事件」

２０１７年になって、また犯罪とビットコインとの結びつきが問題となる事件が起きました。「ランサムウェア」という身代金要求型ウイルスが世界中にばらまかれ、その身代金として、ビットコインによる支払いが要求されたのです。ランサムウェアは、企業のシステムや個人のパソコンをウイルスに感染させて乗っ取ったうえで、「データやシステムを復旧させたければ、身代金を払え」と要求する「クライムウェア」（犯罪ソフト）です。

具体的にみると、２０１７年5月に、日本を含む世界１５０カ国以上で史上最悪とされる大規

図表2―2　ランサムウェアの画面
（乗っ取られるとこの画面が出る）

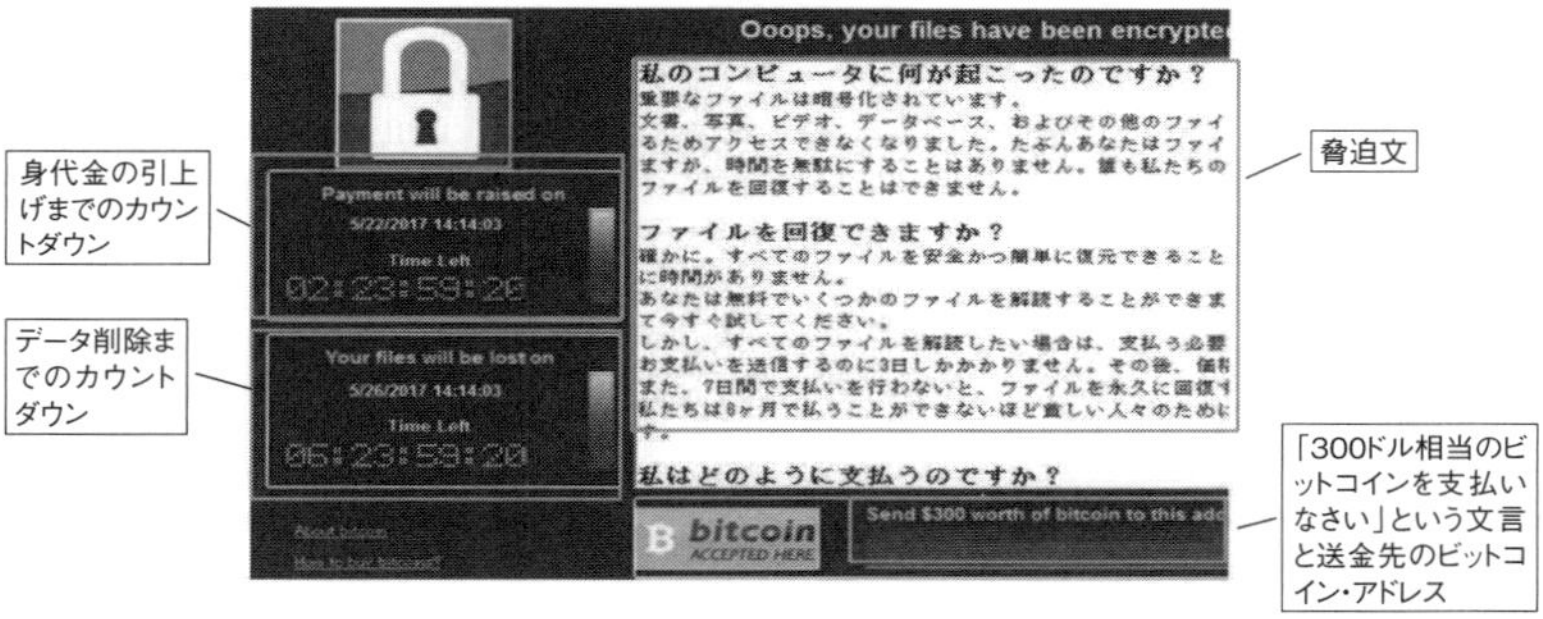

模なサイバー攻撃があり、「ワナクライ」（WannaCry）というランサムウェアが使われて、世界中で多くのシステムやパソコンがロックされてしまいました。感染画面には、「システムを復旧させたければ、300ドル相当のビットコインを支払え」という要求が表示され、送付先のビットコインのアドレスが書かれていました。また、この画面には、①身代金の要求額が引き上げられるまでの残り時間と、②すべてのデータが削除されるまでの残り時間が、秒単位でカウントダウンされており、それまでにビットコインによる支払いを行うように要求していました（図表2―2）。ワナクライというのは直訳すると「泣きたくなる」という意味ですが、確かにこんなウイルスに感染したら、本当に泣きたくなってしまうでしょう。こうした心理的な圧迫から、実際にこの身代金を支払ってしまった企業もあったようです。

これまでランサムウェアの犯罪では、身代金の受払いが、犯人側にとっては身元が判明したり、逮捕されたりする大きなリスクとなっていたのですが、ビットコインを使えば、高い匿名性を活かして、身分を特定されることなく、安全に身代金を受け取ることができます。インターネットを通じてどこの国からでも安価で素早く送金できるというビットコインの性格がグローバルな犯罪集団に悪用されてしまっているのです。

②ビットコインで急拡大するランサムウェア業界

ビットコインという便利な身代金の受払手段ができたことにより、ランサムウェアによる被害額は拡大の一途を辿っています。ある調査[9]によると、世界の被害額は２０１５年の25億円から、２０１６年には９００億円へと、たった1年で35倍以上に急拡大しており、２０１７年には被害者数も被害金額もさらに拡大するものとみられています。

これは、ビットコインが犯罪者集団（ランサムウェア業界）にとって格好の送金手段となってしまったためであり、今後もこうしたサイバー犯罪による被害額の拡大や反社会的勢力による違法な利益追求のための悪用が懸念されます。ビットコインの高い匿名性は、犯罪集団にとってはきわめて使い勝手がよく、「犯罪集団が愛用する支払手段」となってしまっているのです。こうした事件も、ビットコインのダーティな一面を浮き彫りにしています。

2. 一握りの人のためのビットコイン？

世界中でビットコインの利用者は続々と増え続けているものとされており、ビットコインを所有している「ビットコインの保有者」や仮想通貨取引所などで売買している「ビットコインの利

図表2－3　ビットコインの保有分布

保有ビットコイン数	アドレス数	（シェア）	保有ビットコインの合計（BTC）	（シェア）
0 - 0.001	11,226,513	59.27%	2,061	0.01%
0.001 - 0.01	3,280,640	17.32%	12,531	0.08%
0.01 - 0.1	2,603,644	13.75%	81,246	0.49%
0.1 - 1	1,212,761	6.40%	397,121	2.41%
1－10	470,265	2.48%	1,285,799	7.79%
10 - 100	129,891	0.69%	4,342,774	26.30%
100 - 1,000	16,599	0.09%	3,837,360	23.24%
1,000 - 10,000	1,673	0.01%	3,538,313	21.43%
10,000 - 100,000	120	0.00%	2,912,277	17.64%
100,000 - 1,000,000	1	0.00%	100,461	0.61%
	18,942,107	100.00%	16,509,943	100.00%

出所：「Bitcoin Distribution」BitInfoCharts（2017年8月時点）

用者」は、世界中にかなりの広がりを持っているものとみられています。しかし、実際に保有状況や取引のデータを分析してみると、保有・取引・採掘などの構造は、「薄く広く」ではなく、一部に偏ったかたちになっていることが分かります。このことが、ビットコインにとっては、今後の発展の障害になりかねないのではないかと懸念する向きもあります。

(1) ビットコインは誰が保有しているのか

まず、ビットコインの保有者の分布からみてみましょう。ビットコインのウォレットは世界に約１６００万個、ビットコインのアドレスは約１９００万個が存在しています（２０１７年８月）。一見すると、１６００万～１９００万人からなるビットコイン・ユーザーの大きなコミュニティができているように

9 "Carbon Black Threat Report"（２０１６年12月）による。

みえます。しかし、この中身をさらに詳しくみていくと、実は必ずしもそうではないということが分かります。

①ビットコインの保有分布

図表2－3は、ビットコインの保有状況を各アドレスが保有しているビットコイン数ごとの分布でみたものです。これをみると、保有するビットコインが「0～0・001BTC」というほとんど残高のないアドレスが1123万個と全体の6割（59％）を占めています。0・001BTCというのは、2017年8月半ば時点の価格（1BTC＝約48万円）で計算すると、わずか480円にすぎません（2017年初めの価格では、120円です）。つまり、それ以下の僅かな量のビットコインしか保有していないアドレスが半分以上を占めているのです。これに、「0・001～0・01BTC」（4800円相当以下、17％）と「0・01～0・1BTC」（4万8000円相当以下、14％）を加えると、全体の9割（90％）のアドレスで、0・1BTC以下の少額のビットコインしか保有していないことが分かります。

こうした状況は、グラフに図示してみると、一目瞭然であり、残高の少ない3階層のアドレスがほとんどを占めています（図表2－4）。なぜ、こんなに保有量が少ないアドレスが多いのでしょうか？

まず1つには、これらのアドレスには、ビットコインとはどういうものかを試してみたいという人が作った「お試しアドレス」が相当数あるものとみられます。仮想通貨の仕組みに興味をもって、アドレスを作って少額を入れてみたという人のアドレスである可能性が高いものとみられ

図表2−4　ビットコインの保有分布（アドレス数シェア）

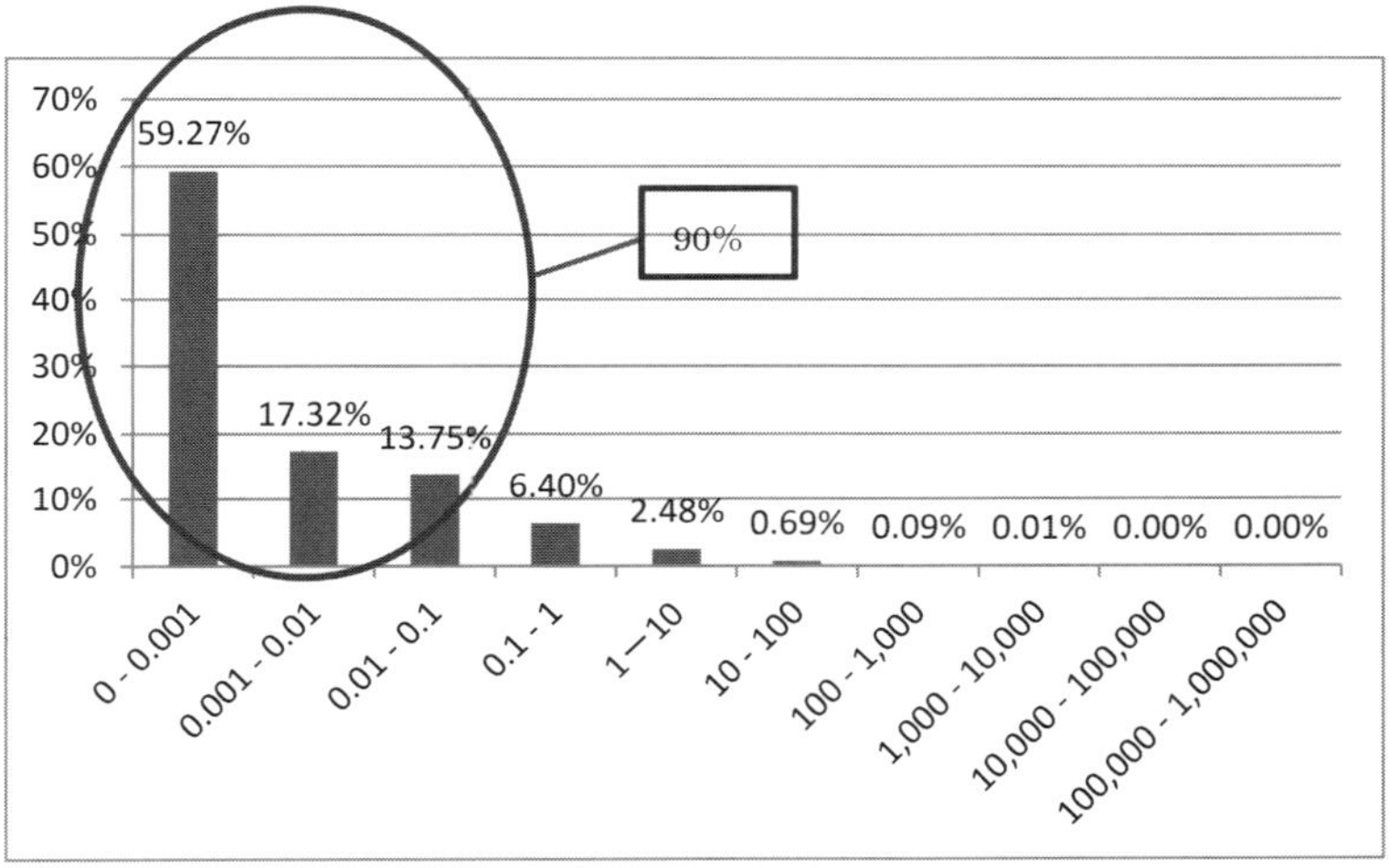

出所：「Bitcoin Distribution」BitInfoCharts（2017年8月時点）

ます。これは、あまり使われていない「不稼働アドレス」であると考えてもよいでしょう。

２つ目には、ビットコインで取引を行う際には、アドレスとその取引情報が全世界に送信されるため、プライバシー保護の観点から、取引毎にアドレスを変えることが推奨されています（１つのウォレットで複数のアドレスを作成することが可能となっています）。このため、ビットコインで支払いをする際には、その都度アドレスを作って取引を行い、あとはそのまま放置してあるという「使い捨てアドレス」である可能性があります。これが、ウォレットの数（１６００万個）とアドレス数（１９００万個）の差になっているものと考えられます。いずれにしても、こうした理由により、ほとんど残高のないアドレスが全体の６割を占めています。

これに対して、残高が「1～10ＢＴＣ」（48万～480万円相当）のアドレスは47万アドレス（全体の2・5％）であり、同じく残高が10ＢＴＣ（480万円相当）以上あるのは14・8万アドレス（全体の0・78％）です。これらを合わせた62万アドレス（全体の3・3％）が、保有額からみて本格的なかたちでビットコインを所有・利用している保有者であると考えられます。「ビットコインに使われているユニークなアドレス数」という別の統計をみても、概ね50万～60万アドレスで推移しており、実際に取引に利用されているアドレスは50万～60万アドレス程度という、こうした見方を裏付けています。

ここでは仮に60万アドレスとして、1人が1アドレスを保有しているとすると、本格的にビットコインを利用している保有者は世界全体で60万人程度となります。しかも、ハッキングによる被害の可能性なども考えて、大口保有者はビットコインの安全のために、多くの場合、複数のウォレットに分けて保有しています（それが推奨されています）。このとき、それぞれのウォレットごとにアドレスは当然、別々になります。

このようないくつかのウォレットに分けた保有の実態を考えると、実際のビットコインの保有者数はもっと少ないことになります。仮に、これらの保有者がビットコインを平均6つのウォレットに分けて利用しているものとすると、アクティブなユーザーの数は世界全体でも10万人程度にすぎないことになります。ビットコインの利用者が世界で1600万人というのと、全世界を合わせても10万人というのとでは、そのユーザーの広がりのイメージに大きな違いがあるのでは

図表2−5　ビットコインの保有シェア

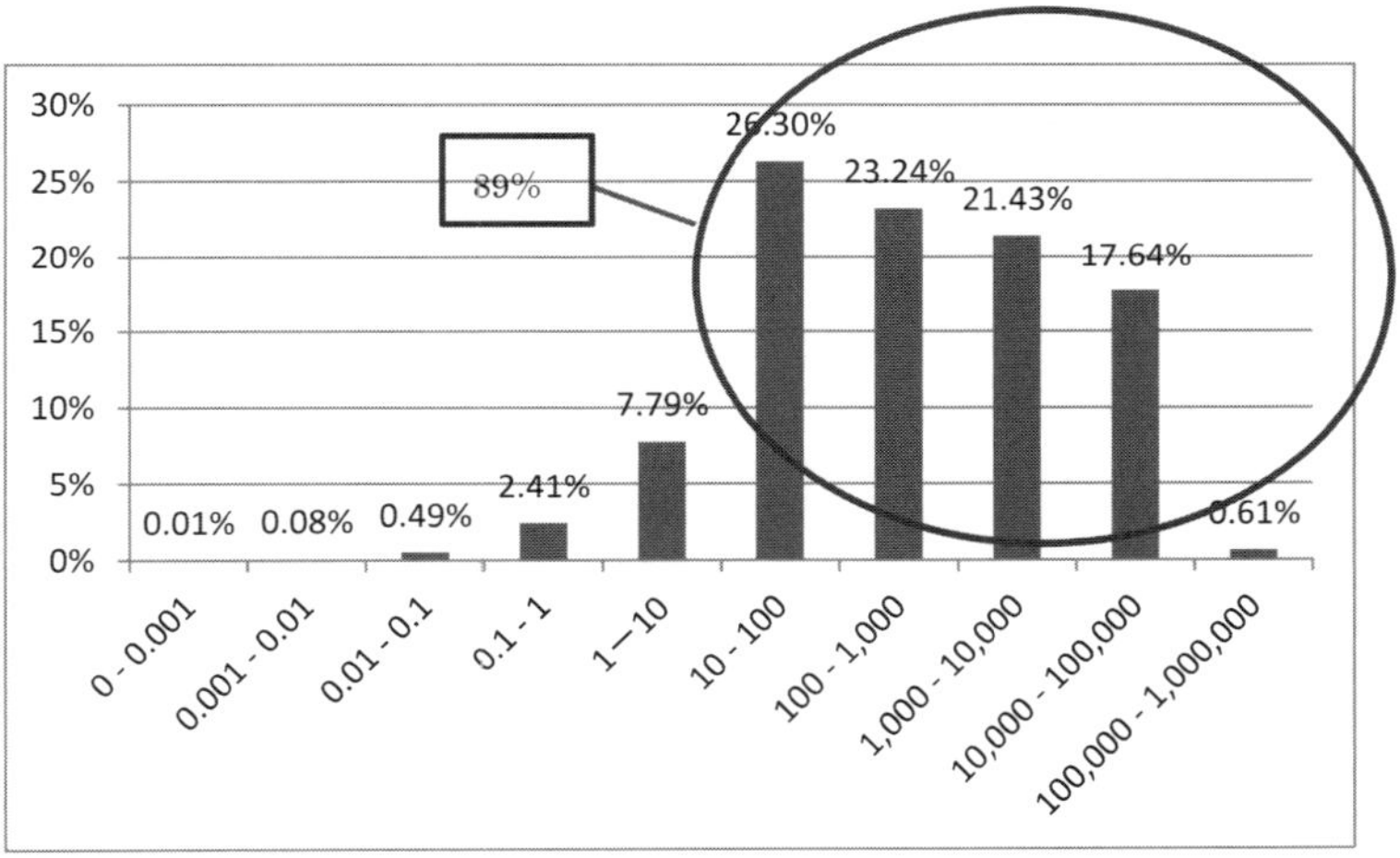

出所：「Bitcoin Distribution」BitInfoCharts（2017年8月時点）

ないでしょうか。

②ビットコインの保有シェア

次に、ビットコインの保有状況についてみてみましょう。ビットコインの保有コイン数を、アドレスの残高階層別に分けてみると、残高が「10〜100BTC」（480万〜4800万円相当）のアドレスが全体の26％を保有しており、同様に残高が「100〜1000BTC」（4800万〜4・8億円相当）のアドレスが23％、「1000〜1万BTC」（4・8億〜48億円相当）のアドレスが21％、「1万〜10万BTC」（48億〜480億円相当）のアドレスが18％、「10万〜100万BTC」（480億〜4800億円相当）のアドレスが1％を、それぞれ保有しています。これら5つの残高階層を合わせると、ビットコインの保有量は全体の9割（89％）を占めています（図表2−5）。一方で、これらのアドレスの数は、合わせても14・8万アドレスと全体の0・8%に過ぎません。

つまり、上位1%未満の人（アドレス）が、なんと全体の9割のビットコインを保有しているのです。さらに言えば、1BTC以上を保有している上位3%の保有者が、全体のビットコインのほとんど（97%）を保有しています。このようにビットコインは、少数の人が大部分のコインを所有しているという、かなり歪《いびつ》な保有構造となっていることが分かります。最近のビットコイン相場の値上がりによって主に恩恵を受けているのは、実はこうした全体の1~3%にあたる保有者なのです。

このようなビットコインの偏在は、初期のマイナーに対するビットコインの大盤振る舞いが1つの大きな要因になっているものとみられます。初期には、1回のマイニングに対する報酬が多かった（今の4倍）ほか、競合するマイナーも少なかったため、パソコンで難易度の低い計算をするだけで簡単に多額のリワードを得ることができたのです。

ビットコインの導入からしばらくは、1BTCは1ドルにも満たない価値しかありませんでした。ビットコインのスタートから間もない2010年5月には、1万BTCでピザ2枚（25ドル相当）を買ったという逸話があるくらいです（これは現在の価値では、40億円以上の価値になります。何とぜいたくなピザでしょうか）。これは、ビットコインが初めて商品の購入に使われた事例とされています。

こうしたエピソードからも分かるように、初期のマイナーには、あまり金儲けの意識はなかったものと思われます。むしろ、仮想通貨という世界初の新しい仕組みに対する興味からマイニングを行っていたのではないでしょうか。しかし、その後ビットコインの価値が４０００倍以上にも高騰したことから、結果的には、これら初期のマイナーは、かなり巨額の財産的価値を得ることになりました。

こうした事情から、現在のビットコインの大口保有者の多くは、発明者のナカモト氏を始めとして、ビットコインの導入初期からマイニングを行っていた採掘者だとされています。ちなみにナカモト氏は、一度もビットコインを使っておらず、１００万ＢＴＣ（４８００億円相当）を保有しているものと推測されています。いずれにしても、前述のような数字をみると「みんなで平等に」という理念からはかけ離れて、「一握りの人による、一握りの人のためのビットコイン」になってしまっているという感が否めません。

（２）ビットコインは誰が採掘しているのか

第１章で、ビットコインの取引の承認には、マイニング（採掘）が必要であることを述べました。では、ビットコインは誰が採掘しているのでしょうか？　一般的には、世界中の不特定多数のマイナー（採掘者）たちが手分けしてこの作業を負担し、皆でビットコインの仕組みを支えているといったイメージが持たれているものと思われます。しかし、上記のような保有構造の偏りに加えて、ビットコインの新規発行を受ける「マイナー」についても、実は、少数のマイナーが大きなウェイトを占める寡占構造が発生しているのです。

ビットコインの発行が始まり、マイニングが始まったばかりの時期には、個人のパソコンでも

図表2−6　世界のマイナーシェア
（2017年8月）

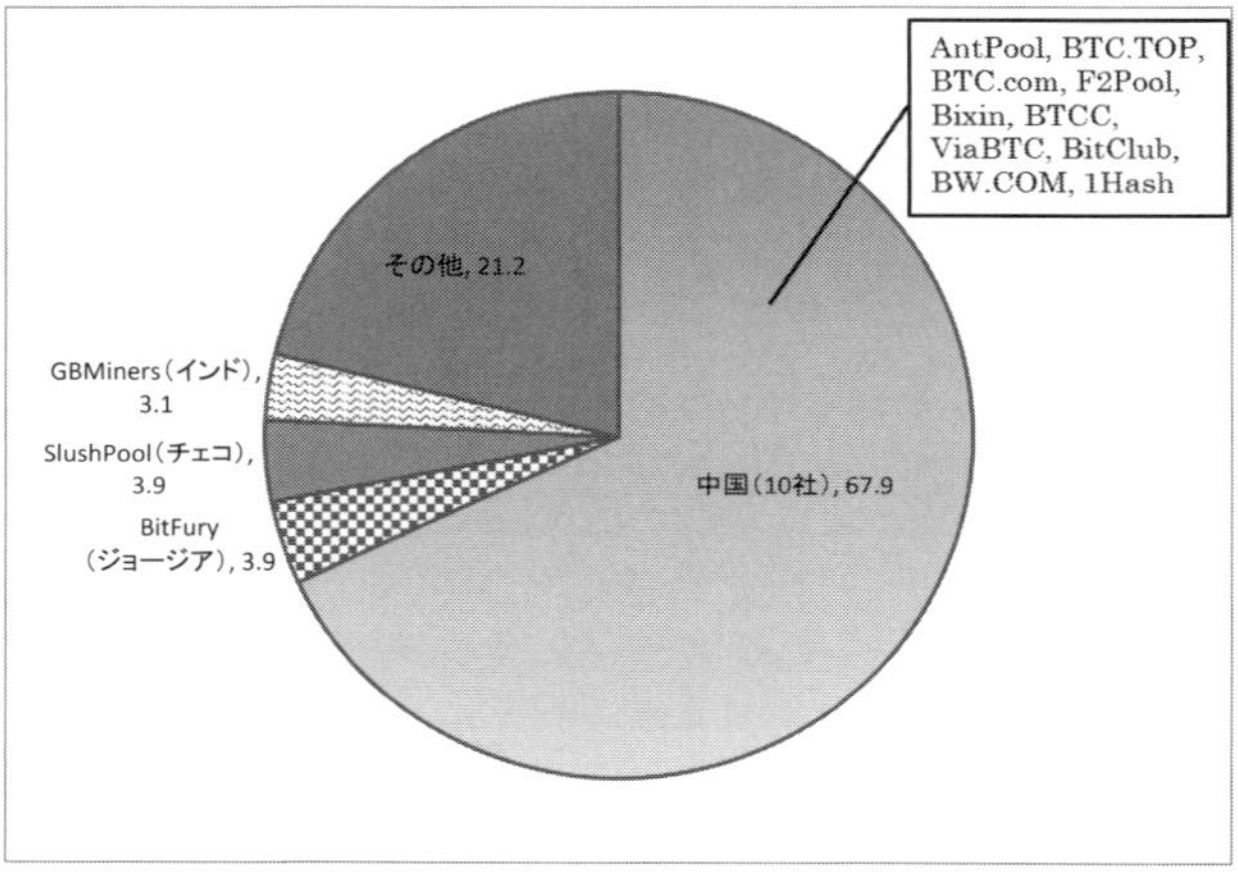

出所：https://btc.com/stats/pool/（単位%）

マイニングが可能でした。しかし、ビットコインのプログラムでは、マイナーが多くなるにしたがって採掘が段々と困難になるように設定されており、競争が激しくなる中で、必要な計算能力が急激に上がってきています。このため、「採掘難易度」（ディフィカルティー）と呼ばれるブロックを生成する（ナンス値を算出する）難易度が非常に高くなっているのです。マイニングを成功させるためには、他のマイナーに先駆けて世界で一番最初に答えを見つける必要があるため、中途半端な計算能力の増強では意味がありません。このため、最近では、マイニング専用のコンピュータ設備を設けた大規模な「マイニング・ファーム」（組織化された採掘集団）が大きな役割を果たすようになっています。

マイニング・ファームは、上位の13社で世界のマイニングの約80%のシェアを占めてお

図表2−7　マイニング・ファームの様子

出所：http://jp.newsbtc.com/

り、かなりの寡占化が進んでいます（図表2−6、2017年8月時点）。この上位13社のうち10社が中国のマイニング・ファームであり、シェアは合わせて全世界の68%を占めています。ほとんど中国のマイニング・ファームの独壇場となっていると言ってもよいでしょう。なかでも、このうちAntPool社、BTC・TOP社という上位の2社が、中国国内において約5割（世界でも3分の1）のシェアを握っています。

マイニングは、大規模なコンピュータ設備を24時間365日稼働させて大量の電気を消費する作業[10]ですので、電気代の安い中国の採掘集団のプレゼンスが大きくなっているのです。

10　このため、「ビットコインは環境にやさしくない」と言われています。また、電気代の高い日本などの先進国は、マイニングには不向きとされています。

す。1キロワット時の電気代は、日本の約30円や米国の約12円に対して、中国では約4円とされており、この点からも当分、中国の優位性は揺るがないものとみられます。

こうしたマイニング・ファームでは、体育館のような広大な施設に、ビットコインのマイニングに特化した専用のハードウェア（ASIC：特定用途向け集積回路）を大規模に揃え、数百億円にものぼるとされる巨額の投資を行って大々的にマイニングを実施しています（図表2－7）。その辺のシロウトや個人が安易に手を出せるような世界ではなくなっているのです。

ビットコインの当初の設計思想では、多くの参加者がみんなでマイニングを行って、協力してビットコインの仕組みを支え、報酬としての新規コインを少しずつ平等に受け取っていこうというものであったはずです。しかしマイニングの現実は、こうした設計思想からはかけ離れた状態となっており、電気代が安いという立地のメリットを活かして大規模な投資を行った少数の採掘集団のみがコインの新規発行を集中的に受け取る（中国のマイナー10社が7割のリワードを獲得する）かたちとなっています。これは、ビットコイン業界内における発言力が中国の一部のマイナーに集中していることも意味しています。

こうした状態は、「マイニングの集中化」（mining concentration）として、関係者の間でも問題視されています。マイニングの寡占化とリワードの集中化は、前述のような保有構造の偏りにもつながっているものとみられます。

（3）ビットコインは誰が売買しているのか

①ほとんどが中国の取引所での取引

ビットコインの保有構造やマイナーの偏りとともに、ビットコインの売買を行う利用者の構造にも偏在がみられています。マイニング以外の方法でビットコインを入手するためには、ビットコイン取引所に口座を開設し、法定通貨（ドル、円、人民元など）との交換により、ビットコインを購入することが必要となります。また、ビットコインを法定通貨に換える際にも、ビットコイン取引所で売買を行うことになります。先述の通り、ビットコイン取引所は、他の仮想通貨も取引の対象としているため、「仮想通貨取引所」とも呼ばれ、米国、欧州、日本、中国などの世界各地に100以上もの取引所が設立されています。

図表2－8は、世界のビットコイン取引所における取引シェアをみたものです（2017年8月までの2年間）。これをみると、OKコイン、フオビ、BTCチャイナという中国の3つの取引所における取引高が、世界の全取引の93％と圧倒的な割合を占めており、中国人によるビットコイン取引が大部分を占めていることが見て取れます。

同じ期間で、ビットコイン取引の通貨別シェアをみても、中国元による取引がやはり94％と圧倒的なウェイトを占めています（図表2－9参照）。これに対して、米ドルは4％であり、ユーロは1％未満のウェイトしかありません。円での取引も1％未満であり、国内でずいぶん騒がれている割には、全体に占める円の比率はさほど高くないのです。

図表2―8　ビットコイン取引所のシェア

（単位％）

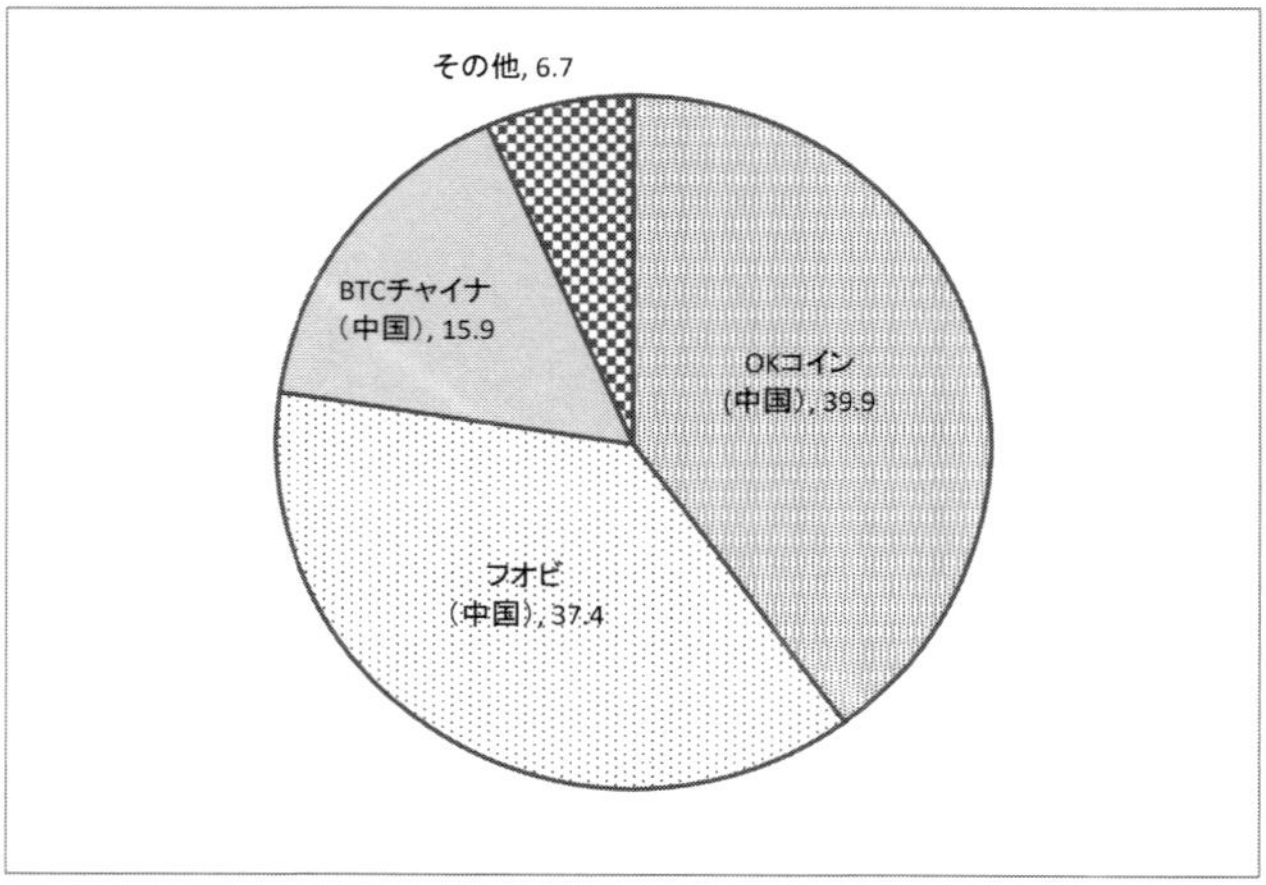

出所：https://data.bitcoinity.org/（2017年8月までの2年間）

図表2―9　ビットコイン取引の通貨別シェア

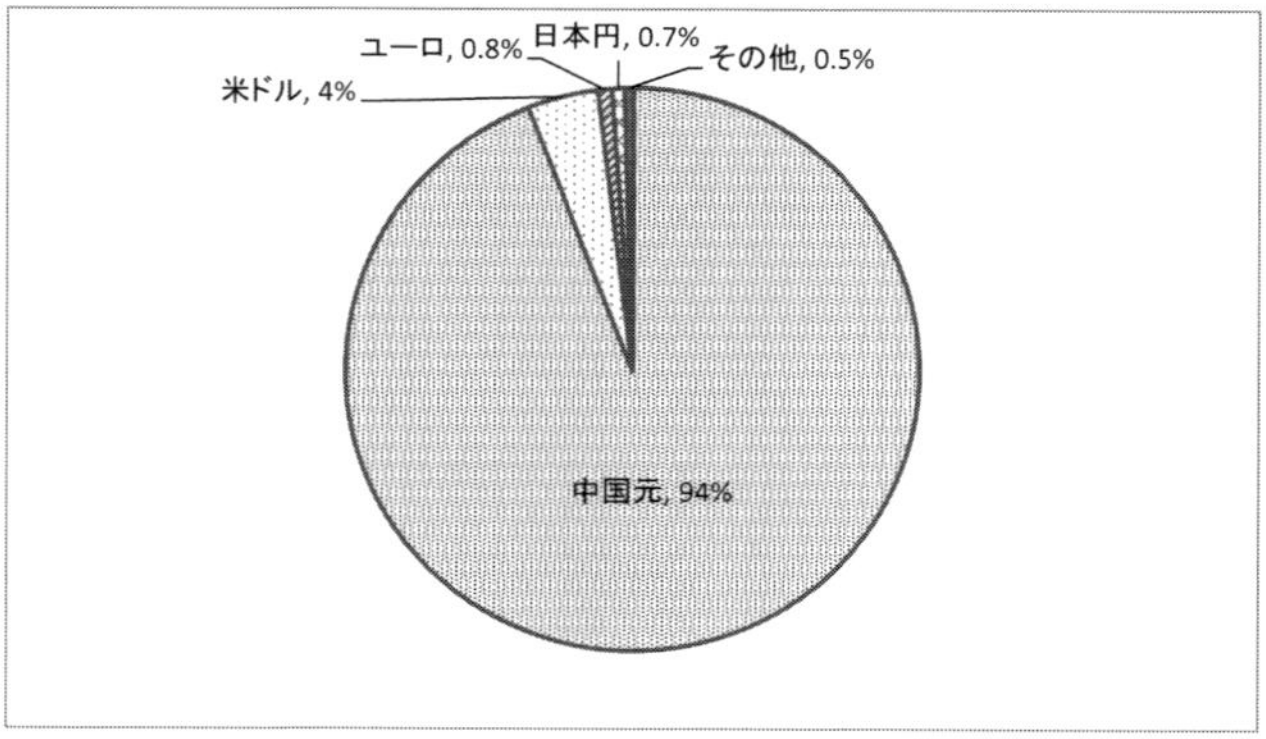

出所：https://data.bitcoinity.org/（2017年8月までの2年間）

いずれにしても、こうした統計からみて、中国がビットコインのドミナントな（支配的な）プレーヤーとなっており、世界のビットコイン市場における中心的な位置づけを占めていることだけは間違いないようです。

②なぜ、中国にビットコイン取引が集中しているのか？

では、なぜ中国のビットコイン取引所にこのように取引が集中しているのでしょうか？[11]

中国の取引所でのビットコインの売買高が急増したのは、２０１５年8月の人民元の切下げ以降のことです。この切下げをきっかけに、人民元の先安観が高まりました。このため、人民元を大量に保有していた中国の富裕層の間では、人民元をドルなどの外貨に移す動きが広がりました。しかし、中国では、人民元の出入りに対しては、厳しい資本規制が課されています。また、このような資本の流出につながる取引の広がりに対しては、外貨両替に上限額を設ける、申請書の提出を義務付けるなど、規制がさらに強化されました。

こうした規制を回避する手段として使われたのがビットコインだったのです。ビットコイン取引所については、規制が緩く、また外貨両替の規制の対象にもならなかったことから、中国の富裕層は、人民元をいったんビットコインに換えたうえで、あとでこのビットコインを必要に応じて米ドルなどの外貨に換えるという動きに出たのです。[12] つまり主として、当局の資本規制をくぐ

11　ちなみに中国では、すでに２０１３年12月から銀行がビットコインの売買を行うなど、ビットコインの取引に関与することを禁止しています。

図表2－10　資本規制の回避とビットコインの利用

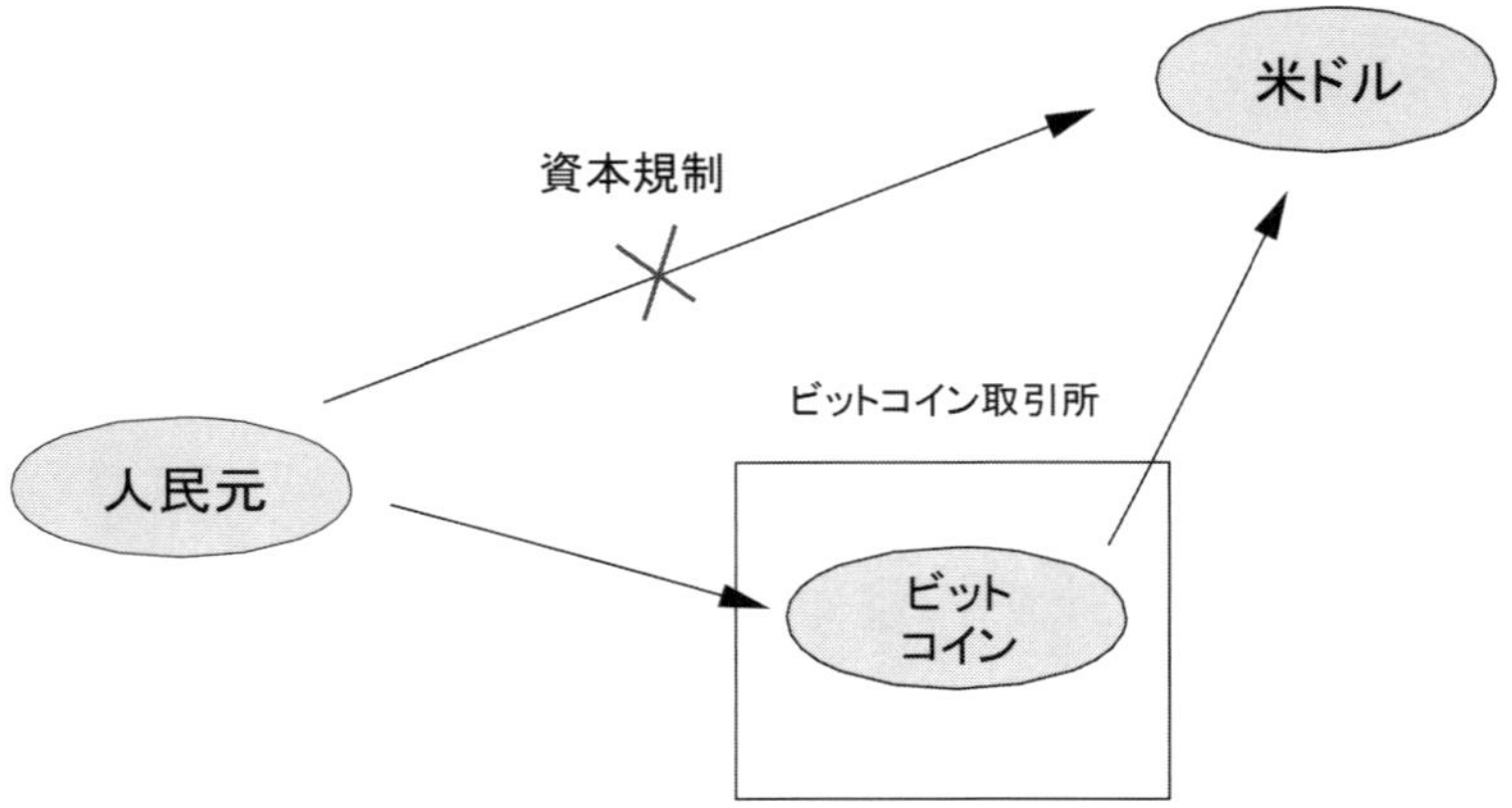

出所：筆者作成

り抜ける手段としてビットコインが使われているのです（図表2－10）。

③規制回避のための通貨

ビットコインの開発の背景には、政府や中央銀行の管理下に置かれない仮想通貨を作って、誰の指示も管理も受けずに、お金を自由に世界中で動かせるようにしようという「リバタリアン」（自由至上主義者）のイデオロギーがありました。ビットコインは、「国に管理されない通貨」を求める思想が元になっているのです。この2年ほど、前述のように、中国では政府の規制をかいくぐるためにビットコインが使われており、ある意味で、この思想が現実のものとなっているとも言えます。

しかし、「キャピタルフライト（資本逃避）」が主たる利用目的となっているというのは、通貨として、とても正常な姿とは思えません。法をかいくぐるための利用が、世界の取引高の9割以上を占めているというのは、果たして正しい金融取引や適切な通貨のあり方だと言えるでしょうか？

こうした実態に気が付いた中国当局では、２０１７年に入ってから、ビットコインの大手取引所の検査に着手し、外貨管理やマネーロンダリング（資金洗浄）などでの違法行為がないかを徹底的に調べたうえで、ビットコインの引き出しを当面凍結するという強硬な措置をとりました[13]（これは、実質的な資本規制の強化であると言えます）。これを受けて、中国でのビットコインの取引量が１００分の1程度にまで激減するなどの影響が出ました。

ビットコインについては、前述のように、マイニングについても7割が中国の採掘集団が担っており、ビットコイン取引所での売買取引も9割以上が中国の取引所で行われています。まるで「中国の中国による中国のためのビットコイン」の様相を呈しています。開発者のナカモト氏が当初に意図していたのとは、かなり違った姿になってしまったのではないでしょうか。いまだに謎の人物とされるナカモト氏に感想を聞いてみたいところです。

3．ビットコインの仕組みに問題はないのか？

実は、ビットコインの仕組みそのものにも、中長期的にみた懸念材料が存在しています。主な

12 「ビットコイン取引最高、9割が中国」（日本経済新聞電子版、２０１６年12月18日付）
13 「中国人民銀、ビットコイン取引所を検査」（日本経済新聞電子版、２０１７年1月11日付）

懸念材料としては、①ビットコインの発行上限と②リワードの半減期が挙げられます。

（1）発行上限の設定がもたらす投機の動き

①ビットコインの発行上限とは何か

まず一つの懸念材料は、ビットコインに「発行上限」が設けられている点です。法定通貨（円、ドルなど）は、中央銀行が発行量を調節することができ、特に上限はありませんが、ビットコインの場合には、最終的な発行上限が2100万BTCと決められています。これは、ビットコインのプログラム内のコードで予め設定されているものです。2017年8月半ばの時点で、すでに1650万BTCが発行済みとなっています。つまり、発行上限のうち、すでに79％が発行済み（採掘済み）となっているのです。

このように発行上限が決められているのは、ビットコインをインフレに強い通貨とするためだとされています。つまり、コインが大量に発行されることによって価値が下落するという「インフレ」にはなりにくい仕組みとなっているのです。しかし、このことは、逆に、ビットコインがモノなどの価値に対して強くなる（通貨が値上がりする）という「デフレ」になりやすいという性格を有していることになります。

実際に、ビットコインの価格推移をみると、2011年春までは1BTCは1ドル以下の価格で、2012年夏までは10ドル以下で取引されていました。それが、キプロス危機（2013年3月に銀行預金への課税案を発表）をきっかけに、一気に100ドル近くまで跳ね上がり、その勢いのまま2013年末には一時1000ドルの大台にまで上昇しました。その後、マウントゴックス事件（2014年2月）などを受けて、2015年初めにかけて200ドル台へと5分の1の水準にまで暴落しました。2015年秋口以降は、前述のように中国からの資本逃避に用いられたことなどから相場は徐々に上昇したあと、2017年に入ると急ピッチな値上がりとなり、2017年8月には4000ドルを上回る水準にまで達しています。こうした価格の動きは、ビットコインの利用が徐々に増えていることに加えて、供給量が制限されているという仕組みに人々が気づき、将来の需給のタイト化を見越した投機的な動きが広がっていることによるものとみられます。

ビットコインの発行量が、いつ頃にこの発行上限に達するかが問題ですが、1ブロックの生成に10分を要するというこのままのペースでいくと、おおよそ2140年ごろとみられています。つまり、現時点（2017年）から約123年をかけて、残りの450万BTC（21%）を徐々に採掘していくことになっているのです。それまでの間、ビットコインの採掘量（新規発行量）は、徐々に減っていくようにプログラムされています（図表2－11）。

②発行上限の存在によるビットコインの変質

このようにビットコインは、将来の供給量が定められているため、その価格は、もっぱら需要面に依存することになります。ビットコインの新規供給が減っていく中で、もしビットコインに対する需要が現状を維持する（あるいはさらに高まる）とすると、需要と供給の関係により、価格はどうみても上昇するしかありません。希少性が段々と高まっていく仕組みになっているため、

図表2−11　ビットコインの新規発行量と発行済みコインの比率

単位：%

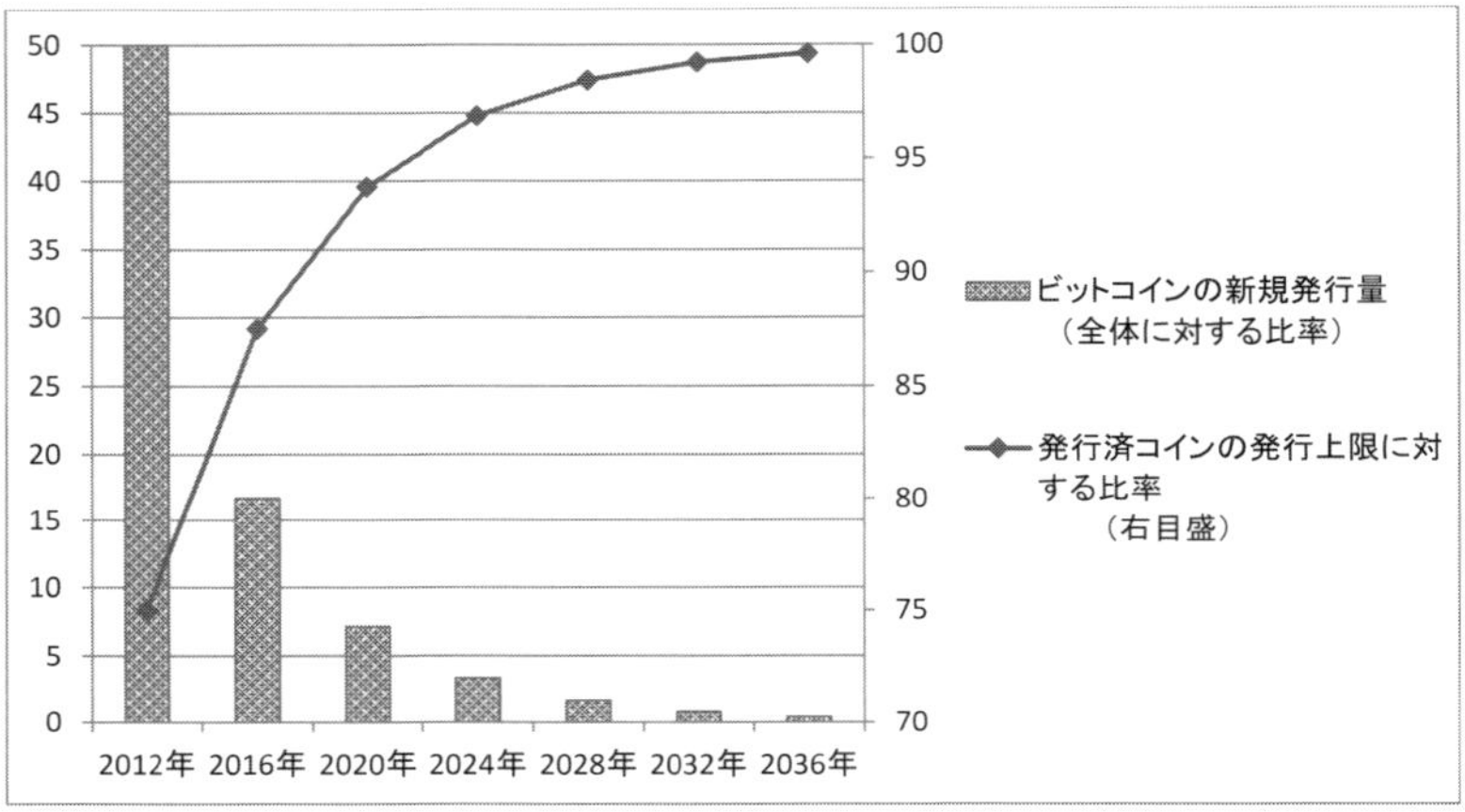

（注）各年の半減期（後述）までの約４年間の新規発行量と各年の半減期末までの発行済比率
出所：https://en.bitcoin.it/wiki/Controlled_supply を元に筆者作成

理屈としては、値段が上がりやすくなっているのです。そうすると、ビットコインは、本来の目的である「交換手段」（medium of exchange）としてではなく、「投資用資産」(investment asset）として用いられることになります。明日値上がりすると分かっていれば、誰もそれを今日の支払いには使わないからです。

このように、ビットコインは、発行上限という仕組みがあることによって、その性格が「通貨」から「資産」に変質しています。通貨として使うためには、その価値が安定していることが前提になりますが、発行上限の存在によって、値上がりを見込む人が増えているため、もっぱら投資のための資産となってしまっているのです。

③ラストデイ前における最終局面の発生

そして、２１４０年ごろに発行量が上限に

達する「ラストデイ」を迎えると、そこから先は、マイニングに対してまったく新しいコインが発行されないことになります。それ以降も、ブロックは記帳され続け、取引を続けることは可能ですが、マイニングに対する報酬はまったく付与されません。そうすると、取引を承認する役割を果たすマイナーたちにとっては、マイニングを行うインセンティブが失われてしまうことになります。マイニングには、大規模なコンピュータ設備や大量の電力が必要ですから、報酬が得られないマイニングからは撤退する業者が相次ぎ、最悪の場合には、誰も無償ではマイニングを行わなくなってしまうといった可能性すらあります。マイニングは、事実上ビットコインを動かすエンジンとなっていますので、このエンジンが止まってしまうと、ビットコインの取引は承認されず、取引ができなくなってしまいます。取引の承認がスムーズに行われなくなると、利用価値の低下したビットコインの価格は大幅に下落する可能性があります。さらには、価格の下落だけに止まらず、システムとして崩壊してしまうといったカタストロフィック（破滅的）な状況が発生する惧《おそ》れすらあると言えるでしょう。ビットコインを「仮想通貨革命」として高く評価している野口悠紀雄氏も、「超長期的に見て、マイニング作業が順調に継続するかどうかは疑問なしとしない」（野口［2014］）としています。

このように考えると、ビットコインの運営は発行上限を迎える2140年の時点では（途中でプログラムの変更などが行われない限りは）、おそらく何らかの困難な状況に直面する可能性が高いものと考えられます。2140年というと今から100年以上先の話になりますが、それでは、それまではビットコインは安泰かというと、実は必ずしもそう言い切れない面があります。

というのも、２０２８年ごろにはビットコイン上限の98％が、２０３２年ごろには99％が発行済みとなるためです。つまり、すでにその時点で、最終局面に近い「ビットコインの新規発行がほぼストップする」という状態が発生することになるのです。近年、市場では将来への「期待」が価格形成に大きな役割を果たすようになっており、マーケット参加者がこの事実に気がついた瞬間に、期待が剥落して暴落が発生するといった可能性も否定できません。最後のビットコインが発行される２１４０年の「ラストデイ」を待たずに、上記のような困難な状態がもっと早く発生する可能性もあるのです。ビットコインの危機は、はるか先の１００年先ではなく、実はほんの10年先に待っているのかも知れません。

（２）リワードの半減によるマイニング業者撤退の懸念

①リワードの半減期とは

もう一つの懸念材料が、マイニング（採掘）に対するリワード（報酬）が約4年ごとに減らされる設定となっていることです。前述のとおり、ビットコインの取引を承認する手続きであるマイニングには、リワードとして新規発行されるビットコインが与えられる仕組みとなっています。ビットコインが２００９年に初めて発行された時点では、マイニングに対するリワードは、１ブロックごとに50ＢＴＣに設定されていました。このリワードの額は、新たに21万ブロックが作成されるごとに半減していく仕組みとなっています。このため、２０１２年11月にはリワードは25ＢＴＣになり、さらに２０１６年7月には12・5ＢＴＣに減らされました。このリワードの「半

図表2−12　リワードの半減期

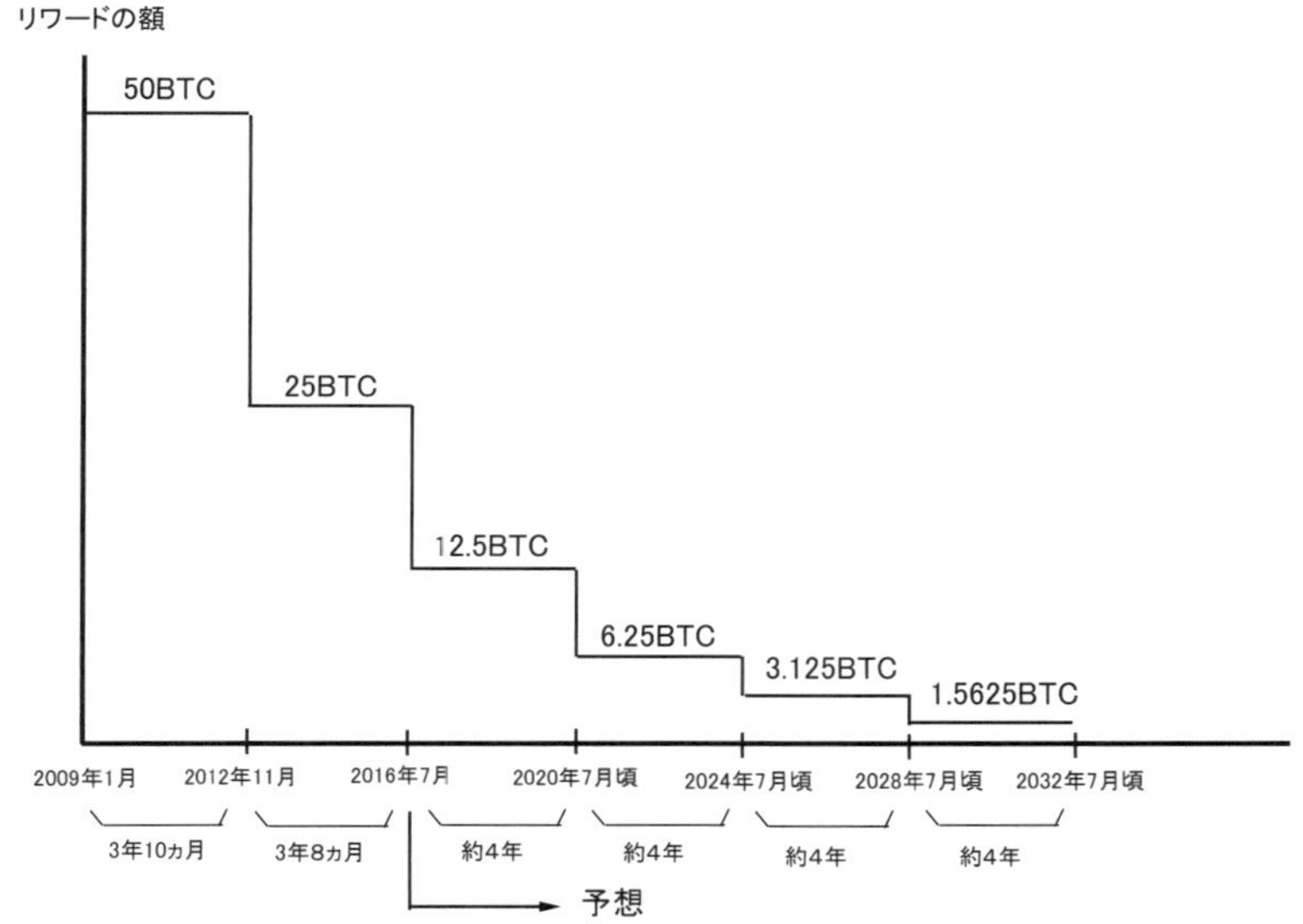

出所：筆者作成

減期」（halving）は、約4年ごとにやってきます。２０１６年7月の半減期には、ビットコインの価格が約６００ドルでしたので、リワードは1万５０００ドル（約１５０万円）から、一挙に７５００ドル（約75万円）に減ったことになります。

これから先も、リワードは約4年ごとに半減期を迎え、２０２０年ごろには６・25ＢＴＣに、２０２４年ごろには３・１２５ＢＴＣに、さらに２０２８年には１・５６２５ＢＴＣへと半減していくことになっています（図表２−12）。マイナーの得る収入は、「マイニングによって得られるビットコインの数量×ビットコインの価格」で計算されることになります。つまり、２０２０年ごろにリワードが２分の１に半減しても、それまでにビットコインの価格が2倍に上昇していれば、マイニングによって得られる法定通貨（円、ドルなど）ベースでの収入は変わらないことになります。

②リワードの半減とマイニング業者の収入の関係

問題は、約4年ごとにビットコインの価格がずっと2倍、2倍、2倍へと都合よく上がっていくのかどうかということです。そのためには、年率19％のペースで継続的に価格が上がり続けていくことが必要です。これは、株式市場でもなかなか達成できない高い上昇率であり、かなりの速いペースでの値上がりが必要となります。もし、ビットコインの価格の上昇ペースがこれを下回ると、マイニングを行うことによる収益率はじわじわと低下していくことになります。

マイニングには、かなりのコンピュータ資源と計算のための大量の電力を使う必要があるため、期待されるリワードの額がマイニングのコストを下回って、採算が赤字になった場合には、誰もわざわざコストをかけてマイニングを行わなくなってしまいます。実際、すでに２０１６年7月の半減期に、一部のマイニング業者が撤退したことが報じられています。[14]こうした動きが広がると、１００年先を待たずして、どこかの時点で大部分のマイナーが撤退してしまうといった可能性もありうるのです。

ビットコインが発行上限に達するまでには、全部で34回の半減期が設定されています。そのどこかで、リワードの水準がマイニング業者の損益分岐点を下回ってしまう可能性は十分に考えられます。

マイニング業者の収益はビットコインの価格水準にも依存しますが、仮に、ビットコインの価格が現状（円建てで48万円、２０１７年8月半ば時点）のままの水準に止まるものとすると、リワードは、現在のマイニングの成功1回ごとに６００万円という額から、２０２０年頃には３００万円に、２０２４年には１５０万円、２０２８年には75万円、２０３２年には38万円へと減少していくことになります。1回６００万円の報酬であれば、マイニング業者は大きな収益が見込めますが、1回38万円の報酬では、とてもコストに見合わないといった状況は当然、発生しうるのです。国際決済銀行の報告書（ＢＩＳ［２０１５］）でも、「リワードが減少していく中で、スキームを支えるマイニングのインセンティブが持続するかどうかについては、議論の余地がある」としてマイニングの中長期的な持続性には疑問を呈しています。

なお、ビットコインのシステムでは、取引の承認を行ったマイナーに対して、取引を行ったユーザーから少額の取引手数料が支払われる仕組みになっており、リワードがなくなっても、これがマイナーに対するインセンティブになるだろうという見方もあります。しかし、取引手数料は、基本的にはごく少額（原則０・０００１ＢＴＣ）に設定されており、現状の相場では1取引あたり48円程度です。これに1ブロックに含まれる平均的な取引件数である２０００件をかけても、1回のマイニングに対して9・6万円程度であり、マイニングの報酬に比べると微々たるものになります。これをインセンティブとして、マイナーが大量の電力を使ってマイニングを続けるかどうかについては疑問の余地があります。

14 「What is the 'Halving'?」（CoinDesk, ２０１６年6月12日付）

現在、世界全体でマイナーが得ている総収入は、年間でざっと３２００億円程度になります。これは、年間に作られるブロックの数である５・３万個（6個/時間×24時間×３６５日）に、現状のリワード（12・５ＢＴＣ）とビットコインの価格（約48万円）をかけて得られる数字です。これと同様の額を取引手数料で得るためには、かなり大幅な値上げが必要となります。これは、送金コストの安さを売りにしてきたビットコインにとっては、自らのメリットの否定につながるものとなるでしょう。ＢＩＳの報告書（２０１５）でも、取引手数料の引上げによるビットコインのスキームの持続可能性については、「手数料の引上げは、需要の減少を招いたり、スキームの長期的な持続可能性に影響を与える可能性がある」として、懐疑的な見方を示しています。

③マイニングからの撤退の可能性

前述のように、現状では一握りの「マイニング・ファーム」と呼ばれる採掘業者が、利潤追求のためにマイニングを行っています。彼らは、別に「ビットコインのシステムを支えるため」といった使命感からマイニングを行っている訳ではなく、もっぱら報酬目当てですので、採算が赤字になれば冷徹にマイニングから手を引く可能性が高いものとみられます。また、他の仮想通貨（アルトコイン）の方がマイニングの収益性が高くなれば、ビットコインを見限って他の仮想通貨のマイニングにシフトするといった可能性も十分にあります。いずれにしても、現状のマイナーたちが、いつまでもビットコインのマイニングを続けるという保証はどこにもありません。

多くのマイナーがマイニングから撤退してしまうと、ビットコイン取引の承認が遅延したり、必要な計算量が減ってネットワークの安全性が低下したりするといった支障が生じます。また、他のマイナーが手を引く時期を狙って少数のマイニング・ファームが過半数の計算パワーを掌握し、いわゆる「51％攻撃」（悪意のある参加者がネットワーク全体の採掘能力の50％以上を支配して、不正な取引を行うこと）を仕掛けて、ビットコインのネットワークを乗っ取るといった可能性もあります。最も極端な場合には、誰もマイニングを行わなくなって、システムの維持が困難になるといったシナリオもあり得ます。

リワードが半減する時期は、ほぼ正確に予測可能となっています。ビットコインは投資用資産としての性格を強めているだけに、価格暴落などのカタストロフィックな瞬間は、ビットコインのこうした「不都合な真実」が共通認識として市場で広く共有された時点で発生するかもしれません。そして、投機的な価格形成が行われ、「一種のバブル」が発生している場合（現状はその可能性が強いものとみられます）には、値上がり期待に対する反動は急激かつ大幅なものとなることが危惧されます。

4. ブロックサイズ問題がもたらしたビットコインの分裂騒動

ビットコインは、2017年8月1日に2つの通貨に分裂しました。中国の関係業者がビットコイン（BTC）を分岐させて、新たな仮想通貨「ビットコイン・キャッシュ」（BCC）を作ったためです。

（1）ビットコインの取引量の上限問題と対立の構図

今回の分裂騒動の背景には、ビットコインの取引量の上限問題があります。ビットコインの取引データを入れる「ブロック」のサイズは、最大1メガバイトと定められています。10分ごとの取引データをこの容量に収めるために、ビットコインの取引は、最大でも世界全体で1秒間に7件しか行うことができませんでした（これは、10分間では4200件、1日では約60万件にあたります）。しかし、ビットコインの取引件数が増える中で、取引量がこのブロックサイズの上限を上回るようになってしまいました。取引量がブロックの容量を超えて、取引の渋滞や承認の遅延が発生してしまったのです。

ビットコインの取引量が10分間に世界で約4200件を超えると、ブロックサイズの限界を超えてしまうため、取引がその10分間を対象とするブロックに入りきらなくなり、次以降のブロックに持ち越されることになります。このため、取引承認までに時間がかかって取引の処理が遅れてしまい、いつまでたっても取引が確定しない（送金ができない）といった事態に陥ります。この1～2年は、実際に取引がブロックに入れられて確定するまでに数十分から数時間もかかる「遅延」の状態が発生したり、未承認状態の取引が数万件にも上ったりするといった状態が、かなり常態化するようになっており、大きな問題となっていました。

こうした事態への対策として、ビットコインの関係者は、これまで2つの陣営に分かれて論争を繰り広げてきました。1つは、取引データ内にあるデジタル署名を分離して取引データ[15]を圧縮する「セグウィット」[16]という機能を追加することによって、1ブロックの容量は変えずに、1件ごとの取引データを小さくする（ブロックサイズは小さいままにする）という考え方であり、この一派を「ビットコイン・コア派」（または「スモール・ブロック派」）と呼びます。これに対して、一定時間内により多くの取引を可能にするために、必要に応じて大きなブロックサイズを認めていくべきとする考え方があり、この一派は「ビットコイン・アンリミテッド派」（または「ビッグ・ブロック派」）と呼ばれました。アンリミテッド派では、ブロックサイズを単純に増やすのではなく、時間帯ごとの取引量に応じてブロックサイズを決定していくという「可変ブロックサイズ方式」を主張していました。また2017年に入ると、両派の折衷案として、セグウィットを導入したうえでブロックサイズも2MBに増やすという「セグウィット2MB案」が出され、そこからは3つの案を巡って、激しい対立が生じました。

対立の溝が埋まらなかったことから、ビットコイン・コア派では、見切り発車的にセグウィットを2017年8月1日に導入しようとしました。この期日を控えた7月下旬になって、分裂回避のために多くの関係者の間で妥協が成立し、折衷案であるセグウィット2MB案を採用することが決まりました。同案では、8月にセグウィットを導入したうえで、11月にブロックサイズを2MBに拡大することになっています。これで分裂が回避できるのではないかとの楽観論が広が

15　ちなみに、ブロックの容量のほとんどは、取引データが占めています。
16　Segwit. Segregated Witness（分離された署名）の略。

図表2−13　ビットコインの分裂

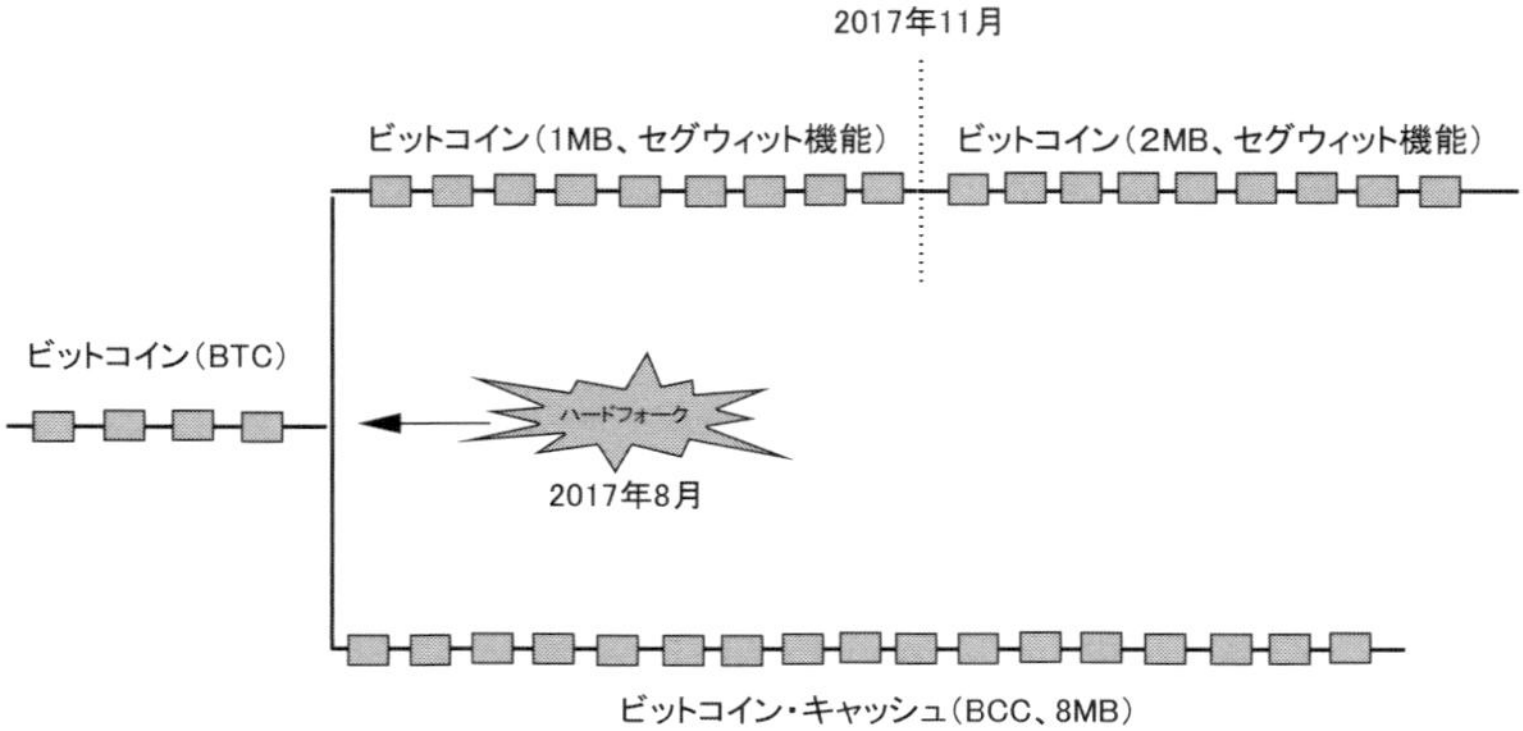

出所：筆者作成

りました。

ところが、これに反発したのがマイナー最大手のビットメイン社（中国）やヴィアＢＴＣ社（中国）でした。セグウィットを採用されると、自社のビットコイン採掘専用マシンが使えなくなることなどから、セグウィット２ＭＢにも反対し、前述のように、８月１日にビットコインを分岐（フォーク）させて、新たな仮想通貨「ビットコイン・キャッシュ」（ＢＣＣ）を創設したのです。つまり、「ハードフォーク」と呼ばれるブロックチェーンの恒久的な分岐が発生したのです（図表２−13）。新しく導入されたＢＣＣは、セグウィットの機能を持たず、取引量対策として、ブロックサイズを８ＭＢにまで拡大しています。

（２）分裂後はどう展開するのか

分裂後の展開についてみてみましょう。

第１に、従来のビットコインは、「ビットコイン」（ＢＴＣ、セグウィット機能付き）と「ビットコイン・キャッシュ」（BCC）の2つのブロックチェーンに分岐して、別々に取引されていくことになります。2つの通貨は、それぞれが独立した仮想通貨として、別々の価格が付いて取引されます。仮想通貨取引所では、新しいBCCを「アルトコイン」（ビットコイン以外の仮想通貨）の1つとして取引していきます。

第2に、旧ビットコイン（BTC）を所有していたユーザーは、同数のBCCを得ることになりました。日本の多くの取引所では、BTCの保有量に応じて利用者にBCCを割り当てました。ただし、これによって、保有する通貨の価値がそのまま2倍になった訳ではありません。ビットコインの分裂は、「株式分割」に類似した仕組み[17]ですので、通貨の価値は、理論的には分裂後のBTCとBCCの価値に応じて分割されるはずだからです。実際、分裂直後には、おおむねBTCが9割、BCCが1割といった割合になり、分割されたかたちで価格形成が行われました。

第3に、どちらがメインのビットコインとして機能していくかは、それぞれの使い勝手によって決まってくるものとされています。知名度の高さや利用者・マイナーの広がりなどから、ビットコインの優位性は揺るがないとの見方が大勢ですが、仮にブロックサイズを大きくしたことによって、BCCの方が早く安く取引できるコインになれば、そちらに取引が集中してメイン・チェーンとなり、BTCがむしろサイド・チェーン（傍流）になるといった可能性すらも考えられ

17　株式分割では、1株を2株に分割すると、理論的には価格は2分の1になります。たとえば、分割前に1株が10万円であった株式は、分割後には2株×5万円（＝10万円）となります。

ます。もっとも、先述のとおり、ビットコインは「通貨」（交換手段）ではなく、「投資用資産」（価値の保蔵手段）として保有される傾向が強いため、取引の処理速度がどこまでＢＴＣとＢＣＣの価格形成に影響するかは未知数です。

（３）分裂騒ぎから見えてきたもの

今回の分裂騒ぎからは、ビットコインの不確実性について見えてきたことがあります。

第１に、プログラムに従って整然と運営されているようにみえるビットコインも、運営を巡る主導権争いからは逃れられないということです。ビットコイン・コア派は、ビットコイン全体の仕組みを運営し、プログラムの修正などを行っているコア技術者たちであり、主に欧米を活動拠点にしています。これに対してビットコイン・アンリミテッド派は、ビットコインの採掘を行っている業者であり、前述のように、中国のマイナーたちが大きな割合を占めています。両派が激しく対立し、２年以上にわたって論争が繰り広げられたのは、ビットコインの運営に関する主導権争いの側面があります。ビットコインは、管理ソフトに従って自動的な調整が行われ、整然と運営されているというイメージがありますが、その裏側では、利害関係が絡んだドロドロとした権力争いが繰り広げられているのです。

第２に、今後もこうした分岐が繰り返される可能性があるという点です。セグウィット２ＭＢへの移行により、ビットコインの１つのブロックに含めることのできる取引データは、最大で４倍程度にまで増えるものとみられています。これにより、当面、取引量の限界問題は回避できる見通しです。しかし、今後も引き続きビットコインの取引量が増加していけば、いずれは同じような限界問題に直面する可能性があります。そして、その度に、今回と同じような路線対立や通貨の分裂が発生するリスクがあるのです。

実は、仮想通貨における分裂（フォーク）の発生は、これが初めてではありません。仮想通貨の時価総額でビットコインに次ぐ2位の「イーサリアム」でも、ハッキングの被害を受けたことをきっかけに、2016年7月に「イーサリアム」と「イーサリアム・クラシック」の2つの通貨に分裂し、現在は、別々の通貨として運営・取引されています。

第3に、今回の一連の分裂騒動は、中央管理者が不在であるというビットコインの特徴が弱点になりかねないことを露呈しました。責任をもってシステム全体を管理する主体がいないと、何か問題が起きた場合にも、誰も中心になって解決を図ることができず、解決までに長い時間がかかったり、対立の構図が解決されずに、最終的に分裂に至ったりすることがありうるのです。「分裂しても、（合計した）価値が下落しなければ問題はない」と言う人もいますが、この先も何度も、今回のような分裂騒ぎが起きれば、ビットコインの「夢の通貨」としてのイメージを悪化させ、最終的には、価格を維持することが難しくなってしまう可能性もあります。仮想通貨を安全かつ効率的に運営していくためには、一定以上の「規模」が必要です。分裂が何度も続いて、通貨がどんどん分岐し細分化していけば、そうした規模が維持できなくなる可能性もあります。

＊＊＊

このように、ビットコインは、必ずしも完全にできあがった仕組みとして運営されている訳ではなく、必要に応じて修正を加えながら運営が行われており、その背後には利害関係の絡んだ主導権争いもあります。その意味では、未だ実験段階にあるスキームであるとも言えます。今回の分裂劇で明らかになったように、実は技術的な面でも取引量の上限といったかなり基礎的なレベルでの問題を抱えており、完璧なメカニズムとは程遠い状況にあります。ビットコインへの投資などを検討する際には、こうした側面も良く分かったうえで付き合っていくことが大切でしょう。

5. 政府の介入によってビットコインは終わる？

世界各国において、ビットコインを始めとする仮想通貨に対しての規制が続々と導入されていることも、今後、ビットコイン普及の足かせになる可能性があります。

（1）規制が入ったら、ビットコインは生き残れない？

ＪＰモルガンのＣＥＯであるジェイミー・ダイモン氏は、２０１５年11月の国際フォーラムで、以下のような発言をしています。

> 世界には、現物がなく、管理もされていない通貨というものは存在しないのだ。また、そうした状態を長い間、我慢する政府も存在しない。つまり、政府のコントロールを回避することができる通貨は存在しないのだ。

当時はまだビットコインがもてはやされていた時期でしたので、この発言は「ビットコインは生き残れない」「政府の介入によってビットコインは終わる」などと題して大きく報道され、話題になりました。[18] ビットコインが２００９年の発行開始から順調に拡大してきた背景の一つに、政府の規制がまったく行われず、きわめて自由に取引ができたことがあります。つまり、各種の規制（本人確認、マネーロンダリング規制など）が行われている銀行預金などの手段に比べて、規制の網にかかりにくいことや匿名性が高いことなどが、規制を回避する必要がある人や、匿名性を重んずる人などを中心に、多くの投資家を引き寄せる要因となっていました。ダイモン氏の発言は、政府のコントロールを回避することによって発展してきた仮想通貨に対しては、いつか必然的に政府の規制が導入され、それによって勢いを失うであろうことを示唆したものとして注目されたのです。

（2）わが国でも「改正資金決済法」で仮想通貨の規制へ

すでに触れたように、わが国においても、２０１７年4月に「改正資金決済法」が施行され、仮想通貨に関する法規制が導入されました。こうした背景には、Ｇ7サミット（２０１５年6月のエルマウ・サミット）において、仮想通貨の規制に向けて適切な行動をとることが合意されたという国際的な動きがあります。これを受けて、日本以外のＧ7各国（米、独、仏、カナダ、伊、英）

18「Bitcoin Will Not Survive」（CoinDesk, ２０１５年11月5日付）

図表2−14　改正資金決済法における仮想通貨の定義

第２条の５　この法律において「仮想通貨」とは、次に掲げるものをいう。 一　物品を購入し、若しくは借り受け、又は役務の提供を受ける場合に、これらの代価の弁済のために不特定の者に対して使用することができ、かつ、不特定の者を相手方として購入及び売却を行うことができる財産的価値（電子機器その他の物に電子的方法により記録されているものに限り、本邦通貨及び外国通貨並びに通貨建資産を除く。次号において同じ。）であって、電子情報処理組織を用いて移転することができるもの 二　不特定の者を相手方として前号に掲げるものと相互に交換を行うことができる財産的価値であって、電子情報処理組織を用いて移転することができるもの

出所：金融庁

においても既に仮想通貨に関する規制が導入されています。

改正資金決済法においては、仮想通貨は図表２－14のように定義されています。法律用語なのでやや分かりにくいと思いますので、噛み砕いて説明すると、以下のようになります。

まず「一」においては、仮想通貨となる４つの条件が定義されています。１つ目は、モノやサービスを購入する場合に、これらの「対価」の支払いとして誰にでも使用できる財産的な価値であることです。２つ目が、仮想通貨自体を不特定多数の人との間で、売ったり買ったりできることです。３つ目は、電子的な方法によって記録されているものに限定され、円建てや外資建て（ドル建て、ユーロ建てなど）のものは除くということです。４つ目に、コンピュータを用いて移転することができるものです。また「二」では、他の仮想通貨と交換できるものであって、コンピュータを使って移転することができるものを含めています。

これらの条件をビットコインに当てはめてみると、①ビットコインで売買できるサイトや店舗が存在していること、

②仮想通貨取引所において、不特定多数の人と売買ができること、③ウォレットに電子的な方法で記録されており、BTCという独自の単位で表示されていること、④コンピュータとインターネットを使って、アドレス間で移転がなされること、などから、この仮想通貨の要件を満たすものとみられます。

このほか、「改正資金決済法」のポイントとしては、以下のような点が挙げられます。

1つは、仮想通貨の売買を行う仮想通貨取引所を「仮想通貨交換業」として定義したうえで、一定の条件（資本要件、財産的基礎等）を課し、また「登録制」とした点です。これにより、一定の基準をクリアした業者しか、仮想通貨取引所を運営できなくなりました。2つ目に、仮想通貨交換業に対しては、一定の業務規制を課すこととしており、特に自己の財産と利用者の財産を分別して管理することが求められるほか、口座開設時には本人確認が義務づけられることになりました。3つ目に、金融庁の監督を受けることになる点です。報告書の提出などのほか、立入検査を受けることになります。

これらの規制は、世界的な仮想通貨に対する規制の流れに即したものであるとともに、マウントゴックス事件における教訓（財務基盤が脆弱で、顧客資産の分別管理が行われていなかったなど）を活かしたものとなっています。

こうした規制が導入されると、「規制されない支払手段」としてビットコインを選んでいた利用者にとっては、従来のメリットがなくなり、使いにくくなることが考えられます。少なくとも、マネーロンダリングや違法な送金などに使おうとしていた利用者は、他の手段へのシフトを考えるでしょう。こうした面から、規制の導入・強化は、ビットコインの利用拡大にとっては逆風であるとする見方があります。

一方で、適度な規制がかけられることによって、ビットコインが合法的なものと認められ、利用者が安心して仮想通貨を利用できるようになり、業界全体の成長につながるとの楽観的な見方もあります。

（3）中国でもついにビットコイン取引所の規制へ

資本規制を回避するための手段として大量のビットコインの売買が行われていた中国でも、こうした事態を憂慮した当局によって、ビットコイン取引所への規制が行われました。２０１７年1月に、ＯＫコイン、フオビ、ＢＴＣチャイナの3大ビットコイン取引所へ当局の立ち入り検査が入り、その結果、これらの取引所からのビットコインの引き出しが数カ月にわたって停止されました。また、レバレッジ取引や信用取引など、少ない資金で多くのビットコインを取引する手法が全面的に禁止されました。

こうした規制強化の影響から、それまで全世界の取引の9割以上を占めていた中国でのビットコインの取引量は、２０１７年2月以降、約１００分の１へと劇的に減少しています。これは、当局の規制が仮想通貨の取引に大きな影響を及ぼすという典型的な例であると言えるでしょう。やはり、規制の対象とならず、自由に取引ができたことが、ここまでビットコイン市場が拡大した大きな要因になっていたのです。

ビットコインが、中央に管理者がいない分散的なデザインをとっているのは、前述の通り、その背後に「当局によるコントロールを受けない支払手段を作る」という、言わばアナキズム（無政府主義）的なイデオロギーがあるためです。ビットコインによる取引自体は、インターネット上で自由に行われるものですので、政府がこれを取り締まることはできません。しかし、それを法定通貨に換える段階では、世界的に法の網がかかり、政府の監督下に置かれることになりました。このため、政府の管理を受けずに世界中の人と自由に取引するというサトシ・ナカモトの思想は、必ずしも全面的には実現しなかったものと言えるでしょう。

6. 健全なコミュニティはできているのか？

（1）1％の人が9割のビットコインを保有

ビットコインの開発にあたって、開発者のナカモト氏は、多くの利用者が取引の検証作業を薄く広く分担して、利用者がみんなでビットコインの仕組みを支えていくといった、ややユートピア的な世界をイメージしていたように思われます。

しかし、実際には、ビットコインの実態は、そのようにはなっていません。前述のように、ビットコインの保有構造は、「上位1％の保有者が全体の9割を保有」、「上位3％の保有者が全体の97％を保有」といった形で、「一握りの人が独占している」と言える歪な保有構造となっています。
マイニングについても、大規模なマイニング・ファーム上位13社が8割ものシェアを占めており、特に中国の採掘集団が世界のマイニングの7割を担っている寡占状態となっています。このため、「分散的であったはずのビットコインは、ほんの一握りの人々によって管理されている」、「万里の長城の向こう側にマイニングの能力が集中している状態は問題であり、たった10人ほどの人々が牛耳っているビットコインに将来はない」と言われる状況になっています。[19]
ビットコインの取引をみても、中国の3つの取引所における取引高が9割以上と圧倒的なシェアを占めています。まさに「中国人がマイニングして、中国人が売買し、中国人が保有するビットコイン」とも言えるような状態となっています。
このように保有構造、マイニング構造、取引構造のいずれをみても、ビットコインは、かなりゆがんだ構造となっており、幅広いユーザー層を獲得することができていません。ビットコインは、当初は「高潔な実験」とも言われ、目指したところは崇高だったのですが、その目的は必ずしも達成できているとは言えない状況にあります。

(2) どうして保有の集中を招いたのか?

こうした偏りを招いた理由としては、以下の2つが考えられます。

第1は、通貨や支払手段として開発されたにもかかわらず、マイニングに対して多額のリワードが与えられるというインセンティブの仕組みが、あまりにも強く作用してしまったことがあります。確実に経済的な見返りが得られるのであれば、そこに大規模な投資を行って、多くのリワードを得ることは、マイナーにとっては合理的な選択となります。また、仮想通貨という一般の人には馴染みが少なく、かなり特殊な世界であることや、立地（電力料金の水準）にも左右されることから、一部の国に集中した「早い者勝ち」的な状況が発生しており、健全な競争原理が働かず、マイニングの寡占状態が続いています。

第2に、「規制のない支払手段」としての側面が注目されてしまったことです。シルクロード事件などを通じて、一般的で健全な支払手段としてよりも、匿名性が高く、違法な送金にも使える手段としての側面が強調されてしまいました。また、中国では、資本規制を回避する手立てとして注目され、ここ2年間にわたり、世界で取引されるビットコインのほとんどを中国人が買いあさるという「中国人による爆買い」の状況を招いてしまいました。こうした状況は、規制回避を目的とする利用者は増やしたかもしれませんが、逆に、健全な支払手段としての利用者の幅の広がりにとってはマイナスの影響を及ぼしたものとみられます。実際、ビットコインの保有構造は、少数の人がほとんどのコインを保有するという「一握りの人による、一握りの人のためのビットコイン」となっていることはすでに述べたとおりです。

いずれにしても、多様で幅広いユーザー層を構築することができなかったという「健全なコミ

19　ビットコインの中心的な開発者の一人であったマイク・ハーン氏の発言による（2016年1月14日付のブログ）。

ユニティ作りの失敗」が、今後のビットコインの普及・発展にとっては大きな足かせとなる可能性があるものとみられます。

7. ビットコインはバブルか？

ビットコインの価格は、２０１７年に入って4倍以上にも値上がりしています（8月現在）。では、現在のビットコイン相場は、果たしてバブルなのでしょうか？　「バブルかバブルでないかは、破裂してみなければ分からない」とはよく言われることです。このため、現在までのビットコインの価格形成がバブルであると言い切ることはできません。しかし、ここまでの価格の推移をみると、ややピッチが速く、ほぼ一本調子で値上がりしてきたことも事実です。

（1）投資指標と本源的価値からみた評価

①投資指標が存在しないビットコイン

もともと、ビットコインは、誕生してからの数年は、90セントなど1ドルを下回るような価格で取引されていました。それが、２０１７年8月半ばには４０００ドルを上回るような価格がついています。値上がり率で言うと、数年で４０００倍以上です。こんなに大化けする銘柄は、株式でもなかなか見当たらないでしょう。

特に、２０１７年に入ってからの価格の上昇は急ピッチであり、年初に１０００ドル程度であったものが、半年余りの短期間に4000ドル台へと4倍以上に急騰しています。これには、①ビットコインの知名度が上がるにつれて、投資家層が拡大してきたこと、②前述したビットコインの発行上限の存在が広く知られるようになって、値上がり期待が高まったこと、③わが国について言えば、改正資金決済法によって仮想通貨取引所が金融庁に規制されることになり、投資家が取引所を利用することに対する安心感が出てきた（また、取引所側でもそれをセールス・トークに使った）こと、などが複合的に影響しているものとみられます。特に、値上がり期待が強まっていることから、売り手がほとんどいない状況で、買いだけが膨らんでおり、薄商いの中で価格だけが上昇するといった展開となっています。

ビットコインの相場をみるうえで注意しなければいけないのが、株式におけるような投資指標がないことです。株式の場合には、PER[20]（株価収益率）やPBR[21]（株価純資産倍率）といった株価水準の尺度があり、こうした数字が大きければ買われ過ぎ、小さければ売られ過ぎといった判断がなされて、株価が調整されていきます。しかし、ビットコインにはこうした指標がありませんので、何を基準に割高か割安かを判断すればよいのか、まったく分からないのです。価格のアンカー（錨）となるような基準がないため、割高に対する警戒感が出にくく、「上がったから買う、買うから上がる」といった流れに乗った一方向の相場になりやすくなっています。

20 Price Earnings Ratio の略で、株価を1株当たりの利益で割って算出します。
21 Price Book-value Ratio の略で、株価を1株当たりの純資産で割って算出します。

②本源的な価値からみたビットコインの価値

また、ビットコインの本源的な価値についても検討が必要です。最近、主流となっている「コーポレート・ファイナンス」の理論によれば、金融商品の価値は、その保有者が将来受け取るキャッシュフロー（利子、配当、元本など）の割引現在価値の合計として定義されます。たとえば株価については、「配当割引モデル」によって理論価格を算定できるものとされています。このモデルによると、現在の株価は、発行企業の将来にわたる各期の配当を、現在の価値に引き直した「割引現在価値」の合計額であるとされます。しかし、ビットコインは、それを保有していても、特に利子や配当を受け取れるという訳ではなく、保有者として、将来受け取れるキャッシュフローは特にありません。その意味で、将来のキャッシュフローを割り引いて算出される理論価格は、ゼロである可能性が高いのです。

こうしたことから、ＢＩＳの報告書（２０１５）では「仮想通貨の本源的価値はゼロである」と断言しており、「その価値は、将来的にモノや法定通貨に交換できるという信頼にのみ由来するものである」としています。

また、最近の理論的な研究[22]でも、①ビットコインの価格には、投機的な要素がかなり含まれている、②ビットコインの価格はバブルである可能性が強い、③ビットコインの基礎的な価値（ファンダメンタル・バリュー）はゼロである、といった結論が得られています。しかもこの論文は、まだビットコインの価値が２００ドル台であった２０１５年2月に書かれたものです。そこから価格がさらに20倍以上になっている現時点では、（この研究が正しいものとすると）バブルではないと判断することはかなり難しいと言わざるを得ません。

③過去のバブルからの教訓

当初に1ドルもしなかったビットコインが4000ドル以上になっているという現状は、17世紀のオランダにおけるチューリップ・バブルを思い出させます。このときは、せいぜい数百円の価値しかないはずのチューリップの球根に、当時のオランダ人の平均年収の5倍以上、家が1軒買えるほどの値段がつきました（珍しい品種には、さらに高値がつきました）。チューリップ・バブルは、1634年ごろに始まりましたが、1637年に突然何の前触れもなく価格が暴落して終了しています。バブルが続いたのは、約3年間という短い期間でした。

また「バブルは、毎回違う顔でやってくる」というのが特徴です。ある時は、不動産バブルであったり、株式バブルであったり、次は国債バブルであったり、さらには美術品バブルであったりします。一回バブルを経た資産は、しばらくは警戒されてバブルにはなりにくく、目先を変えて別の資産でバブルがやってくるという傾向があります。仮想通貨については、これまでバブルの洗礼を受けていないため、バブルのニューカマー（新参者）になる可能性を秘めています。

そして、専門家らしい人が現れて、値上がりを正当化するような理論を理路整然と唱え出したときが、特に危ないものとされています。つまり、「今回はこれまでとは違う」（This time is different）という、もっともらしい説が出てきたときが最も危ういのです。日本のバブル期にも、

22 Cheah & Fry (2015)

「株価は、地価の上昇を織り込めば、日経平均で5万円まで行く」とか「東京は国際金融都市になるため、外資系企業が大挙して進出してくるので大量の超高層ビルが必要になり、地価はさらに上がる」といった説が唱えられた頃がピークであり、その後、株価も地価も暴落の一途を辿ったのはご存じのとおりです。最近ではビットコインについても、「世界を変える通貨になるのだ」として、「2020年までには1BTC＝25万ドル（約2600万円）になる[23]」とか「2030年には50万ドル（約5200万円）を目指す[24]」といった超強気の予測が飛び交っており、当時の状況によく似ているように感じられます。

日本銀行で長年リスク管理を担当してきた植村修一氏（大分県立芸術文化短期大学教授）は、近著[25]の中で「いったん価格の持続的な上昇が見込まれれば、そこに参加することが合理的とみなされ、また、実際に利益を手にする人が現れれば、そのことが人々の射幸心やリスクテイク意欲をあおる」として、バブルが拡大していくプロセスを説明しています。ビットコインで○億円を稼いだとか、仮想通貨で資産が100倍になったといった話が飛び交い、仮想通貨に投資しないと損だと言わんばかりの昨今の風潮は、まさにこうした状況に突入しているのではないでしょうか。

（2）ＩＣＯは魔法の錬金術か

①ＩＣＯとは何か

仮想通貨についてのもう一つの気になる動きとして、「ＩＣＯ」の盛行があります。ＩＣＯとは、「Initial Coin Offering」の略で、「新規仮想通貨公開」とも言われます。これは、企業が上場して初めて株式を発行して資金調達を行う「ＩＰＯ」（新規株式公開：Initial Public Offering）になぞらえた言い方で、株式の代わりに独自の仮想通貨を発行して資金調達をすることを指します。

ＩＣＯでは、「独自トークン」と呼ばれる仮想通貨を発行し、それを投資家に販売することによって開発費や研究費を調達します。そして、このトークンを買うためには、法定通貨（ドルや円など）ではなく、ビットコインやイーサリアムなどの仮想通貨で支払うことが必要とされています（これは、世界のどこからでもＩＣＯに参加しやすくするためです）。つまり、「仮想通貨で仮想通貨を買う」というかたちになりますので、独自トークンを買うには、まずそのために指定された仮想通貨を買い付ける必要があります。

２０１７年６月に、ブロックチェーン関連のプロジェクトである「バンコール・プロトコル」が、イーサリアムを用いたＩＣＯにより、３時間余りで１６７億円相当を調達したのが、これまでのＩＣＯの最高額となっています。今後も、ＩＣＯによる資金調達が続々と予定されており、その資金調達の規模は、２０１６年の約１００億円から、２０１７年には１０００億円を超えるものとみられています。従来からベンチャー企業の資金調達において重要な役割を果たしてきたベンチャーキャピタル（ＶＣ）からの資金調達額に比べると、まだ数％程度の規模に過ぎません

---

23 「Bitcoin price will hit $250,000 by 2020」（Cointelegraph, ２０１７年6月9日付）
24 「Bitcoin price could be $500,000 by 2030」（Business Insider, ２０１７年5月4日付）
25 『バブルと生きた男　ある日銀マンの記録』（２０１７）

が、逆に言うと、小さな市場に短期の値上がりを狙う多額の資金が押し寄せてトークンの価格高騰を招いています。

ＩＣＯを行うためには、企業を設立している必要は必ずしもなく、「ホワイトペーパー」と呼ばれる事業計画書があればよいことになっています。つまり、企業の形態さえ整っていないプロジェクトであっても、投資家にアピールできるような事業計画であれば、巨額の資金を調達できるという、まるで「打出の小槌」のような手法となっています。

②格段にリスクが高いＩＣＯ

ＩＣＯを行うのは、多くはブロックチェーンに関連するビジネスを始めようとするスタートアップ期の企業（あるいはアイデアがあるだけの状態）であり、その事業内容は玉石混交です。したがって、リスクはかなり高いはずであり、投資家はリスクマネーの提供には、本来は慎重な姿勢で臨むはずです。しかし、これまでのトークンの値上がり実績をもとに「ＩＣＯにより発行される独自トークンは、数十倍〜数百倍に値上がりするはずだ」という共通認識ができているため、「〇〇コイン」という名前で売りに出すと、どんな案件にも投資が殺到し、安易に多額の資金調達ができている状態です。しかし、同じ未上場企業が発行するものであっても、株式だと売れないのに、「〇〇コイン」と名付けた得体の知れないトークンだと人気が沸騰するというのは、考えてみれば奇妙な話ではないでしょうか。

ＩＣＯは、上場するかどうかわからないベンチャー企業に投資するようなものです。しかも、株式には、資産の裏付けがあり、配当を受け取る権利など、株主としての権利もありますが、トークンの場合には、そうした裏付けや権利は特にありません。また、ベンチャーキャピタル（ＶＣ）によるベンチャー企業への投資の場合には、事業計画や経営陣をきちんと評価するというプロセスを経ますが、ＩＣＯの場合には、事業のアイデアを示したホワイトペーパーくらいしか確認できるものがなく、ベンチャー投資よりもさらに格段にリスクが高いものとみておいた方がよいでしょう。実際、ＩＣＯで調達した資金により、意味のあるプロダクトをリリースできたプロジェクトはほとんど存在していないとの調査[26]も出ています。

また、ＩＣＯによって発行されるコインは、法律的な取り扱いや規制のあり方も定まっておらず、投資家保護の仕組みも未整備です[27]。マイナーなトークンについては、いざ売ろうとしても、仮想通貨取引所では取り扱っていない可能性もあります。そして何よりも、いくら夢のある事業であっても、それがうまくいかずに行き詰まれば、トークンの価値は大幅に下落しますし、事業者が破たんすればコインの価値はゼロになってしまうのです。米国では証券取引委員会（ＳＥＣ）がＩＣＯのリスクに対して警告を発しているほか、中国当局では、「金融詐欺に近いスキームが多く、金融秩序を著しく乱す」として、すでに国内でのＩＣＯを全面禁止にしています。バブル期のある分野がブームになると、関連するものが見境なく何でも買われるというのは、

26 「10億集めたＩＣＯが何もプロダクトをローンチできない理由」（ビットコインニュース、２０１７年９月１日付）

27 米国の証券取引委員会（ＳＥＣ）では、２０１７年７月に、ＩＣＯにより発行されるトークンを内容によっては「有価証券」に該当するものとして、規制の対象とすることを宣言しました。

特徴です。たとえば、２０００年前後のインターネット・バブル（ＩＴバブル）の時期には、インターネットに関連する企業（ドットコム企業）の株式は、立ち上がったばかりのベンチャー企業も含めて、何でも買われて大幅に値上がりしました（米ナスダック指数は、数年間で約5倍にもなりました）。しかし、２００1年にはバブルが崩壊して、株価は大幅に下落し、多くのＩＴ関連ベンチャーが倒産に追い込まれました。現在のＩＣＯについても、世界的なカネ余り現象の下で、「○○コイン」と名付ければ何でも飛ぶように売れるような状態であり、仮想通貨からの「派生バブル」として、「ＩＣＯバブル」が発生している可能性が高いものとみられます。

なお、ＩＣＯに参加するためには、その前に買い付け用の仮想通貨が必要になります。このため、ＩＣＯによく用いられているイーサリアムの価格は、ビットコインより遥かに高い上昇率を示しています。２０１7年初めから8月半ばまでの動きでみると、ビットコインがこの間に約４倍になっているのに対して、イーサリアムは30倍以上に値上がり（10ドルから３００ドル台へ）しています。ＩＣＯの盛行と払込みのためのイーサリアム購入が相互に正のスパイラルとなって価格が高騰する状況になっています。ただし、この循環が逆回転したときには、逆方向（価格下落）のスパイラルが発生する可能性もある点には注意が必要です。レバレッジが逆回転したときの市場崩壊の怖さについては、我々は、リーマン・ショックによる金融危機の際に経験したばかりです。

（3）詐欺コインに警戒を

このところ、ビットコインの値上がりが続く中で、「儲かる仮想通貨」としてのビットコインのイメージが強くなっています。これを悪用した動きとして、懸念されるのが「仮想通貨への投資セミナー」の広がりです。もちろん、きちんとした性格のものもあるのでしょうが、中には「必ず値上がりするから」といって、仕組みもよく分かっていない高齢者に強引に仮想通貨を買わせるような動きもあります。こうしたセミナーに出席してコイン投資を始める方の中には、これまで銀行預金しか行ったことがなく、株式や投資信託などでの投資経験もまったくないままに、いきなり仮想通貨で多額の投資を始めるというかなり危なっかしいケースも少なくないようです。「ビットコインが儲かるらしい」「仮想通貨の値上がりがすごいらしい」といった話を聞きつけて、仕組みも良く理解せずに、仮想通貨への投資を行っている人（特に高齢者）が増えているようで危惧されます。株式市場でも、「素人が買いに入ってきたときが、相場の終わりだ」とはよく言われていることです。

なお、こうしたセミナーの中には、「私の発行するコインに投資してくれれば、数種類の仮想通貨に分散して投資してあげます」といった形態のものもあるようです。「コイン」という名前を付けていますが、一種の「仮想通貨ファンド」のようなものであり、集めた資金で仮想通貨への投資を行うことになっています。しかし、この業者がその通り、仮想通貨への投資を行っているかどうかは確かめようがありません。一部には、最初から資金をだまし取る目的での「仮想通貨詐欺」や「詐欺コイン」的な手法もあるようです。実際に、投資したあとでしばらくすると業者と連絡がつかなくなったといった話も聞かれており、仮想通貨を巡るトラブル（国民生活センターへの相談）も増えています。規制の導入により利用者が保護されるというイメージを利用した（悪用した）商法には、注意が必要です。

＊＊＊

以上みたように、ビットコインについては、①ダーティなイメージの広がりと信頼性の低下、②保有・採掘・取引構造の偏り、③発行上限やリワード半減の仕組みのもつ弊害、④ブロックサイズ問題と分裂騒動、⑤仮想通貨に対する規制導入の動き、⑥健全なコミュニティ作りの失敗、⑦バブル的な兆候など、さまざまな課題や問題点があり、これらを総合して考えると、ビットコインの将来性については、厳し目にみておいた方がよいものと考えられます。

ビットコインの中心的な開発者であった人の中にも、「ビットコインという実験は失敗した」（マイク・ハーン氏）と言い切る関係者も出てきています。当面はある程度の規模を維持していくものとは思いますが、これが「金融の世界を根底から覆す」といった存在になるという期待は急速にしぼみ、「限定されたユーザーのみのニッチな商品であり続ける可能性がある」（BISの報告書［2015］）との見方がかなり有力です。すでに金融のメインストリームにある欧米の主要銀行などからは、まったく相手にされていないというのは、前述のとおりです。

一方、これに対して、ビットコインの中核技術であった「ブロックチェーン」については、「金融の仕組みを根底から覆すかもしれない潜在力を持っている」として、大きな期待が寄せられています（この点については、次章以降で詳しく述べます）。ビットコインとブロックチェーンは、混同して語られることも多いのですが、両者をしっかりと分けて考えていくことが必要です。

第3章

ブロックチェーンこそ次世代のコア技術

ビットコインの将来性については、楽観論に基づく強気の見通しもある一方で、前章で述べたように中長期的には様々な課題もあることから、懐疑的な見方も少なくありません。こうした中で、「金融の仕組みを根底から覆すかもしれない」として注目が高まっているのが、ブロックチェーンです。

1．これは本物の技術だ！

（1）時代のトレンドは、ビットコインからブロックチェーンへ

①高まるブロックチェーンへの期待

まず、ブロックチェーンについて、改めて復習しておきましょう。これは、もともとビットコ

インを支える中核技術として開発されたもので、「ブロック」と呼ばれる取引データの固まりを一定時間ごとに生成し、時系列的に鎖（チェーン）のようにつなげていくことにより、データを保管するデータベースの技術です。ブロック（データの集まり）をつなげていく形態がチェーンのようにみえることから、「ブロックチェーン」と呼ばれます。チェーン上の過去の取引データを改ざんしようとすると、その時点から最新のブロックまでをすべて改ざんしなければならないため、過去の取引の改ざんが困難となるような仕組みとなっており、二重使用や偽造などの不正な取引を防止することが可能になっています。

ビットコインについては「もう終わった」と言っている金融界の人々も、ブロックチェーンについては、「この技術は本物だ」「インターネット以来の最大の発明だ」などと高く評価しており、「金融を根本から変革する潜在力（ポテンシャル）を持っている」とする見方が有力になっているのは、先に触れた通りです。また、ブロックチェーンは、かなり汎用性の高い仕組みであることから、金融分野のほかにも、流通、不動産、医療などの非金融分野にも活用できる技術としての期待が高まっています。本書では、以下、金融分野における利用に焦点を当てて話を進めることとします。

②デジタル・アセットの管理と金融業務

ブロックチェーンは、何らかの電子的な資産（デジタル・アセット）の所有権を登録しておき、その所有権を安全かつ即時に移転させるのに適した仕組みです。このデジタル・アセットとしての最初の応用例が、ビットコインなどの仮想通貨であった訳ですが、対象となるデジタル・アセットは、必ずしも仮想通貨に限られる訳ではありません。資金や証券、あるいは貴金属などであってもよいのです。

従来、金融機関では、誰がいくらの資金を口座に保有しているかといった残高記録や、株式や債券が誰から誰に売買されたのかといった取引記録などを電子データとして管理してきました。つまり、この「デジタル・アセットの所有権の登録と移転」というのは、まさにこれまで金融機関が業務として行ってきたことにそのまま当てはまるものなのです。

こうしたことから、ブロックチェーンの技術は、金融業務とはかなり親和性が高いものとみられており、この技術を使ったさまざまな試みが行われています。金融分野のなかでも、特に国際的な送金や証券決済（株式などの資産の移動）については期待度が高く、既に各国でいくつかの実証実験が行われています。国際送金や証券決済は、銀行や証券会社など金融の中核的な機関が担ってきたいわば「金融の本丸」あるいは「金融の本流」としての業務であり、この部分に実際にブロックチェーンの応用が行われれば、業務の革新やコストの抜本的な削減などの面で、そのインパクトはかなり大きいものとみられます。

③ブロックチェーンが主役の世界へ

ビットコインなどの仮想通貨が、従来の金融の本流からは少し離れた、いわば周辺部分におけるイノベーションであるのに対して、ブロックチェーンは、金融の中核を成すメインストリームの業務のあり方を大きく変えようとしているのです。

ここに来て金融業界では、「ブロックチェーンが主役になる」という認識が共有されつつあり、

図表3−1　ビットコインとブロックチェーンの関係

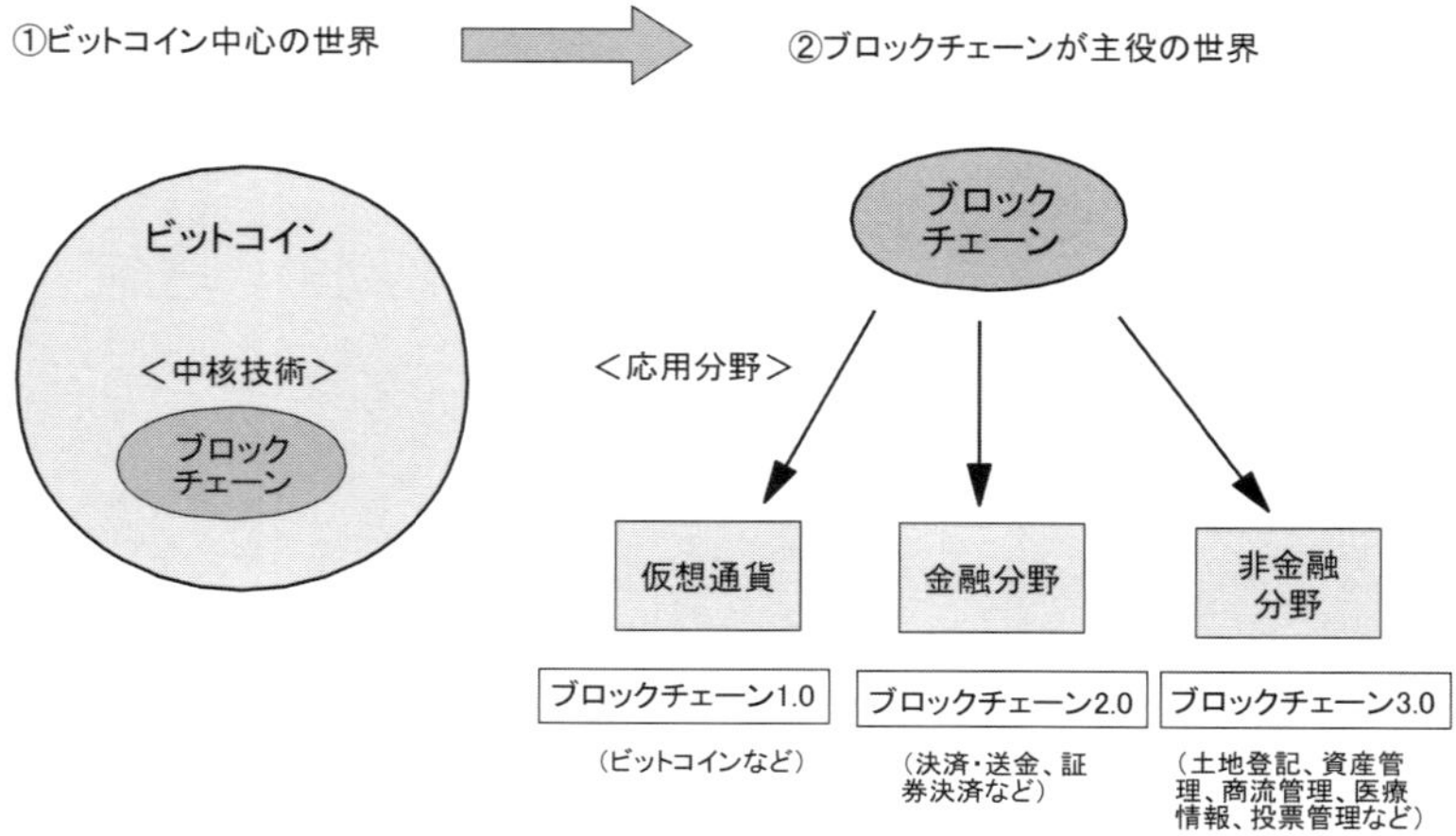

出所：筆者作成

この技術をどの分野に応用していくかが中心的な課題となっているのです。ビットコインは、あくまでもブロックチェーンの最初の実用例であって、また特殊な適用例の一つにすぎないとの見方に変わってきています。すなわち、「ビットコイン中心の世界」から、「ブロックチェーンが主役の世界」へと移行してきており、当初のビットコインの導入段階からは、主客が完全に逆転しているのです。

ブロックチェーンの応用分野は、幅広い分野が想定されており、このうち、①仮想通貨に応用する場合を「ブロックチェーン１・０」、②金融分野（仮想通貨以外）に応用する場合を「ブロックチェーン２・０」、③土地登記、資産管理、商流管理、医療情報、選挙の投票管理などの非金融分野に応用する場合を「ブロックチェーン３・０」として分類するようになっています（図表３−１）。

(2) ブロックチェーンから分散型台帳技術へ

①分散型台帳技術(DLT)とは

ブロックチェーンは、取引記録を鎖のようにつなげて管理する仕組みですので、すべての取引履歴が記録された、いわば巨大な帳簿となっています。そして、ネットワーク内の参加者が各自の持っている帳簿(所有権の記録)を同時に書き換えていくかたちで、所有権の移転が行われます。このことは、ネットワーク内の取引参加者が、所有権の記録を分散して管理できるようになることを意味します。つまり、所有権データは、ネットワーク上の分散されたデータベース上に同じものが多数、同時に存在することになります。このため最近では、ブロックチェーン技術のことを「分散型台帳技術」または英語の略称である「DLT」(Distributed Ledger Technology の略)と呼ぶことが多くなっています。さらに、各取引参加者が共通の帳簿を持つかたちになるため、「共通帳簿」(コモン・レッジャー)と呼ばれることもあります。

取引が行われて、それに伴う帳簿の変更が合意されると、それがすべての参加者に送られ(ブロードキャスト)、一定の時間内にすべての分散型台帳が書き換えられます。この一定時間のことを「レイテンシー」と言います。また、ブロックチェーンの説明においては、ネットワークの参加者は、しばしば「ノード」(IT用語でネットワーク上のコンピュータを意味する)と呼ばれます。

②分散型台帳技術(DLT)のインパクト

従来、金融の世界では、取引記録を「信頼できる第三者」(民間銀行、中央銀行、証券決済機関な

図表3－2　中央型帳簿と分散型帳簿のイメージ

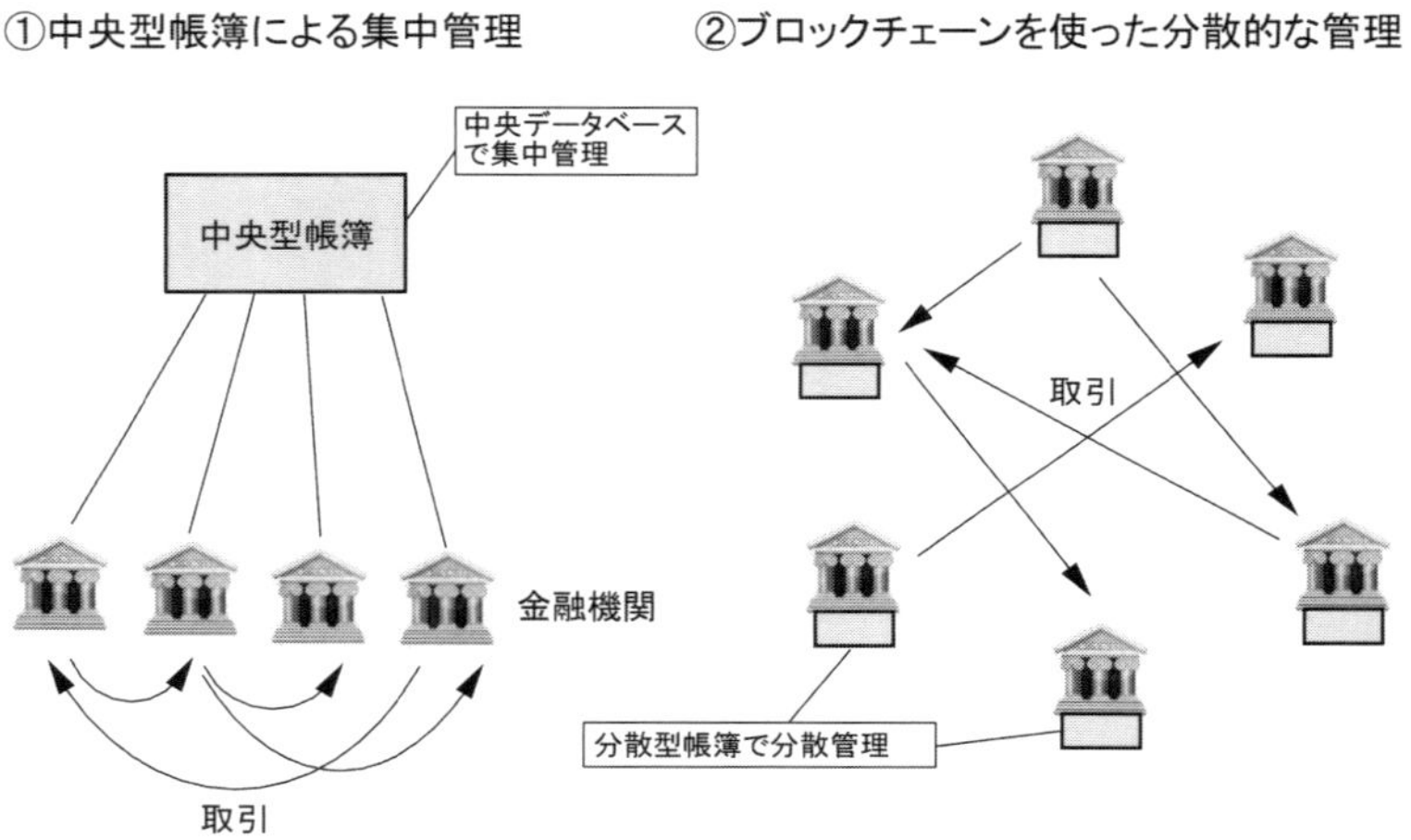

出所：筆者作成

ど）が中央型帳簿（中央データベース）を使って集中的に管理するというのが一般的な管理方法でした（図表3－2の①）。これが分散型台帳を使って、各ユーザーが分散して管理できるようになれば、金融取引を劇的に低いコストで、しかもリアルタイムに行うことが可能になるものと期待されています（図表3－2の②）。

つまり、「中央型帳簿」（セントラル・レッジャー）から「分散型帳簿」（ディストリビューテッド・レッジャー）へと移行することにより、グローバルな送金システムの構築や決済インフラの革新につながる可能性があるとみられているのです。これは、金融機関の業務を大きく変えるだけでなく、そうしたサービスのエンド・ユーザーである投資家、企業、個人などにとっても、取引コストの削減などを通じて幅広く恩恵をもたらすものとなります。

このため、ブロックチェーンの導入によって、金融サービスが根本的に変わるとともに、すそ野の広い最終ユーザー（顧客）のメリットにつながる可能性があるということで注目を集めているのです。

③ブロックチェーンと分散型台帳技術（DLT）の関係

最近、金融の世界で、「ブロックチェーン」よりも「分散型台帳技術（DLT）」という言い方のほうが一般的になっているのは、「ブロックを鎖状につなげて管理する」という純粋に技術的な側面よりも、「所有権データを分散型で管理する」という本質的な面が、ユーザー（金融機関など）にとっては重要であるとみられるようになっているためです。

なお、技術的には、ブロックチェーンは、徐々に発展してきています。まず、最初にビットコインの中核技術として使われていたものを「オリジナル・ブロックチェーン」と呼びます。そこから発展して、様々な進化形のブロックチェーンが出てきており、これらを総称して「ブロックチェーン技術」と呼んでいます。さらに、ブロックチェーンよりも広義の概念として「分散型台帳技術」があり（つまり、分散型台帳ではあるが、厳密にはブロックチェーンではないものがあります）、これは「ブロックチェーン関連技術」（または「広義のブロックチェーン技術」）とも呼ばれます（図表3－3）。

ただし、ＩＴ技術者以外の一般の方にとっては、そこまで厳密に区別する必要は必ずしもなく、ブロックチェーンと分散型台帳技術（ＤＬＴ）とはほぼ同義のものと捉えておけばよいでしょう。ブロックチェーンとＤＬＴとは、「同じ技術を別の側面から呼んだもの」と考えておけばよいも

図表3−3　ブロックチェーンと分散型台帳技術（DLT）の関係

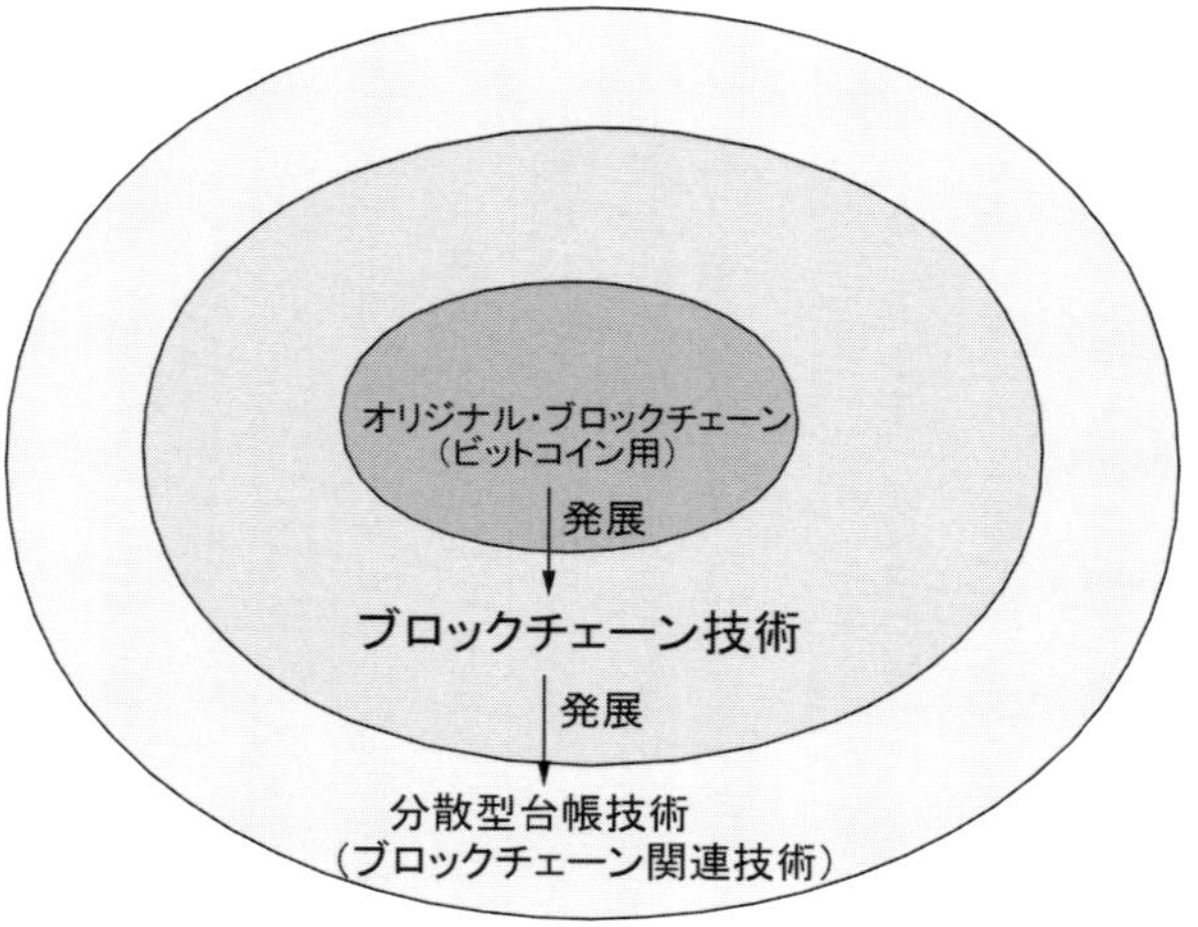

出所：筆者作成

のと思います。たとえば、ブロックチェーンと分散型台帳技術との関係は「シャンパンとスパークリングワインのようなもの」と言われます。つまり、シャンパンには産地や製法に厳密な定義があり、スパークリングワインにはそうした定義はありませんが、一般の人が飲む分には、どちらも「発泡性のワイン」である点には変わりはないということです（もちろん、ソムリエなどの専門家にとってはその違いは重要ですが）。

公的な機関の報告書でも、両者を同義のものとして扱っていることが多いため、本書でも、以下では、ブロックチェーンと分散型台帳技術（ＤＬＴ）をほぼ同義のものとして説明を進めていくこととします。

(3) ブロックチェーン／分散型台帳技術の特性

ブロックチェーン／分散型台帳技術の特性としては、これまで繰り返し述べてきたように、①改ざん耐性が高いという点がありますが、このほかにも、②可用性が高い、③コストが低いといった点があり、ここで改めて説明を加えておきたいと思います。

①改ざん耐性

「改ざん耐性」とは、過去に行われた取引データを改ざんすることが困難であることを意味します。ブロックチェーンでは、新しいブロックを作るときには、過去のブロックの要素（データの圧縮値）を入れていく仕組みをとっています。すなわち、各ブロックには、一定期間の取引記録に加えて、1つ前のブロックの内容を示すデータ（ハッシュ値）が含まれています。

仮に、過去に生成したT個目のブロック内の取引データを改ざんしたとすると、変更したブロックの内容を示すハッシュ値が変わってしまいます。すると、T＋1個目のハッシュ値を計算し直してブロックを作り直し、それをもとにT＋2個目のハッシュ値を計算し直し、というかたちで、現在までのすべてのブロックをすべて作り直す必要があります。そして、それを正規のチェーンよりも早く、現在までのブロックを成立させなければなりません。こうした行為を行うためには、膨大な計算量が必要となり、しかも自分以外のすべてのマイナーを合わせた計算能力を上回ることが必要です。これを実現することは、事実上、不可能であると言えるでしょう。このように、ブロックチェーンには、過去の取引を改ざんすることが極めて困難になっているという特性があります。

②高可用性

「高可用性」は、低障害性ということと同義です。ブロックチェーンでは、ネットワーク上の多くのコンピュータが同じデータを持ち合っており、分散してデータを管理します。すなわち、分散されたデータベース上に多くのデータが同時に存在することになります。このため、自然災害や停電、外部からのハッキングなどにより、どこか1カ所でデータが失われても、他の参加者のコンピュータが動いていれば、全体としてのシステムを維持することができます。つまり、ブロックチェーンには1カ所が動かないとシステム全体が障害となるような「単一障害点」(Single Point of Failure) がないため、すべての参加者 (ノード) が同時にダウンしない限り、システム全体としての継続的な運用が可能となっているのです。端的に言うと、障害が発生しにくく、システムがダウンしにくいという特性を持っています。

③低コスト

ブロックチェーンが注目される最大の要因は、それが金融機関にとって劇的なコストの削減につながる可能性があるためです。通常、金融機関では、取引や顧客に関する膨大なデータベースを維持しており、そのために大規模な集中管理センターを保持して、セキュリティやバックアップに巨額の費用をかけています。分散型台帳に移行することにより、コンピュータ・リソースが少なくて済む分散型のコンピュータやデータベースで取引を管理することができ、さらにブロックチェーン技術に備わっている堅牢性やセキュリティ機能によって、関連する部分のコストを削減することができます。

また現在、複数の機関が同様な帳簿を別々に管理しているために、「リコンサイル」や「ノストロ照合」[1]と呼ばれる手間のかかる残高の照合作業を行っていますが、各参加者が共通帳簿を持つことによって、これも不要になります。

さらに、ブロックチェーンでは、中央集権型の仕組みにあったような「仲介者」が不要となり、参加者同士で直接取引ができるため、その分、低コストで迅速な取引が可能になります。金融インフラをブロックチェーンで代替すれば、コストは10分の1になるといった大胆な予測も出ています。[2]

2. ブロックチェーンの類型

一口にブロックチェーンと言っても、これは「取引データをブロックとして時系列的に鎖のようにつなげて管理する技術」についての「総称」ですので、実際にこの技術をシステムに実装する段階においては、いろいろなブロックチェーンの組み込み方の類型があります。

---

1 自行が海外のコルレス銀行（後述）に持っている口座の残高を確認することです。
2 各種ブロックチェーン企業の予測による。

図表3−4　オープン型とクローズド型のブロックチェーンの比較

	オープン型	クローズド型
取引参加者の制限	なし （自由に参加可）	あり （特定の範囲の参加者のみ）
取引承認への参加の制限	なし （自由に参加可）	あり （特定の範囲の参加者のみ）
中央管理者の存在	なし（プログラムが規定）	あり（全体をコントロール）
ネットワークへの参加	自由	承認が必要
別の呼び方	パブリック型 許可不要型	プライベート型 許可型
利用例	仮想通貨（ビットコインなど）	金融界での実証実験

出所：筆者作成

（1）まったく異なる「オープン型」と「クローズド型」

ブロックチェーンの類型の中でも、特に重要となるのが「オープン型」と「クローズド型」の区分です（図表3−4）。

①誰でも参加できる「オープン型」

「オープン型」は、参加者を限定せずに、誰もがネットワークに参加できるようにしているもので、「オープン・ブロックチェーン」とも呼ばれます。この場合、ネットワークへの参加は、匿名で行うことができます。また、取引の承認作業（マイニング）についても、参加者の誰もが自由に行うことができます。スキーム全体を管理する中央管理者はおらず、スキームはプログラムによって規定され、コントロールされます。

こうした仕組みは、まさにビットコインで採用されているスキームです。このようなブロックチェーンの類型は、一般に開放されているという意味で「パブリック型」と呼ばれることもあります。またネットワークに参加するためには、特別な許可は必要とされないため、「許可不要型」（パーミッションレス・ブロックチェーン）とも呼ばれます。

②特定の参加者のみの「クローズド型」

ビットコインは、完全にオープンで、誰もが参加できる仕組みです。しかし、ブロックチェーンは必ずしもオープンな仕組みである必要はありません。特定の参加者のみが参加できるようにしたものを「クローズド型」のブロックチェーン（クローズド・ブロックチェーン）と呼びます。クローズド型では、参加を許可する段階で、参加者の身元はすべて明らかになっています（匿名性はありません）。また、取引の承認作業も、特定範囲の参加者のみが行うことができます。さらに、スキーム全体を管理する中央の管理主体が存在しており、この主体が参加者の範囲を決めるなど、全体の仕組みを管理・運営します。

ブロックチェーンのこうした使い方は、参加者を限定したという意味で「プライベート型」と呼ばれることもありますし、参加には特別な許可を必要とするため「許可型」（パーミッションド・ブロックチェーン）とも呼ばれます。さらに、これを特定の企業グループなどで利用する「コンソーシアム型」と特定の企業内でのみ利用する「特定企業型」に分ける考え方もあります。

③オープン型とクローズド型の区別はなぜ重要か

仮想通貨などで使われているオープン型では、ネットワークへの参加を自由にする代わりに、お互いに知らない者同士が安全に取引を行えるようにする必要があり、また、悪意の取引者の存在を前提に仕組みを設計しておくことが必要です。このため、取引の承認については、複雑な計算を課すことなどにより、かなり厳格に行う必要があります。つまり、オープン型は、誰もが自由に参加できる仕組みとするために、手間と時間を犠牲にしているブロックチェーンの利用方法なのです。

このためビットコインは、ブロックチェーンの使い方としては、実を言えば、かなり特殊な利用例なのです。実用性の面からは、参加者を信頼できる先のみに限定し、中央管理者がスキーム全体をしっかりと管理できるクローズド型の方が有用であり、主流となっていく可能性が高いものと考えられます。実際に、現在、金融界で実証実験が行われている多くのプロジェクトでは、そのほとんどがクローズド型のスキームを採用しています。

ブロックチェーンについて議論する際には、もともとビットコインが第1号の応用例となったこともあって、無意識のうちに、オープン型をイメージしてしまうことが多いため、注意を要します。たとえば、「ブロックチェーンは、お互いに信頼のない不特定多数の間で安全な取引を可能にする手法です」とか「ブロックチェーンは中央管理者なしに取引を実現する仕組みです」といった説明がなされることもありますが、こうした説明は、明らかにオープン型としての利用を暗黙の前提としています。このようにブロックチェーン利用の一般論を述べているようでいながら、実際には、ビットコインのようなオープン型としての使い方を述べているケースも少なくないため、十分な注意が必要なのです。

オープン型とクローズド型はかなり違った特徴を持っていますので、どちらのタイプについて話しているのかという前提をはっきりさせないままに議論を進めると、どこかで混乱が生じることになりかねません。検討しているのが、オープン型なのかクローズド型なのかという区別を明確にしたうえで、議論を進めることが重要です。

（2）合意形成の手法：コンセンサス・アルゴリズム

オープン型とクローズド型の区別が重要なのは、それが「合意形成」の方法に密接に関係してくるためです。合意形成というのは、分散したデータベース上に多数存在する台帳情報を、ネットワーク上の全員で共有するための手法です。具体的には、一定期間の取引をまとめて承認し、次のブロックを生成するためのプロセスとなります。

こうした合意を行う方法は、一般に「コンセンサス・アルゴリズム」と呼ばれます。ビットコインでは、コンセンサス・アルゴリズムとして「プルーフ・オブ・ワーク」という手法が用いられていますが、このほかにも、複数の方法があります（詳しくは、後述します）。

さて、ビットコインのような「オープン型」では、世界中の誰もがネットワークに参加することができ、また取引の承認作業（マイニング）にも、誰もが参加することができます。このため、取引データを改ざんして不正なブロックを作成しようとする「悪意の参加者」が入ってくる可能性があります。そこで、こうした悪意の参加者がいても、正しいデータのみが次のブロックとして記録されるようにしていくために、取引の承認には複雑な計算が必要とされ、また取引承認までには約10分を要する仕組みとなっています。つまり、オープン型は、完全に信頼できない者同士のネットワークとなるため、取引の承認には厳格な手続きが必要とされるのです。

一方、「クローズド型」であれば、許可された先のみが参加者となるため、こうした悪意の参加者が入る余地はかなり少ないものと考えられます。このため、限定された参加者のうち、一定比率の合意によって取引を承認するといったかたちで、より簡便な方法で取引の承認を行っていくことが可能となります。つまり、クローズド型では、取引を高速で処理できる（即ち、一定時間内に多数の処理ができる）コンセンサス・アルゴリズムを採用することができるのです。また、クローズド型には、中央の管理者がいますので、万が一、不適切な取引を行うような参加者がいたような場合には、その参加者をネットワークから外すといった形で安全性を確保することができます。

前述のとおり、ビットコインにおいては、取引の承認のために「プルーフ・オブ・ワーク」という方法を採用しており、コンピュータにより負荷の高い数学的な問題を解くことが必要で、また、取引が承認されるまでに約10分を要する仕組みとなっています。こうした膨大な手間をかけているのは、ひとえにビットコインが参加者を限定しないオープン型の仕組みとなっているためです。オープン型では中央管理者がいないため、不正に対しては、ネットワーク上の皆が協力して監視することが必要となっており、そのためにかなりの手間やコストがかかっているのです。

これに対して、初めからクローズド型の仕組みとすることにより、予め参加者を限定し、また信頼できる参加者のみが取引を承認することによって、高い安全性が確保されるのであれば、取引のたびに膨大な計算処理を行ってコンセンサス形成を行わなくても済むのです。これにより、迅速な取引の確定を行い、短時間のうちに大量の取引を処理することが可能となります。これは、

図表3−5　主なコンセンサス・アルゴリズム

コンセンサス・アルゴリズム名	内　容
プルーフ・オブ・ワーク	コンピュータによる負荷の高い数学的な問題を解くこと。最初に答えを見つけた人がブロックを生成できる。
プルーフ・オブ・ステーク	コインの保有量が大きく、保有期間が長い人に、ブロックの更新権限が与えられる仕組み。
プルーフ・オブ・インポータンス	コインの保有量・保有期間に加え、より多くの取引を行っており、経済的な貢献度が大きい人に新しいブロック作成の権限が与えられる仕組み。
PBFT（実用的ビザンチン・フォールト・トレランス）	コアノードとアプリノードを区別する。コアノードに権限を集中させ、コアノードによる合議制によって取引の承認を行う仕組み。一定比率以上のコアノードが合意した取引が承認される。

出所：筆者作成

金融取引にブロックチェーンを導入するうえでは、大きなメリットであると言えるでしょう。

（3）進化するコンセンサス・アルゴリズム

ネットワーク上で参加者間の合意形成を行う「コンセンサス・アルゴリズム」として、ビットコインではプルーフ・オブ・ワークが使われていましたが、その後、いくつかの変型が出てきています。また、クローズド型に適したコンセンサス・アルゴリズムも出てきており、技術的な進化を遂げつつあります。（図表3−5）。それぞれの基本的な仕組みと、メリット・デメリットを確認していきましょう。

①プルーフ・オブ・ワーク（PoW）

コンピュータによる負荷の高い複雑な数学的な問題を解くことにより、最初に答えを見つけた人がブロックの更新権限を持つ仕組みです。第1章で述べたように、ビットコインでは、取引の承認方法としてこの方法が採られています。

②プルーフ・オブ・ステーク（ＰｏＳ）

「プルーフ・オブ・ステーク」（ＰｏＳ）は、参加者のうち、ネットワーク上の資産（仮想通貨など）の保有量が大きく、保有期間が長いほどマイニングの難易度を低くすることで、多くのコインを長い間持っている人がブロックの更新権限を得やすくする仕組みです。ネットワーク上の資産を多く持っている人は、その資産の価値が低下するような不正は働かないだろうという考え方に基づいています。

ＰｏＳにおけるマイニングは「鋳造」（minting）と呼ばれ、コイン保有量と保有期間の掛け算で表される「コイン年数」（CoinAge）が大きいほど、鋳造が容易に行える仕組みとなっています。ビットコインと同様にマイニングが必要ですが、完全な総当たり式ではなく、そのユーザーのコイン年数に応じて計算すべき範囲が狭くなり、結果として鋳造に成功しやすくなる仕組みとなっています。

このためＰｏＳは、ＰｏＷにみられたように高性能なコンピュータを揃えて、膨大な電気代を費やすといったことをしなくてもよいというメリットがあります。しかし一方で、資産の保有量が重要となるため、資産の流通が滞ってしまうというデメリットがあります。

③プルーフ・オブ・インポータンス（ＰｏＩ）

「プルーフ・オブ・インポータンス」（ＰｏＩ）は、ネットワーク上の資産（仮想通貨など）の保有量・保有期間に加え、直近の使用頻度が高いほど、マイニングの難易度が低くなる仕組みです。他の参加者と多くの取引を行い、ネットワーク内での貢献度が大きい人に、優先的に新しいブロック作成の権限を与える仕組みとなっています。

ＰｏＩにおけるマイニングのことを「ハーベスティング」（harvesting）と呼びます。ハーベスティングを行う際に有利になる「重要度」は、①アカウント内の残高、②取引数の多さ、の２つによって計算されます。マイニングを有利にする条件として取引数を組み込むことにより、コインが流通しにくくなるというＰｏＳの欠点を克服しようとしています。

＊　＊　＊

ここまで述べた3つの仕組み（ＰｏＷ、ＰｏＳ、ＰｏＩ）は、悪意のある参加者がいることを前提として、厳格な方式で不正を排除する仕組みになっています。これらの方式では、すべての参加者（ノード）にブロックの生成権限があるため、特定の管理者を介さずに合意形成を行うことができる点がメリットです。しかし一方で、承認までにはある程度の時間がかかるためリアルタイム性に欠けるほか、取引の完了性（ファイナリティ）を完全には確定できないといった限界があります。

④実用的ビザンチン・フォールト・トレランス（ＰＢＦＴ）

これらに対して、最近注目が高まっているのが「実用的ビザンチン・フォールト・トレランス」（ＰＢＦＴ）という合意形成の手法です。ＰＢＦＴでは、「アプリノード」と「コアノード」の権限を区別します。コアノードは、取引を検証する権限を持つノードであり、「検証ノード」とも呼ばれます。一方、アプリノードは、取引を行うことはできますが、検証は行わないノードであり、「非検証ノード」と言うこともあります。

ＰＢＦＴは、コアノードに取引承認の権限を集中させ、コアノードによる合議制によって、取引の承認を行う仕組みです。一定割合（3分の2以上など）のコアノードが合意した段階で、正当性が認められたものとして、取引（トランザクション）が承認される仕組みとなっています（図表3－6）。

ＰＢＦＴでは、一部の信頼できるコアノードによる合議（しかも一定割合の合意のみでよい）によって取引承認が行われるため、迅速かつ確実な価値（資産など）の移転が可能となっている点がメリットです。つまり、コアノードによる迅速な取引承認により、一定時間内に多くの取引処理を進めること（高いスループット）が可能となっています。また、コアノードによる合議によって次のブロックが生成されるため、「ブロックチェーンの分岐」（フォーク）という問題が発生せず、取引が承認された時点で、直ちに「決済完了性」（ファイナリティ）が得られることも大きなメリットです。

金融分野での利用を考えた場合には、①大量の取引をリアルタイムに処理できることと、②ファイナリティを早期に確保することは、必要不可欠でかつ重要な要素となります。こうした特性から、ＰＢＦＴは金融取引と相性がよいものとみられており、金融分野の実証実験では、このＰＢＦＴが比較的多く用いられています。[3]

オープン型のブロックチェーンでは、1つのアカウントを1票として多数決による取引承認を

3　Sieve、Paxos、Raft など、ＰＢＦＴをさらに拡張したアルゴリズムも出てきています。

図表3−6　PBFTの仕組み

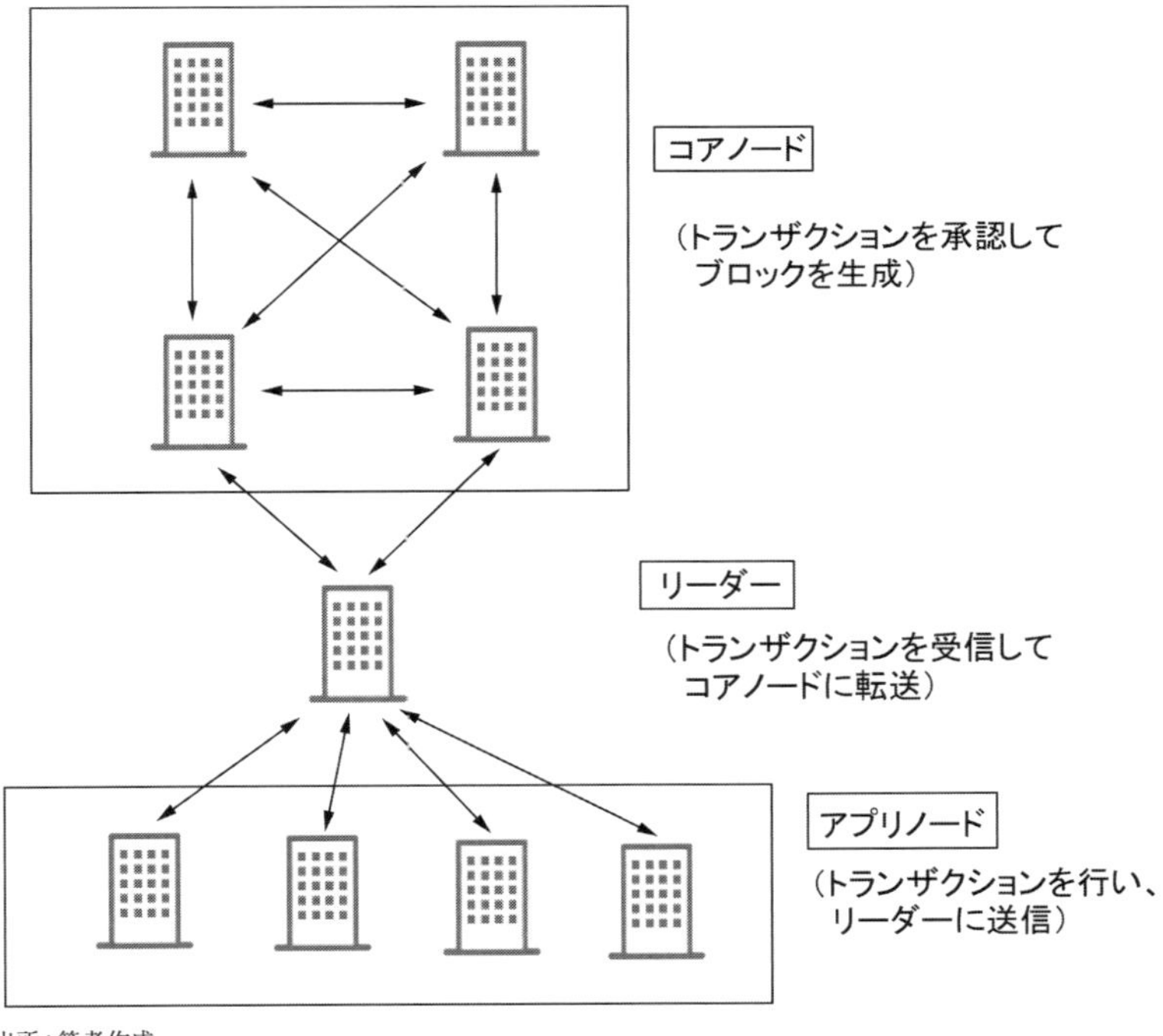

出所：筆者作成

行う仕組みをとろうとすると、１人のユーザーがたくさんのアカウントを作ってネットワークの支配権を得ようとする攻撃（これを「シビル・アタック」と言います）ができてしまいます。クローズド型では、管理者がアカウントの数を限定して管理しているため、こうした攻撃ができません。またＰＢＦＴでは、一部の信頼できるノード（コアノード）にのみ、取引承認の権限を限定することにより、さらに安全性を高めています。

3．代表的なブロックチェーン

ブロックチェーンは、技術としてはまだ発展途上の段階にあり、日々、進化を続けています。こうした中で、各金融機関やＩＴ企業では、ブロックチェーンにおける中心的な位置取りとそれによる顧客の獲得・囲い込みを目指して、激しい開発競争を繰り広げています。

ここでは、金融分野の実証実験でも用いられている、代表的なブロックチェーンについてみることとします。

（1）リナックスが進める「ハイパーレッジャー・ファブリック」

「ハイパーレッジャー・ファブリック」は、リナックス財団（リナックス・ファウンデーション）が「ハイパーレッジャー・プロジェクト」として開発しているブロックチェーンであり、金融業界向けのブロックチェーンとしての標準化を志向しています。世界30以上の先進的なＩＴ企業が協力して、ブロックチェーン技術の確立を目指しています（中でも、ＩＢＭ社の関与が大きいものとされています）。独自のコンセンサス・アルゴリズム（ＰＢＦＴ系）やメンバーシップ管理の仕組みを含んでおり、金融以外にも、製造、保険、不動産契約、ＩｏＴ、ライセンス管理、エネルギー取引などへの応用を志向しています。

このプロジェクトでは、ソフトウェアを構成しているプログラムである「ソースコード」を、無償で一般公開する「オープンソース」の仕組みをとっているため、誰でもそのソフトウェアの改良や利用を行うことができます。これにより、一般に開放された使いやすい仕組みとなっているため、金融界の多くの実証実験では、このハイパーレッジャー・ファブリックが使われています。

同プロジェクトには、取引所関連では、ドイツ取引所（フランクフルト証券取引所を運営）、ＤＴＣＣ（米国の証券決済機関）、ＣＭＥグループ（米国のデリバティブ市場を運営）などが参加しています。また、銀行からは、米国勢として、ＪＰモルガンチェース、ＢＮＹメロン、ステートストリートなどが、欧州勢としては、ＡＢＮアムロ、ＢＮＰパリバ、ＢＢＶＡなどが参加しており、今後の展開に中心的な役割を担っていく可能性が高いものとみられます。なお、わが国からは、富士通、日立、ＮＥＣ、ＮＴＴデータなどのベンダーが参加しており、これらの先を通じて、日本の金融機関へも技術導入が進んでいくものとみられます。

（2）R3コンソーシアムが進める「コルダ」

「コルダ」（Corda）は、「R3コンソーシアム」が開発を進めているブロックチェーンであり、金融業界向けに特化した分散型台帳技術です。「R3」は米国の技術系スタートアップ企業ですが、同社が中心になって2015年9月に組織したR3コンソーシアムには、世界中の主要銀行80行以上が参加しています。具体的には、米国勢としてはバンクオブアメリカ、シティバンク、ステートストリートなどが参加し、欧州勢としてはドイツ銀行、バークレイズ、UBS、クレディスイスなどが含まれています。わが国からも、みずほ銀行、三菱東京UFJ銀行、三井住友銀行のメガバンク3行が参画しています。

このように世界の主要行がこぞって参加しているため、プロジェクトが成功した場合には、コルダは金融分野における標準的な分散型台帳技術として一気に普及する可能性があり、大きなインパクトをもたらすものとして注目を集めているのです。

コルダは、金融取引に特化して開発されているだけに、金融機関にとって使い勝手がよい仕様となっています。たとえば、「データ共有モデル」をとっており、取引データについては、ネットワーク内へのブロードキャスト（一斉送信）は行わず、取引の当事者（売り手と買い手）間など「知る必要のある範囲内」でのみ共有される仕組みとなっています。これにより、金融機関にとって重要な取引のプライバシーを守ることができます。

また、「取引（トランザクション）の検証」についても、取引1件ごとに当事者間で検証を行うシステムとなっており、ビットコインのように10分ごとにブロックを作ったり、また取引の承認のために、複雑な計算を行うプルーフ・オブ・ワーク（ＰｏＷ）を行ったりすることはありません。合意形成の方法は、「有効性コンセンサス」（validity consensus）と「一意性コンセンサス」（uniqueness consensus）という2つの方法によってなされます。前者は、過去からの取引履歴や保有残高などの取引の有効性や関係者の必要な署名がなされていることを確認するものです。後者は、同じ資産による二重支払い（ダブル・スペンディング）が行われていないことを確認することです。いずれも、合意を形成して承認する行為は、取引の当事者に任されています。これらにより、個別の取引をリアルタイムで確定することが可能となっています。さらに、「当局対応」として、当局への取引報告などのために、当局ノードの設置を想定しており、当局へ個別に報告する手間が省けることが期待されています。

Ｒ3では、既に２０１６年8月にコルダの特許申請を行っています。また、一方では、コルダをオープンソース化して公開しており、開発者はソースコードにアクセスして利用することができるようになっています。

２０１7年5月に、Ｒ3では株式発行による資金調達を行い、世界15カ国以上の40社の金融機関から１２０億円の出資を受けました。これは、ブロックチェーン関連のプロジェクトの資金調達額としては、この時点で世界最大のものでした。幅広い出資により、Ｒ3は一介のベンチャー企業的な存在から、世界の主要な金融機関が共同で保有する公的な性格の機関へと、その性格を変えようとしています。

Ｒ３コンソーシアムでは、コルダの開発を進めつつ、コンソーシアム内の銀行と各種の実証実験を進めていく予定です。また、コルダを利用した金融機関向けプラットフォームである「コンコード」の開発も進めています。

（３）リップルが進める「インターレッジャー・プロトコル」

米国のスタートアップであるリップル社では、世界の有力行の参加を得て、安価で迅速な国際送金を目指すプロジェクトを進めています（詳細は第６章を参照）。このなかでは、「インターレッジャー・プロトコル」（ＩＬＰ）と呼ばれる分散型台帳技術が使われています。プロジェクトの参加行は、このネットワークに接続して、台帳を共有することによって、効率的な送金を行うことが可能となっています。取引の承認には、多くの手間を必要としない二者間の検証方法を採用しているため、送金はわずか数秒で実行される仕組みとなっています。

４．金融分野におけるブロックチェーンの実証実験の動き

ブロックチェーンは、上述のように金融のあり方を抜本的に変える技術として注目されており、金融分野においてさまざまな応用が考えられています。具体的には、国内送金、国際送金、クラウドファンディング、貿易金融、債権管理、債券発行、証券プラットフォーム、シンジケート・ローン、コルレス銀行間のノストロ照合、金融機関の社内システムなどが挙げられます。この中

でも、特にブロックチェーン（分散型台帳技術）の応用先として有望視され、実証実験が進んでいる分野が、①国際送金と②証券決済の2つです。

（1）国際送金における応用

国際送金は、これまで相手先への着金までに時間がかかることや、手数料が高いといった問題点があったため、ブロックチェーンの技術を使ってこれらを克服し、国際送金を「早く、安く」行おうとする動きがみられます。

こうしたいわば「国際送金革命」の動きをリードしているのが、米国のリップル社を中心とする「リップル・プロジェクト」です。同プロジェクトには、2016年に入ってから、欧米やアジアの大手行が参加するようになっており、注目度が高まっています。また、わが国においても、リップルの仕組みを利用して海外送金とともに国内送金も含めて安価にリアルタイムで行おうとする「内外為替一元化コンソーシアム」が発足しており、都銀、地銀、ネット銀行など60行以上が参加する一大プロジェクトとなっています（リップル関連のプロジェクトの詳細については、第6章をご参照ください）。

（2）証券決済における応用

また、国際送金と並び、証券決済の分野もブロックチェーンの応用先として脚光が当たっています。株式や債券といった証券の決済は、現状では、多くの当事者が関係する複雑なプロセスとなっていますが、ブロックチェーンを利用することによって、こうしたプロセスを大幅に合理化し、コストを削減できるのではないかとの機運が盛り上がっています。米ナスダック、豪証券取引所（ASX）、日本取引所グループ（JPX）などが、パイロット・プロジェクトや実証実験などを行っています（これらの詳細については、第7章を参照してください）。

5. ブロックチェーン導入時に決めるべきこと

ブロックチェーンを実際の業務に導入するにあたって、その導入の仕方（「アレンジメント」と呼ばれます）には、さまざまなバリエーションがあります。金融分野では、前述のように、すでに国際送金、証券決済などの分野で実証実験が行われていますが、ブロックチェーンを金融分野に応用する場合に検討すべき項目としては、以下のようなものを挙げることができます。

（1）オープン型かクローズド型か

先ほども論じたとおり、金融分野でのブロックチェーンの活用を考えた場合には、高いセキュリティを確保することが必要不可欠であるほか、何か問題が発生した場合には、不正な取引を差し止めたり、不正な取引者をネットワークから排除したりするといった対応をとることが必要となるため、ビットコインのようなオープン型の仕組みをとることは難しいものとみられます。

したがって、必然的に、参加者の範囲を絞り込んで、信頼できる参加者だけが取引に参加できるようにするとともに、中央管理者が全体の仕組みの管理（ガバナンス）を行うというクローズド型が採用されることになります。

巨額の取引が行われる金融取引の場合には、「全体の仕組みはプログラムが管理しているから大丈夫」という訳にはいかず、やはり責任の主体を明確にしておく必要があります。また、万が一、想定外の事態が発生した際にも、管理者が主体となって対応を行うことが求められます。実際に、金融分野における実証実験をみると、ほとんどのケースで、クローズド型のブロックチェーンが採用されています。

(2) コンセンサス・アルゴリズムに何を使うか

オープン型かクローズド型かの選択は、取引承認の合意形成を行うためのコンセンサス・アルゴリズムとして何を選ぶのかにも直結してきます。ビットコインのようなオープン型をとるのであれば、不特定多数が参加する中で、不正を排除できることが必要となりますので、プルーフ・オブ・ワークのような手間と時間のかかる仕組みが必要になります。

一方で、クローズド型をとるのであれば、信頼できる一部の参加者（コアノード）の合議によって取引承認を行うといった、簡略化された合意形成の仕組みを採用することが可能となります。これにより、一定時間内に大量の取引を処理することができるほか、ファイナリティ（決済完了性）を確保しつつ、取引を進めていくことができるといったメリットもあります。このため、金融分野での実証実験では、「実用的ビザンチン・フォールト・トレランス」（ＰＢＦＴ）の採用が多くみられます。また、さらに一歩進んで、取引の当事者同士が取引の承認を行う「二者間承認」といった仕組みも出てきています（コルダ、インターレッジャー・プロトコルなど）。

（３）参加者の役割・権限を分けるか

すべての参加者（ノード）に平等に同じ役割を持たせるか、ノードによって役割や権限を分けるかも検討すべきポイントとなります。たとえば、ビットコインでは、すべての参加者が同じ役割分担となっており、同じ資格で取引やマイニングに参加することができます。ただし、前述のように、金融取引に適した「実用的ビザンチン・フォールト・トレランス」（ＰＢＦＴ）を採用する場合には、取引を行う「アプリノード」と取引を承認する「コアノード」の権限を区別することになります。

（４）マイニングに対して報酬を出すか

ビットコインでは、取引の検証を行うために、コンピュータによるかなりの計算量が必要であるため、マイニングに対して、一定のビットコインをリワード（報酬）として与える仕組みがとられています。ビットコインの安全性を確保するためには、マイニングが必要不可欠であるため、参加者がそれを行うようにするためには、何らかのインセンティブを与えることが必要となっているのです。そして、このことが、一部の大規模採掘業者による寡占などの問題を引き起こしていることは、第２章で述べたとおりです。

一方、金融分野でのブロックチェーンの利用を考えた場合には、そのネットワークで取引されるのは、ビットコインなどの仮想通貨ではなく、円、ドルなどの法定通貨建ての資金や証券になります。したがって、マイニングに成功した参加者に、その都度、円やドルを与えるといった仕組みは適当ではないでしょう（誰がその円やドルを負担するのでしょうか）。むしろ、参加者の限定されたネットワークに参加する条件として、取引の承認作業を行うよう取り決めるのが自然であるものと考えられます。ネットワークに参加する金融機関は、ブロックチェーンで取引を行うことによってメリットを得られるのですから、その対価として、ネットワークに一定の貢献をするのは何ら不思議なことではありません。このため、金融界でのブロックチェーンでは、取引の承認作業（マイニング）に対しては、特に報酬は与えられないという姿が想定されます。

（5）取引データを誰でも見られるようにするか

ビットコインでは、すべての取引データがネットワーク上の分散型台帳で共有される仕組みとなっています。このため、誰と誰が（どのアドレスとどのアドレスが）、いつ、どのような取引を行ったのかについては、ネットワーク上の全員が閲覧可能となっています。ただし、ビットコインでは匿名アドレスが使われているため、このことは特に問題とはなりません。

しかし、金融取引においては、こうした取引内容の開示は必ずしも適切とは言えません。たとえば、A行がB行に多額の支払いを行ったとか、C証券がD社株を大量に買っているといった取引情報が市場の参加者全員に見られてしまうことは、当事者にとっては望ましいことではありません。このため、取引データの「閲覧性」については、取引当事者以外には見られなくするなどの制限をかけることが必要となります。

こうした分散型台帳における「プライバシーの設定」については、ネットワーク上の参加者全員が共通の帳簿を持ったうえで、取引の内容自体は権限のあるノード（当事者など）にしか見られないようにする、といったことが技術的には可能となっています。たとえば、取引データをすべて暗号化しておき、権限を与えられた参加者（たとえば取引の当事者）のみがそれを解読して中身を見られるようにするといった設定が可能です。

＊＊＊

このように考えると、金融分野に分散型台帳技術を導入する場合には、①参加者の範囲を絞り込むクローズド型とし、②合意形成は、取引の高速処理が可能な実用的ビザンチン・フォールト・トレランス（ＰＢＦＴ）系のアルゴリズムや当事者間による取引承認によって行い、③必要な場合には、ノードによって役割を分け、④トランザクションの検証・承認には特にリワードは与えず、⑤取引当事者以外には取引内容が見られないようにプライバシーの制限を行う、といった方向性が自ずと明らかになってきます。金融分野で行われている実証実験の多くでは、こうしたアレンジメント（導入方法）により、ブロックチェーン／分散型台帳技術の実用化を図ろうとしています。

このように予想されるブロックチェーンのアレンジメントは、ビットコインの仕様からは大きく異なったものとなっています。ビットコインでは、誰もが当局に管理されることなく、世界中で自由に価値を移転できるようにするという、いわば「取引の自由」や「参加の自由」に重きを置いた設計思想になっていました。これに対して、今後、金融分野で導入されるとみられるブロックチェーンでは、「取引の安全性や信頼性」「取引のリアルタイム性」「早期の決済完了性（ファイナリティ）」などが重視されていくことになるものとみられます。

こうしたブロックチェーンの仕様は、ビットコインにおけるプルーフ・オブ・ワークやマイニングなどのような常識破りの仕組みに比べると、やや地味に見えるかもしれません。しかし、人々が金融に求めるものは、世界を変えるといった「夢」や「革新性」よりも、「信頼」や「安心」ではないでしょうか。また、金融取引では、一定時間に数多くの取引を処理することや、取引を順次確定させていくこと、また取引のプライバシーを守ること、などが求められるのです。長年の金融の歴史を通観すれば、この先、ブロックチェーン・ビジネスが進んでいく方向性は自ずと見えてくることになるでしょう。

第4章

通貨の電子化は歴史の必然

前章までで述べたように、ブロックチェーン（分散型台帳技術）は、国際送金や証券決済など、民間の金融分野での利用が検討されており、さまざまな実証実験が行われています。

これに加えて注目すべきは、世界の中央銀行でも、この技術の利用に向けて本気で動き始めていることです。今や「中央銀行が自らブロックチェーンを使って、電子的な通貨を発行すべきか」というのが政策的な課題となりつつあり、いくつかの中央銀行ではすでに実証実験を行うなど、この課題について積極的に対応する構えをみせているのです。こうした分散型台帳技術を用いて発行される電子的な通貨は、従来型の「電子マネー」や「電子現金」と区別するために、一般に「デジタル通貨」（デジタル・カレンシー）と呼ばれています。また、中央銀行が発行するという点を強調して「中央銀行デジタル通貨」（セントラルバンク・デジタル・カレンシー）と呼ばれたり、銀行券などの現金を「法定通貨」と言うのと同様に「法定デジタル通貨」と呼ぶ場合もあります。

ビットコインなどの仮想通貨が、公的な裏付けのない「私的デジタル通貨」（プライベート・デジタル・カレンシー）であるのに対して、各国の中央銀行では、その信用力をバックにした「公的デジタル通貨」（パブリック・デジタル・カレンシー）を発行することを検討しているのです。私的デジタル通貨が、ビットコインのBTCのように、独自の通貨単位を持っているのに対し、公的デジタル通貨では、ドル、円など各国の通貨単位を用いることになります。つまり、従来型の現金・預金と中央銀行デジタル通貨とは、1：1の交換比率で交換されます。このため、仮想通貨のように、交換レートが乱高下するといった問題は生じません。

国際決済銀行の報告書「デジタル通貨」（BIS［2015］）でも、「中央銀行は分散型台帳技術にどのように対応すべきか」という問題提起を行ったうえで、「選択肢の一つは、中央銀行自身がこうしたテクノロジーを利用して、自らデジタル通貨を発行することである」とはっきり述べています。

もし、各国の中央銀行が本当にこうしたデジタル通貨を発行する日が来たとすると、金融業界のみならず、個人や企業などすべての人にとって、その影響は計り知れないものとなるでしょう。誰もが日常的に使っており、なじみが深い現金が電子化（デジタル化）されることになる訳ですから、一部の人が投資目的で使っているビットコインなどの仮想通貨に比しても、そのインパクトはけた違いに大きなものとなることだけは間違いありません。

1．貨幣の変遷は技術進歩と共に

では、どうして中央銀行では、ブロックチェーン（分散型台帳技術）の採用についてこのように前向きに対応しているのでしょうか。それを考えるうえでは、これまでの貨幣の歴史を振り返ってみることが近道になるものと思います。

（1）技術に依存した貨幣の歴史

歴史的にみると、貨幣の素材としては、さまざまなものが使われ、段階的な発展を遂げてきています。初期には希少性の高い自然の素材（貝、石、骨など）が「自然貨幣」として使われていましたが、やがて、農業や畜産業が発達すると、商品として価値を持っている穀物、家畜、布などが「商品貨幣」として交換手段に使われるようになりました。しかし、これらの商品貨幣は持ち運びが不便であったため、やがて持ち運びに便利で耐久性に優れた「金」や「銀」などが使われるようになり、「金属貨幣」となっていきます。当初、金属貨幣は、使うたびに重さを量っていましたが、やがてその煩雑さから、金属を一定の形状にして一定の品質と重さを刻印で保証した「鋳造貨幣」が使われるようになりました。

その後、製紙技術や印刷の技法が発達すると、やがて金属の貨幣に代わって「紙幣」が貨幣としての役割を果たすようになりました。当初の紙幣は、一定の金貨や銀貨などの「本位貨幣」と

図表4−1　貨幣の変遷と利用技術

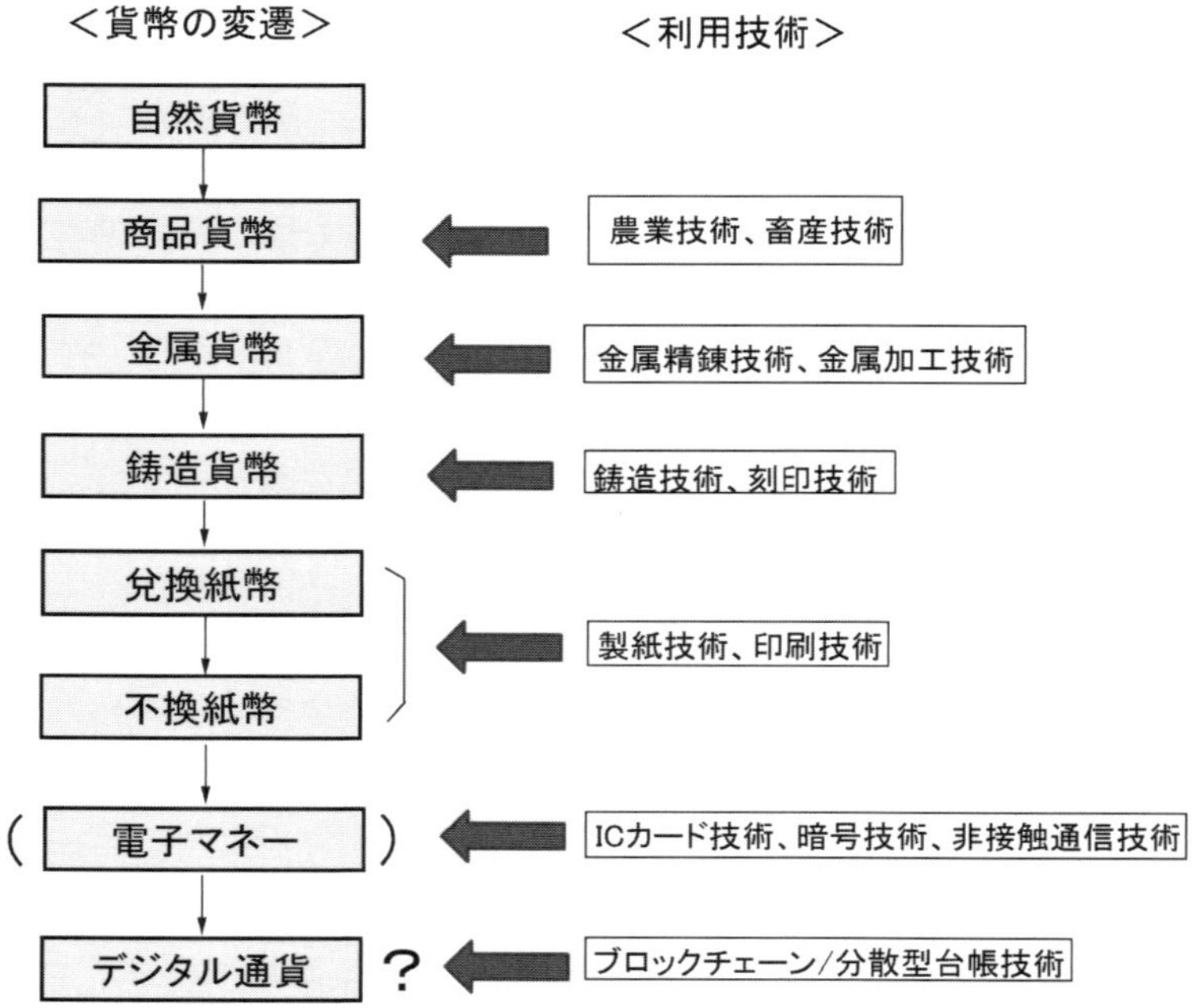

出所：筆者作成

の交換を保証した「兌換紙幣《だかん》」であり、金貨のいわば「代用品」として流通していました（いざという場合には金貨と交換できることになっていました）。その後、本位制が廃止されると、紙幣は、金貨との交換の保証のない「不換紙幣」（「フィアット・マネー」とも言います）となって、現在に至っています。

（2）デジタル技術の応用は「歴史の必然」

このように、貨幣というのは、その時々の利用可能な素材により、当時の最先端の技術を使って作られてきています（図表4－1）。最初に鋳造貨幣が作られたり、初めて紙幣が製造されたりしたときには、それらは、その時代における最新鋭の技術を使ったものであったのです。その時点での最先端技術を使うということは、それによって貨幣をなるべく便利なものにするとともに、限られた人にしか使えない技術を用いることによって、貨幣の偽造を防止するという意味合いがあったものと考えられます。

歴史的には、金属の精錬技術や加工技術が確立したことによって、金属貨幣ができましたし、その後、鋳造技術や精緻な刻印技術が発達したことによって鋳造貨幣の量産が可能となりました。そして、製紙技術や印刷技術が発達したことによって、現在では、各国で大量の紙幣を製造することが可能となっています。また、最近では、紙幣の材料を紙ではなく、ポリマー（プラスチックの一種）にした「ポリマー紙幣」[1]も発行されるようになっています。

さらに、中央銀行が発行しているものではなく、厳密には通貨とは言えませんが、ＩＣカード技術や暗号技術、非接触通信技術などによって、Ｓｕｉｃａ（スイカ）やＰＡＳＭＯ（パスモ）などの「電子マネー」が現実のものとなっています。

「その時代に利用可能な最新鋭の技術を使って貨幣を発行する」という文脈の中で考えると、情報通信技術や暗号技術などが発達してきた中で、中央銀行がそれを使って、電子的なかたちで通貨を発行しようとすることは、ごく当然の流れとも言えます。そして、ここに来てブロックチェーン（分散型台帳技術）というイノベーションが出現したことによって、各国の中央銀行では、それを使った「デジタル通貨」を実現できないかということを真剣に考え始めているのです。

中央銀行のデジタル通貨への取組みについては、「ビットコインの出現によって追い詰められた中央銀行が、窮余の策として自ら仮想通貨を発行しようとしているのだ」と揶揄《やゆ》する向きもあります（ジャーナリズム的には、こうした言い方のほうが面白いのです）。しかし、前述のように貨幣の長い歴史をみると、貨幣はこれまでも、その時々で利用可能な最先端の技術を用いて発行されてきています。技術の進歩に伴って金属貨幣に代わって紙幣が主流となったように、イノベーションによって、「物理的な通貨」に代わって「電子的な通貨」が発行されるようになることは、十分にありうることなのです。貨幣へのデジタル技術の応用は、ある意味で「歴史の必然」であると言えるでしょう。

そして、中央銀行がデジタル通貨を発行することによって、社会全体の「取引コスト」（トランザクション・コスト）が低下するのであれば、それは、国民生活の向上につながるものであり、社会的にみて望ましいことであると言えるでしょう。

（3）中央銀行間の競争とイノベーションの普及速度

中央銀行によるブロックチェーンの導入（＝デジタル通貨の発行）がどのようなペースで進んでいくかについては、中央銀行間の競争やイノベーションの普及速度なども影響を与えるものとみられます。

①中央銀行間の競争意識

中央銀行は、パブリックな存在ですので、「社会的にみて望ましいこと」を追求するのが使命です。他社に一歩でも先んじて大きな利益を上げなければならない民間企業的な競争の世界に住んでいるのではありません。

とはいえ、中央銀行が競争とまったく無縁という訳ではありません。なぜなら、価値が安定している通貨を供給することができ、偽造されにくい通貨を作ることができ、金融取引のコストが低く利便性の高い環境を用意できる中央銀行が、おのずとその国に多くの社会的利益をもたらし、またその国が国際的な金融取引の中心的な市場となることは、歴史的にみても明らかだからです。

後述のように、現在、予想外に多くの中央銀行が、ブロックチェーンを使ったデジタル通貨の実証実験に乗り出しています。新しい技術の導入については、これまで比較的保守的なスタンスであった中央銀行が、新たなテクノロジーの採用に向けて一斉に前向きに動き出していることは、

1　オーストラリア、カナダ、イギリスなどでポリマー紙幣が発行されています。

ある意味、驚くべきことです。こうした背景には、他国に遅れをとることなく、ブロックチェーンを導入する環境を整えておかなければならないという中央銀行間の競争意識といったものも見え隠れしているように感じられます。最も典型的なのが、「世界初のデジタル通貨の発行国を目指す」と公言して、「eクローナ」(e-krona)の発行計画を進めているスウェーデン中央銀行です(詳細は後述します)。

こうした変革に向けた競争を後押しする仕組みとして、国際決済銀行(BIS)の存在を指摘しておきたいと思います。BISは、バーゼル(スイス)にある国際機関であり、「中央銀行の中央銀行」とも呼ばれる存在です。BISには、中央銀行が直面する様々なテーマについて、各国中銀の代表が集まって議論する場が設けられています。本書のテーマに密接に関連する「決済システム」に関しても、「決済・市場インフラ委員会」(CPMI)[2]という常設の委員会が設けられており、日米欧などの先進国や中国、インド、ブラジルなどの新興諸国の合わせて24の中央銀行がメンバーとなっています。CPMIには、各国中銀で決済システムを担当する局長レベルが出席して、定期的に情報交換を行っています。この中で、各国中銀から、新しい試みや先進的な取組みについて報告がなされますので、どこかの中央銀行が新たな取組み(たとえばブロックチェーンの実証実験)を行えば、その情報はCPMIの場を通じて、メンバー中銀の間で直ちに共有されることになります。そうした情報は、他の中銀の興味を引くのみならず、先進事例に学んで自分たちもやってみようといった動きにつながるものと思われます。余談ながら、筆者もCPMIの事務局に勤務していたことがあり、こうした意見交換の場に出席していました。そうした場で

図表4－2　イノベーション普及のS字型カーブと中央銀行のRTGS採用数

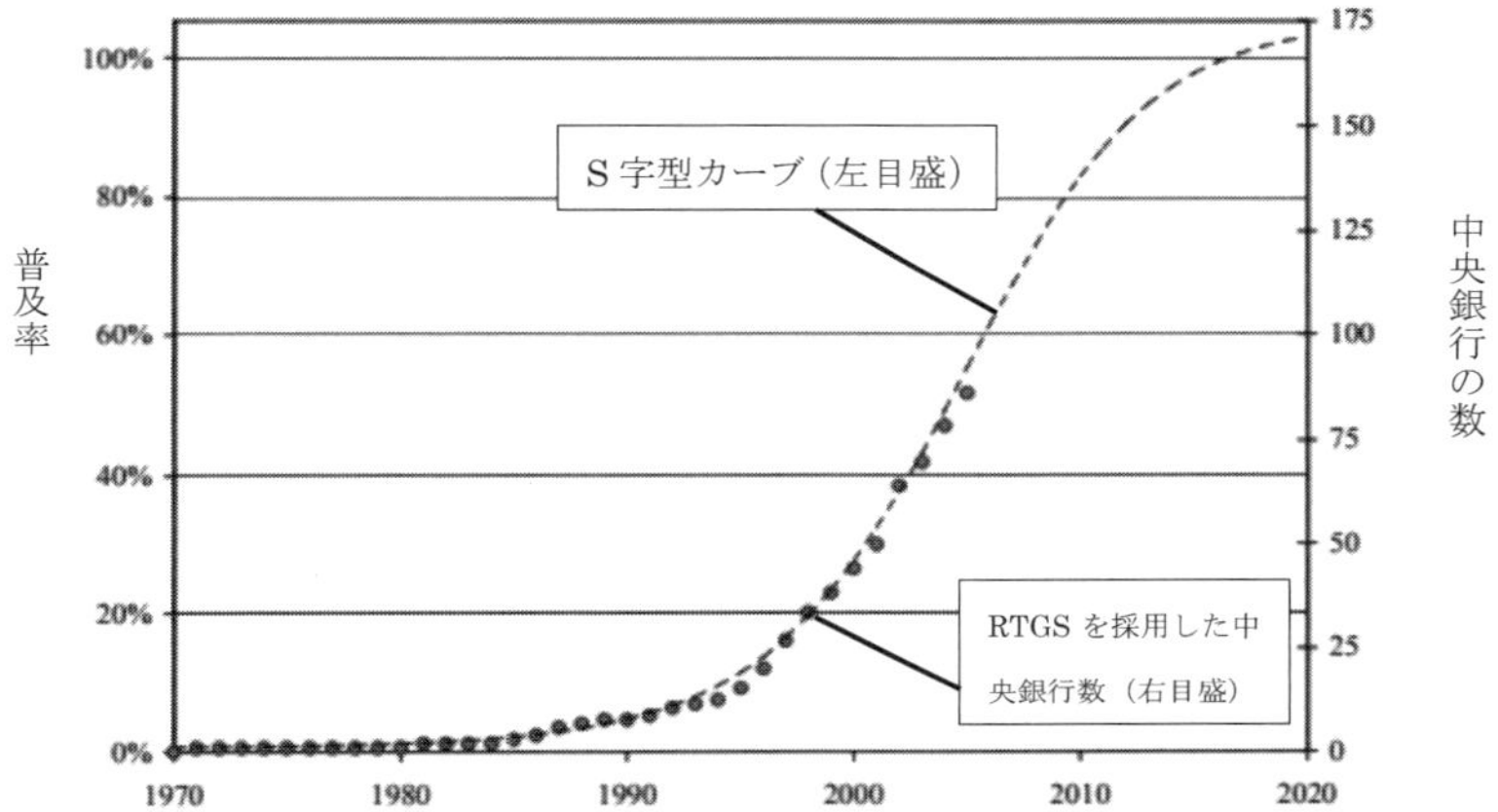

出所：Bech & Hobijn（2007）より筆者作成

は、もちろん有益な情報交換が多いのですが、中央銀行同士の競争意識で火花がバチバチと散るような瞬間も何度か目にしました。CPMIは、これまでも、いくつかの重要なレポート[3]を発表するなどの啓蒙活動を行っており、世界的な決済システムの進展に大きく寄与してきていますが、一方で、先進事例を普及させる（ある意味では競争意識を高める）という役割も担っているのです。

②イノベーションの普及速度と中央銀行

もう一つ指摘しておきたいことは、中央銀行も、やはりイノベーションの普及パターンによって影響を受けているということです。社会学者のエベレット・ロジャースによると、イノベーションが社会の中で時間をかけて伝達されていく中で、そ

2　Committee on Payments and Market Infrastructures の略。

3　詳しくは、『決済システムのすべて（第3版）』の第4章をご参照ください。

の普及率は、時間の経過とともにロジスティック曲線と呼ばれる「S字型カーブ」を描くものとされています。これは、イノベーションの採用率（普及率）を縦軸に、時間を横軸にとったグラフであり、初期には、採用は遅々として進みませんが、ある時期から急速に普及が進みます。そして限界に近づくと再び普及率が鈍化するというパターンを描くというものです。

ちなみに、1990〜2000年代にかけて、中央銀行が運営する決済システムにおいて、「RTGS」[4]（即時グロス決済）という仕組みが各国で普及していった時期があります。このRTGSの採用時期を世界の中央銀行（174行）について調べた研究[5]によると、驚くべきことにRTGSの普及率は、ロジャースのS字型カーブにかなり正確に沿ったものとなっていました（図表4－2）。これは、各国の中央銀行が、それぞれ個別に新しい仕組みの導入に取り組んでいたとしても、全体としては結果的に、イノベーションの普及パターンの一般原則に沿ったかたちで導入が進んでいたということを意味します。

したがって、中央銀行によるデジタル通貨の発行についても、こうしたイノベーションの普及速度の理論から無縁であるとは考えられず、S字型カーブに沿ったかたちで進んでいく可能性が高いものと考えられます。

2．15年前から始まっていた通貨の電子化

こうした「歴史の必然」としての貨幣のデジタル化について言えば、実は、中央銀行が電子的

な通貨の発行を考えたのは、今回が初めてではありません。ビットコインやブロックチェーンが登場したので、急にデジタル通貨を思いついたという訳ではないのです。すでに1990～2000年代にかけて、いくつかの中央銀行が「電子現金」の実現を目指してプロジェクトを実施しています。

当時の技術の限界もあって、これらは結果的には実現に至りませんでしたが、やはり中央銀行の遺伝子（あるいはDNA）の中には、その時々に可能な技術を使って電子的な貨幣を発行したいという願望が受け継がれているものと思われます。以下では、中央銀行が貨幣のデジタル化を考え出すきっかけとなった民間の電子マネー導入の動きについてみたうえで、シンガポールと日本における電子現金に向けたプロジェクトについて述べることにします。

なお、この時期には、民間の発行主体が発行するものが「電子マネー」と呼ばれたのに対し、中央銀行が発行主体となるものは「電子現金」（エレクトロニック・キャッシュ）と呼ばれていました。後者には、「紙の現金（キャッシュ）を電子化したもの」というニュアンスが含まれていたものと思われます。

4　Real-Time Gross Settlement の略。参加行からの決済指図を、1件ごとにグロスで即時に決済する決済システムの仕組み。

5　Bech & Hobijn（2007）

（1）eキャッシュとモンデックスのインパクト

中央銀行が通貨の電子化を考えるきっかけとなったのは、民間における「電子マネー」の導入の動きです。

一つは、「ネットワーク型」の電子マネーである「eキャッシュ」です。eキャッシュは、オランダのデビッド・チャウム氏によって着想され、1990年にはデジキャッシュ社という企業も設立されて、研究・開発が行われました。eキャッシュは、「デジタル署名」などの最先端の暗号技術を使って、現金同様の高い匿名性を持つ電子マネーを実現しようとしたものでした。

そしてもう一つは、英国の銀行が共同で開発した「モンデックス」です。これはICカードに価値情報を入れて利用する「ICカード型」の電子マネーでした。1995年から英国の地方都市スウィンドンで大規模な実証実験が行われ、世界中から見学者が訪れて大きな話題となりました。

こうした電子マネーは、民間企業が発行主体となっている限り、支払手段の一つに過ぎませんが、中央銀行が発行主体となって、こうした技術を取り入れ、電子的な通貨を発行すれば、法定通貨を電子化することが可能となります。こうした考えに基づいて、中央銀行による電子現金の発行に向けた取組みが行われることになったのです。

この時期の国際決済銀行の「電子マネーに関するレポート」（BIS［1996］）にも、中央銀行が電子マネーに対してとるべき政策オプションとして、「中央銀行が自ら電子マネーを発行することも選択肢の一つである」とされています。国際決済銀行は、世界の中央銀行の集まりですから、やはり新しい技術を利用して新しい通貨を発行したいという中央銀行的なＤＮＡが刺激されたのでしょう。

（２）世界初の「法定通貨の電子化」を進めたシンガポール

こうした民間の動きを受けて、世界で初めて、法定通貨の電子化を打ち出したのがシンガポールでした。２０００年12月に、当時、シンガポールの通貨発行主体であった「シンガポール通貨理事会」（ＢＣＣＳ）[6]が、「２００８年までに電子現金を国内の法定貨幣（リーガル・テンダー）にする」という驚くべき計画を発表したのです。「電子法貨」（エレクトロニック・リーガル・テンダー）を発行すると宣言したのは、これが世界で初めてのことでした。このプロジェクトは、「シンガポール電子法貨プロジェクト」（ＳＥＬＴ）[7]と呼ばれました。その後ＢＣＣＳは、２００２年10月に中央銀行である「シンガポール通貨監督庁」（ＭＡＳ）に統合され、ＳＥＬＴはＭＡＳに引き継がれました。

ＢＣＣＳでは、電子法貨を導入する理由として、現金のハンドリングコストを下げ、社会全体の決済の効率性を高め、シンガポールのキャッシュレス化を進めることを挙げていました。余談

6　Board of Commissioners of Currency, Singapore の略。
7　Singapore Electronic Legal Tender の略。

ですが、この電子リーガル・テンダー構想が発表されたときには、日本銀行に勤めていた筆者は、正直に言って「やられた。先を越された」と思いました。しかし、その思いを職場の周囲の人に伝えても、あまり共感してもらえず、悔しく思ったものです。そもそも「中央銀行が電子法貨を発行する」というコンセプト自体が、当時の常識からあまりにもかけ離れていたため、うまく理解してもらえなかったようです。逆に言うと、MASでは、それほど奇想天外なことをやろうとしていたのです。

しかし結局、この電子法貨構想（SELT）は実現に至ることなく終わりました。これには、導入コストが大きく関係していたものと考えられます。SELTでは、ICカード型の電子マネーを想定していました。電子マネーを法定通貨として国内で強制通用力を持たせるためには、「誰でも、いつでも、どこでも」法定電子マネーで決済できるようにする必要がありますが、そのためには、国中のあらゆる商店や場所に決済端末（リーダー／ライター）を置く必要がありました。この電子マネーの発行主体は中央銀行ですから、その端末の設置コストを負担するのは、当然、中央銀行ということになります。しかし、そのためには、都市国家（淡路島と同じ程度の面積しかない）であっても、その津々浦々にまで膨大な数の決済端末を設置することが必要であり、そのために莫大な費用が必要となったのです。最終的には、この点が大きなネックとなってプロジェクトの断念に追い込まれたようです。この当時のテクノロジーでは、電子マネーの発行には、ICカードと決済端末が必要不可欠となっており、こうした問題は避けて通ることができなかったのです。

なお現状では、この限界が克服できるようになっている可能性があります。つまり、人々がスマートフォン（いわば小型のコンピュータです）を持ち歩き、インターネットに自由に接続できる環境を備えた現在では、電子的な通貨を普及させるための社会的なインフラが整ってきているとみられるからです。

スマホに専用アプリをインストールすれば使えるといったかたちでデジタル通貨を導入し、インターネットを通じて決済ができれば、特別な決済端末は必要なく、現金を受渡しするのと同様に、企業や個人の間で「電子化された通貨」をやり取りすることが可能となるかもしれません。

(3) 極秘にされた日本銀行の「電子現金プロジェクト」

①金融研究所の極秘プロジェクト

実は、日本銀行では、シンガポールよりも前から、電子現金についての研究を進めていました（筆者が「先を越された」と悔しく思ったのは、このためです）。１９９０年ごろから日銀の金融研究所において「電子現金プロジェクト」と名付けられた基礎的な研究が行われました。暗号学者を招いて、暗号理論の基礎や前述したeキャッシュの仕組みを勉強するところから始められました。

金融研究所が、金融に用いられる新しい技術について研究を行うのはごく当然のことですが、この研究は「eキャッシュや最新の暗号技術を使えば、中央銀行が電子マネーを発行することが可能なのではないか」という基本的な問題意識の下で進められました。通貨の発行形態がその時々の技術に依存する以上、新しい技術が出てくれば、それを利用した通貨（電子化された通貨）

が出てくるのが当然ではないかという考えが、研究を進める根底にはあったのです。

基礎的な研究ではありましたが、当時「日本銀行が電子現金の発行に向けた研究をしている」などと騒がれると大変なことになりますので、関係者には厳しい箝口令《かんこうれい》が敷かれました。それからすでに25年以上を経ており、もう時効になっていると思いますので、ここでオープンにすることとします。

②現金の電子化は何が難しいか

実は、筆者も、若手の研究員として、電子現金プロジェクトの一員に入っていたのですが、暗号学者の方との初めての打ち合わせでは、「現金とは何か?」「貨幣と通貨とはどう違うのか?」「マネーとカレンシーの違いは何か?」などと、厳しく問い詰められました。自明のことだと思っていたことについて、根源的な質問を次々に投げかけられて、しばし立ち往生したことを昨日のことのように思い出します。

検討を進めていく中で、いくつかの問題点が浮かび上がってきました。

第1に、現金の持つ「転々流通性」をどのように確保するのかという問題です。転々流通性とは、個人などが受け取った現金をそのまま他への支払いに充《あ》てることができることであり、発行主体に戻さずに、利用者から利用者へと転々と流通していくことを指し、現金の一つの特徴となっています。こうした利用のタイプを「オープン・ループ型」と言いますが、この場合には、中央銀行の手を離れたところで、電子現金が次々に持ち主を変えて流通していくことになります(図表4－3の①)。

図表4―3　オープン・ループ型とクローズド・ループ型

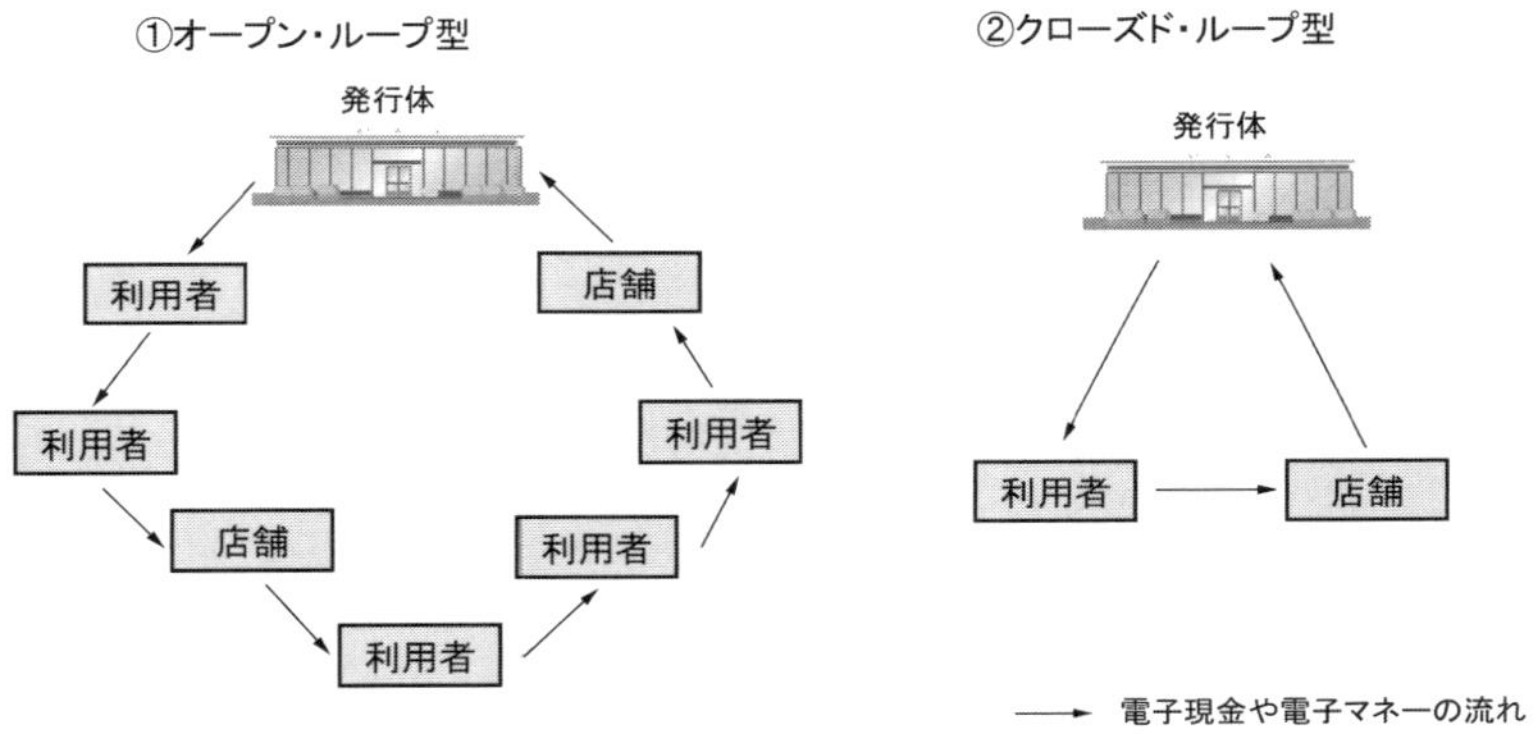

出所：筆者作成

このため、途中で偽造や二重使用が行われた場合にも、それを発見することが困難となります。それを防ぐためには、たとえば個人Aから個人Bに電子現金が支払われる時点で、中央銀行との間で通信を行い、本物であることを確認することが必要になります。しかし、そのためには、取引毎にリアルタイムでの通信が必須となり、膨大な取引件数に対してこうしたチェックを行うと、途方もないコストがかかってしまいます。転々流通性を確保したうえで同時に安全性を確保するためには、何らかのチェックの仕組みが必要となりますが、そのためにはかなりのコストがかかってしまうというのが、一つの難しい点でした。

なお、Ｓｕｉｃａ（スイカ）やＰＡＳＭＯ（パスモ）といった「電子マネー」では、利用者が店舗で利用すると、それをその都度、発行体に戻す「クローズド・ループ型」の仕組みをとることによって、このジレンマを回避し、安全性を確保しています（図表4―3の②）。つまり、転々流通性を断念することによって、安全性を保っているのです。電子現金プロジェクトでは、「現行の銀行券の機能をそのまま維持する」ことを前提に考えたため、上記のような壁にぶつかることになりました。

第2に、現金の持っている「匿名性」をどこまで確保する必要があるのかという点です。匿名性は、いつどこで使ったかが分からないという現金の特徴であり、現金の最大のメリットでもありますので、これを無くすことには抵抗が予想されました。しかし、安全性の点からは、偽造などの問題が起きた場合には、どこでそれが発生したのかを知ることができるようにしておく必要があります。普段は、匿名性を確保しておき、非常時にのみ、匿名性を無くすといった仕組みが可能であるといった議論もありましたが、いずれにしても、こうした仕組みを実現するには、相当高度で複雑な暗号の仕組みが必要であることが分かりました。

ところで、この匿名性については、今般のデジタル通貨についても問題となる可能性があります。すなわち、中央銀行がデジタル通貨のブロックチェーンを管理すると、すべての取引記録を中央銀行が持つことになるため、中央銀行があらゆる個人や企業の支払い履歴のデータを見ることができる立場になります。こうしたことが許されるのかという点が問題となる可能性があります。これについては、前述のように、非常時（マネーロンダリングや犯罪の捜査など）にのみ匿名性をなくすという追跡可能な仕組みを作っておき、通常時には取引内容を見られないようにしておくという方策が考えられます。

第3に、最大のネックとなったのが、デジタルデータは複製（コピー）が可能だという点です。しかも、データの複製にはほとんどコストがかからない一方で、いったんコピーに成功すれば、無限に複製を繰り返すことができます。これは、音楽の違法ダウンロードや映画の海賊版ＤＶＤの存在をみても明らかでしょう。

当時は、まだＩＣカード型の電子マネーの技術を前提に考えていましたので、ＩＣカードやメモリチップの機密データの読み取りを防ぐ能力である耐タンパー性（タンパーレジスタンス）で防止するという議論や、ハードとソフトの異なる複数の技術を組み合わせることによって防御能力を高めることができるといった議論もありましたが、これらも不正技術の進化とのイタチごっこですので100パーセント確実とは言えません。発行主体の立場からすると、万が一、すべての防御が破られた場合には、無限にコピーされてしまう（無限に偽札が作られてしまう）可能性があるという点で、身がすくむ思いがし、一種の恐怖さえ覚えました。

この点から考えると、ブロックチェーンというのは、やはり画期的な発明であると思わずにはいられません。デジタルデータを扱いながら、取引をブロックごとに確定させ、前のブロックの要素を次のブロックに盛り込むことによって、偽造や二重使用を防ぐことを可能にしており、上記のようなコピー問題を解決しています。当時、こうした技術があれば、電子現金プロジェクトは、もっと進展していただろうと思いますし、現在、各国の中央銀行がデジタル通貨の発行に向けて一斉に動き出しているのは、その画期的なイノベーションの価値に気が付いたからかもしれません。

③電子現金実験システム

筆者が金融研究所を去ったあとも、後任者たちによって、こうした基礎研究は徐々に発展しました。そして1996年には、NTTとの共同研究のかたちで「NTT―日銀金融研究所の電子現金実験システム」として一応の成果をみることになりました（日本銀行金融研究所［1997］）。これは、ICカードと高度な暗号技術を使って、現金と同様な「転々流通性」や「匿名性」を確保する電子現金の設計方法と実現の方式についてまとめた、かなり技術的な色彩の濃い論文です。

なお、シンガポールの電子法貨構想のスタート時には、「日本銀行でも、究極的には、電子現金は中央銀行によって発行されることになるだろうとしている」との発言がありました。当時、アジアの中央銀行とはいろいろなチャンネルでかなり密接に情報交換を行っていましたので、日本銀行のこうした取組みがシンガポールの電子法貨プロジェクトに影響を与えた可能性もあります。

3. 実証実験に動き出す世界の中央銀行

このように、各国の中央銀行に「通貨の電子化」に向けたDNAが脈々と受け継がれていたところに、ブロックチェーン技術が登場したことから、各国中銀がデジタル通貨の実現に向けて、一斉に研究や実証実験に動き始めたという訳です。

今のところ、先導しているのは、英国のイングランド銀行、カナダ中央銀行、シンガポール通貨監督庁（MAS）、スウェーデン中央銀行などですが、日本銀行でもすでに基礎実験を完了しています。このほか、米国のFed、オランダ中央銀行、中国人民銀行、香港金融管理局などでも、デジタル通貨について検討・実験する動きがみられています。以下では、こうした取組みについてみてみることとしましょう。

(1) 中央銀行デジタル通貨に取り組むイングランド銀行

①デジタル通貨チームの立ち上げ

英国の中央銀行であるイングランド銀行（BOE）では、2015年2月に「ワン・バンク・リサーチ・アジェンダ」という文章を公表しました。これは、BOEとして、今後、調査研究を進めていくトピックと方向性を明らかにしたものです。この中の一つとして「中央銀行によるデジタル通貨の発行可能性」というアジェンダが掲げられました。これを受けて、BOEでは、数年をかけた研究プロジェクトに着手し、「デジタル通貨チーム」を立ち上げて研究を行っています。

②私的デジタル通貨と中央銀行デジタル通貨

BOEでは、ビットコインなどの仮想通貨のことを「私的デジタル通貨」（プライベート・デジタル・カレンシー）と呼んでいます。そして、①それらは、その価値が乱高下するなど仕組みに欠陥があることを指摘し、②現時点では、まだ国全体の通貨や金融の安定性に影響を及ぼすような存在とはなっていないものと評価しています。そのうえで、分散型台帳技術を使った「中央銀行デジタル通貨」（CBDC：Central Bank Digital Currency）が選択肢の一つになりうるものとしています。90年代の電子法貨構想が電子マネー技術に基づいていたのに対して、中央銀行デジタ

図表4—4　デジタル通貨と発行主体

利用技術＼発行主体	中央銀行	民間主体（あるいは主体なし）
電子マネー技術（ICカード技術、非接触通信技術など）	電子現金 電子法貨（ELT）（注1）	電子マネー
ブロックチェーン（分散型台帳技術）	中央銀行デジタル通貨（CBDC）（注2）	私的デジタル通貨（仮想通貨）

（注1）Electronic Legal Tenderの略
（注2）Central Bank Digital Currencyの略

出所：筆者作成

ル通貨は、ブロックチェーン技術を用いたものとなります。また、発行主体が中央銀行である点で、仮想通貨とは性格を大きく異にします（図表4－4）。

2016年7月に発表されたスタッフの調査論文（BOE［2016］）では、中央銀行がデジタル通貨をGDPの30%の規模で発行した場合には、取引コストの低下などによって、GDPの水準が3%上昇するとの試算が示されています。

また同じ16年7月に、BOEでは、今後のデジタル通貨の研究に向けた詳細な研究課題（リサーチ・クエスチョン）を提示しています。この中には、①マクロ経済に対する経済的なインパクト、②金融システムに対するインパクト、③新たな政策ツールとしての利用の可能性、④技術的な実現の方法、などが挙げられています。

ＢＯＥでは、最近、総裁や副総裁などがスピーチの中で中央銀行デジタル通貨の可能性についてしばしば言及するようになっているほか、ＩＴ企業と共同で複数の実証実験プロジェクトに取り組むなど、活発な動きをみせています。ＢＯＥでは、本格的な問題設定を行ったうえで組織を挙げてこの問題に取り組んでおり、各中銀の取組みのなかでも、最も体系的で本腰が入っているように見えます。

（２）「ＣＡＤコイン」を作ったカナダ中央銀行

①カナダの主要行が参加した「ジャスパー・プロジェクト」

こうしたイングランド銀行の動きよりさらに一歩進んで、デジタル通貨を試作する実証実験にまで乗り出したのが、カナダ中央銀行です。カナダ中銀では、カナダの決済システム参加行からなる「カナダ決済協会」（ペイメンツ・カナダ）、Ｒ３、カナダの大手６行（Ｒ３のメンバー銀行）と共同で、２０１６年３月から６月にかけて「ジャスパー・プロジェクト」（Project Jasper）と呼ばれる実証実験を行いました。

この中で、デジタル法定通貨である「ＣＡＤコイン」（CAD-Coin）の実証実験を行っています。ＣＡＤコインの仕組みをみると、まず営業日のスタート時に、参加行がカナダ中銀にある「特別口座」（スペシャル・プール・アカウント）に法定通貨（カナダドル）を入金すると、それを裏付けとして参加行の分散型台帳に同額のコインが発行されることになっています（図表４－５）。これ

図表4－5　CADコインの仕組み（イメージ）

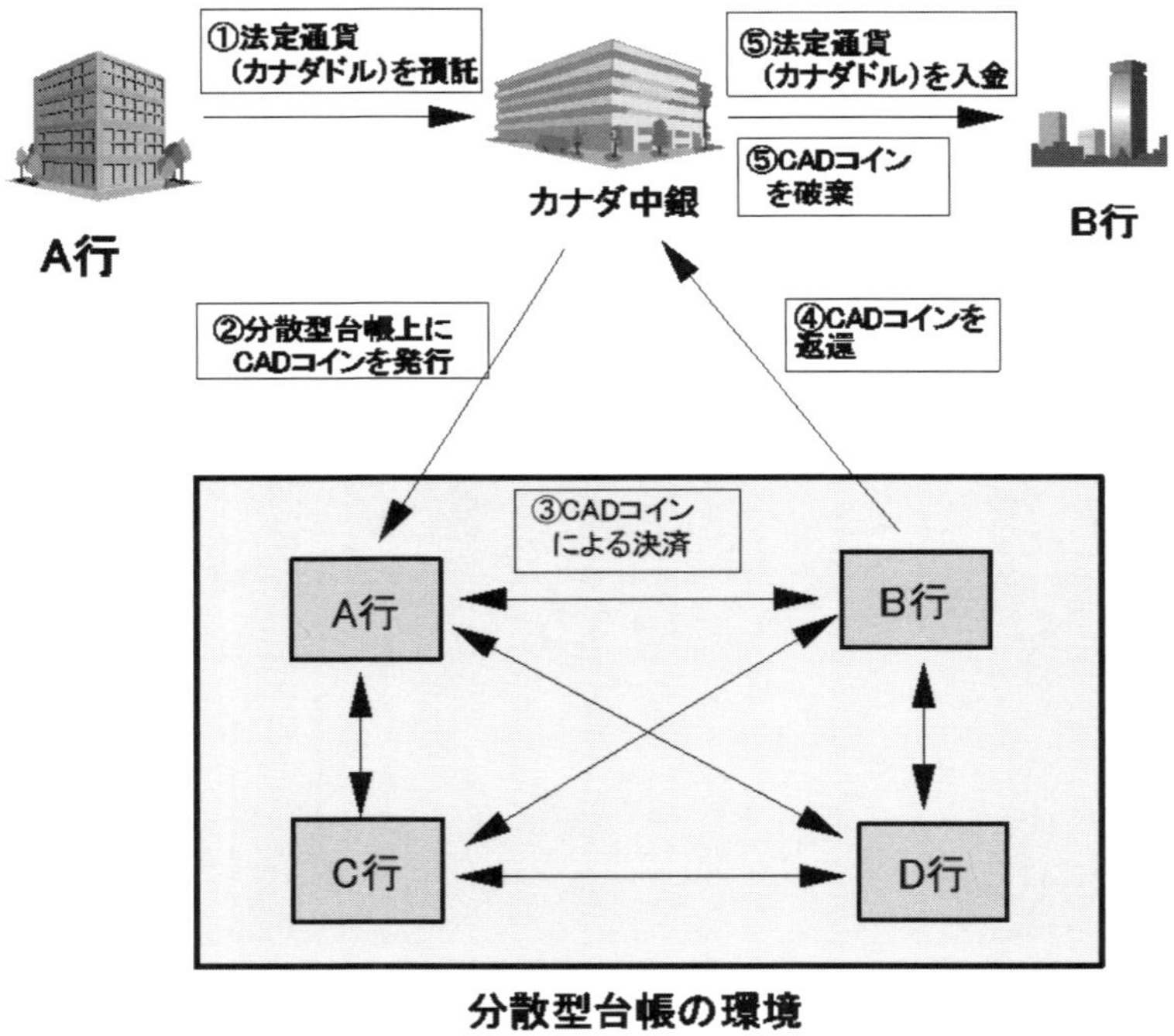

出所：筆者作成

は、預託されたカナダドルの金額に応じて、それと同じ額のデジタル通貨が発行される仕組みです。

このコインの発行を受けた参加行では、分散型台帳の環境において、それを使って他行との間でインターバンクの資金決済を行います。銀行間でＣＡＤコインの受渡しが行われ、最終的にそれを受け取った参加行では、営業日の終わりになると、ＣＡＤコインをカナダ中銀に持ち込んで法定通貨（カナダドル）に換えます。その際、カナダ中銀では、回収したＣＡＤコインを破棄し、その参加行の当座預金に同じ額を入金します。つまり、ＣＡＤコインは、法定通貨（カナダドル）との間で、相互に交換可能なデジタル通貨となっています。当然のことながら、ＣＡＤコインの分散型台帳は、参加者が限定されたクローズド型のシステムとして運営され、銀行間の決済に用いられます。

②フェーズ1とフェーズ2の実験内容

ジャスパー・プロジェクトでは、２つのフェーズに分けて実証実験が行われました。まずフェーズ1では、参加行間で決済が1件ごとにリアルタイムにＣＡＤコインによって行われるという「ＲＴＧＳシステム」（即時グロス決済システム）としての実験が行われました。またフェーズ２では、少ない金額で多くの決済を進める「流動性節約機能」[8]が実現できるかどうかの実験を行いま

8　A行からB行への支払いと、逆方向のB行からA行への支払いがある場合に、両方向の支払いを同時に履行する仕組みのことです。これにより、少ない流動性（両方向の支払いの差額分）によって、決済を進めることができます。

した。

　技術的には、フェーズ1では、ブロックチェーン技術として「イーサリアム」が用いられ、合意形成の手法としては、プルーフ・オブ・ワーク（ＰｏＷ）が採用されました。ただし、結果的には、クローズド型のブロックチェーンでは、ＰｏＷは不要であることが確認できたものとされています。

　一方、フェーズ2では、ブロックチェーン技術として、Ｒ３の開発した「コルダ」が用いられました。合意形成は、コルダの検証機能を使って「2段階検証」によって行われました。第1段階は、取引が正当かどうかと、送り手に十分な資金があるかどうかを民間の参加行が相互に検証するものです。第2段階は、カナダ中銀が、特権的な機能を有してすべての参加行の台帳にアクセスすることができ、全体の取引を検証することとされました。流動性節約機能は、一定時間ごとの「マルチラテラル・ネッティング」[9]として実施され、現行の決済システムと同様な流動性節約の機能が実現できたものとされています。

　決済リスクの観点からは、ＰｏＷによる取引承認では、決済のファイナリティが確定されない点が問題となることが分かりました。一方、コルダでは、カナダ中銀が特別な立場で取引を検証し、取引を最終的に確定させることができるため、ファイナリティが確保され、こうした問題点が解決されることが確認できたとされています。

③金の預り証に類似の仕組み

　このジャスパー・プロジェクトでは、カナダ中銀がカナダドルを担保として受け入れることにより、それに相当する額の新たな資産であるＣＡＤコインが発行され、それが銀行間の決済に用いられます。これは、銀行券の元になった「金の預り証」（ゴールドスミス・ノート）に驚くほどよく似ています。この預り証は、17世紀に英国の金細工業者である金匠《きんしょう》（ゴールドスミス）が金を預かった証拠として商人に発行し、これを商人が商取引のための支払手段として使ったものです。ゴールドスミス・ノートは、金の在庫が裏付けとなっており、同等の金といつでも引き換えることができたため、信用力が高く、広く流通して後の銀行券となりました。

ＣＡＤコインは、特別口座にあるカナダドルの預金を裏付けとしてカナダ中銀によって発行され、分散型台帳の環境において通貨（マネー）として流通します。発行者が民間業者か中央銀行かの違いはありますが、ゴールドスミス・ノートでは、金匠が預かった金に相当する預り証を発行し、ＣＡＤコインでは、カナダ中銀が預かったカナダドルに相当するコインを発行するという点で、両者はほぼ同じ仕組みと言えるでしょう（図表４－６）。ブロックチェーン（分散型台帳技術）という最新の技術を使ってはいますが、よくよく考えると、実は根本的な仕組みは、銀行券の元祖となった紙の証券とほぼ同じなのです。最先端の技術を使ったデジタル通貨の仕組みが、その昔に銀行券の始まりとなった仕組みと同じというのは、けっこう意外な発見ではないでしょうか。

9　二者間におけるネッティング（差額の支払いによる決済）のことを「バイラテラル・ネッティング」と言うのに対して、多数の当事者間で行うネッティングのことを「マルチラテラル・ネッティング」と呼びます。

図表4−6　ゴールドスミスの預り証とCADコインの仕組み

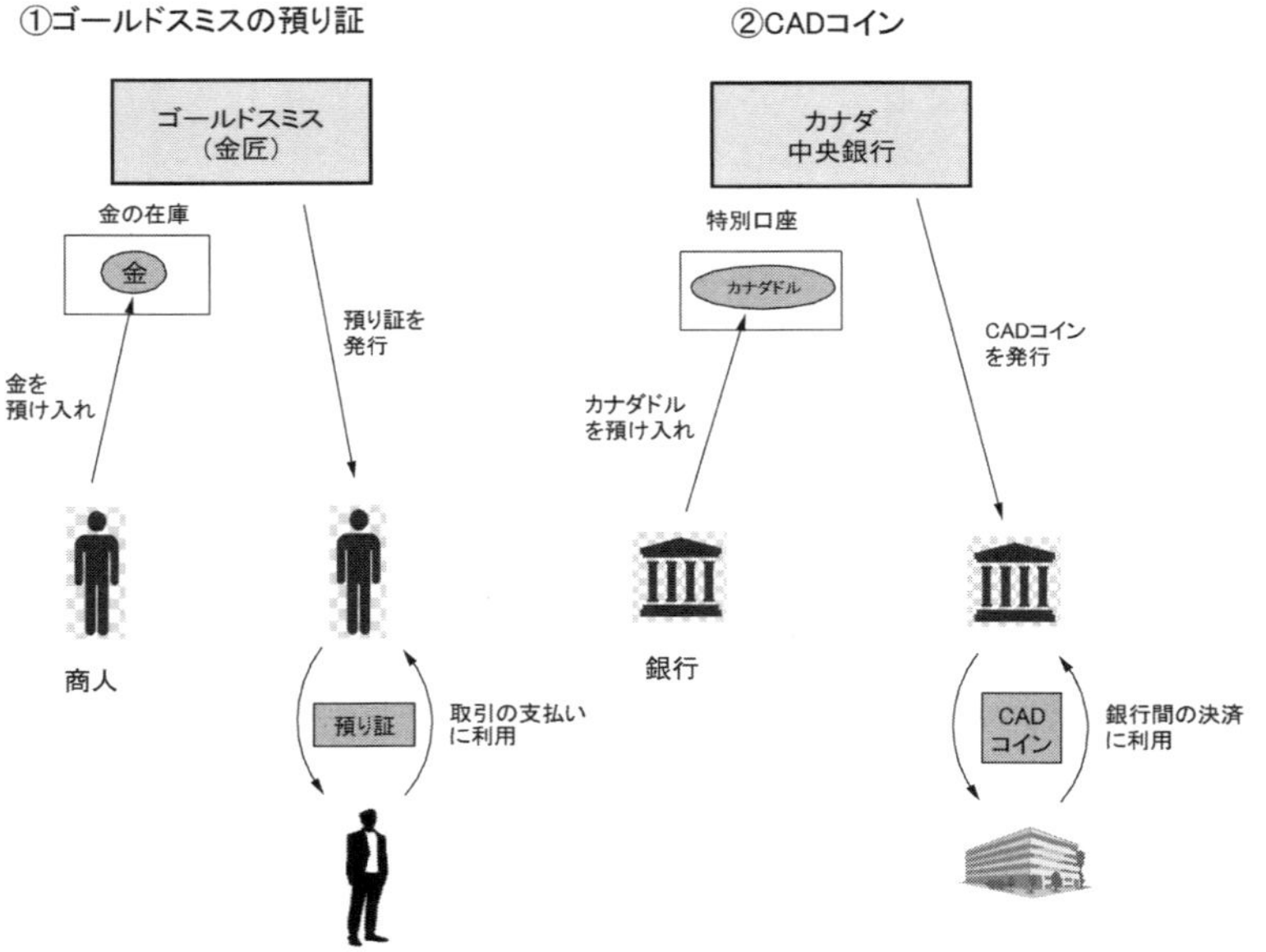

出所：筆者作成

④決済用コインとしての性格

このようにCADコインは、銀行間（インターバンク）における大口決済に利用されることが想定されているため、「決済用コイン」（セトルメント・コイン）と呼ばれます。現在、各国には「資金決済システム」（カナダではLVTS、日本では日銀ネットなど）があり、銀行間の資金決済を行っていますが、CADコインは、それらと同様な銀行間決済の役割を果たすことが見込まれており、このため「ブロックチェーン・ベースの決済システム」とも呼ばれています。カナダ中銀では、この実証実験により、分散型台帳技術を使って中央銀行マネーを移動させ、リアルタイムの決済に利用できることを示せたことの意義は大きいものと評価しています。

カナダでは、すでに効率的な決済システム（LVTS）を持っていますので、資金決済のみを単独で行うことを考えると、これを分散型台帳ベースに変更する必然性は必ずしも高くないものとみられます。しかし、今後、株式や国債などの受渡し（決済）が分散型台帳上で行われるようになることを想定した場合には、資金決済と証券決済を同じ分散型台帳のプラットフォーム上で行うことが必要となると考えられます（詳細は第7章を参照）。つまり、こうした決済用コインは、分散型台帳の環境において、資金と証券との同時決済（DVP決済）を可能にするための手段として大きな意味を持つのです。

（3）着々と実証実験を進めるシンガポール

アジアでは、シンガポール通貨監督庁（MAS）が、デジタル通貨に向けて最も積極的な取組みをみせています。２０００年代前半の「電子法貨プロジェクト」では、途中で挫折した経験を持つシンガポールですが、ブロックチェーンに対しては、改めてアクティブな取組みをみせています。

①ＭＡＳが主導する「ウビン・プロジェクト」

ＭＡＳでは、２０１６年11月に、ブロックチェーンを使ったデジタル通貨の実証実験である「ウビン・プロジェクト」（Project Ubin）を始めることを宣言し、２０１７年3月までにこの実験を成功裏に完了したものとしています。この実験は、Ｒ３と国内に拠点を持つ銀行（ＤＢＳ銀行、ＨＳＢＣ、バンクオブアメリカ、ＪＰモルガンなど）との協力によって行われました。Ｒ３は、同様の実証実験であるカナダ中銀のＣＡＤコインのプロジェクトにも参加していましたので、そこで得た経験や知見がこのプロジェクトにも活かされたはずです。ブロックチェーン技術としては「イーサリアム」が用いられました。

②デジタル通貨の発行と返却

参加銀行では、デジタル通貨を発行してもらうために、まずＭＡＳに法定通貨（シンガポールドル：ＳＧＤ）を担保として預け入れます。具体的には、ＭＡＳにある自行の当座預金口座から「現金担保口座」に一定額のＳＧＤを移動させます。それを見合いに、ＭＡＳでは現金担保と同額の「デジタルＳＧＤ」（シンガポールドル建てのデジタル通貨）をその銀行に対して発行します（具体的には、分散型台帳上の口座に入金します）。デジタルＳＧＤを受け取った銀行では、分散型台帳環境の中で、そのデジタル通貨を使って他の銀行との間で自由に資金の決済を行います。中央銀行が100%の現金担保を保有していることにより、デジタルSGDによる決済には、信用リスクは一切ありません。そして、利用を終えた参加行は、デジタルSGDをMASに返却して、法定通貨に戻してもらいます（具体的には、参加銀行の分散型台帳口座からデジタルSGDが引き落とされ、同額がMASにおける同行の当座預金口座に入金されます）。

このように、法定通貨を裏付けとしてデジタル通貨が発行され、それを銀行間の決済に使い、使い終わったデジタル通貨を中銀に返却して、法定通貨に戻すという点で、このデジタルSGDの仕組みは、カナダ中銀のCADコインとほぼ同一であると言えるでしょう。

③カナダ中銀のジャスパー・プロジェクトとの違い

このように、MASの実証実験の枠組みは、基本的にはカナダ中銀と同様なものとなっていますが、以下の3点において違いがみられます。

第1に、現金担保口座が、カナダ中銀では、すべての参加行分を一括して管理する「オムニバス・アカウント」となっていたのに対し、MASでは、個別行ごとの口座で分別管理がなされていることです。

第2に、デジタルSGDの発行や返還を行うのは、カナダ中銀のように一日の初めと終わりに限定されず、日中にいつでも行うことができる点です。さらに、参加銀行では、営業日の終わりにデジタルSGDを中銀に返還することは必ずしも必要なく、オーバーナイトでデジタルSGDを保有することが可能となっています。なお、デジタルSGDの残高には、金利は付利されません（この点は、SGDの当座預金と同様です）。

第3に、デジタルSGDによる決済は、シンガポールの資金決済システム（「MEPS＋」と言います）の稼働時間内だけでなく、24時間いつでも行える点です。これは、参加銀行（およびその顧客）にとっては、決済の時間的な制約がなくなることを意味し、利便性の大きな向上につながります。このため、カナダ中銀の方式が「日次預託証書モデル」[10]（daily Depository Receipt Model［DRM］）と呼ばれるのに対し、MASの方式は「連続預託証書モデル」（continuous DRM）と呼ばれています。両者はコンセプトとしてはよく似た実証実験ですが、内容には修正が加えられており、MASの方式の方が、カナダ中銀に比べて高度化してきていることが分かります。

④第2フェーズではさらなる取組み

MASでは、デジタルSGDによる資金決済は、分散型台帳環境において、①証券決済における資金と証券との同時決済（DVP決済）[11]や、②外貨とシンガポールドルとの同時決済（PVP決済）[12]などを実現するうえで有用なものとみています。

次に行う実証実験の第2フェーズとして、MASでは、証券決済に関する「DVPプロジェクト」と国際送金に関する「PVPプロジェクト」に取り組むことを公表しています。このうち証券決済では、シンガポール取引所（SGX）との協力により、シンガポール国債とデジタル通貨との同時決済（DVP決済）に取り組むことにしています。

また、銀行がデジタルSGDを入手しやすくするため、銀行間でデジタルSGDを貸借する「デジタル通貨市場」（一種のマネー・マーケット）を創設することも検討しています。実証実験も、比較的単純なものから、徐々に高度な次のステージに進みつつあるようです。シンガポールは、現時点では、アジアの中で最も進んだ取組みをしていると言えるでしょう。

（4）世界初のデジタル通貨発行国を目指すスウェーデン

①eクローナの発行計画

皆さんは、世界最古の中央銀行がどこかご存知でしょうか？　英国のイングランド銀行を思い浮かべる方も多いかもしれませんが、実は１６６８年に設立されたスウェーデンのリクスバンクです（イングランド銀行は2番目で、設立は26年後の１６９４年です）。

さて、その世界最古の中央銀行であるスウェーデン中央銀行（リクスバンク）では、２０１６年11月に、中央銀行が発行するデジタル通貨「eクローナ」（e-krona）を発行する計画を発表しました。プロジェクトを立ち上げたうえで、２年以内にeクローナを発行するかどうかの意思決定を行い、「世界初のデジタル通貨の発行国となることを目指す」と公言しています。

スウェーデンでは、キャッシュレス化の進展により、現金の利用が極端に少なくなってきてい

10　「預託証書」とは、ある国の企業の株式を、海外でも流通させることを目的に、その株式を銀行や信託銀行に預託し、その代替として海外で発行される証券のことです。

11　ＤＶＰとは、Delivery versus Payment の略で、証券の引渡し（delivery）と代金の支払い（payment）を相互に条件付けておき、一方が行われない限り、他方も行われないようにする仕組みのことです。

12　ＰＶＰとは、「Payment versus Payment」の略です。通貨Ａと通貨Ｂの取引を行った場合に、２つの通貨の支払いを同時に履行する仕組みです。

ます。ちなみに、現金流通高の名目GDPに対する比率（2015年末）をみると、日本の19・4%、ユーロ圏の10・6%、米国の7・9%などに対して、スウェーデンではわずか1・7%となっています。人々が現金を使わなくなっているのに対応して、スウェーデンの民間銀行では、多くの支店で現金を扱わなくなっており、銀行のカウンターで現金を使った取引ができなくなっています（現金による預金さえ受け付けません）。また、ATMの設置台数も大幅に減ってきており、ATMが1台もない支店すらあります（銀行の支店では、いったいどんな業務をやっているのか不思議です）。

リクスバンクでは、今回のeクローナの発行計画を進める理由について、「国民の現金離れの状況に対して危機感を抱いており、中央銀行として何もしない訳にはいかないため」と説明しています。この「危機感」の中身については、詳しく語られてはいませんが、中央銀行に長くいた立場からすると、主に「通貨発行益」（シニョレッジ）の減少に対する危機意識ではないかと考えられます。

シニョレッジとは、通貨を発行したことによって中央銀行が得る利益のことです。この利益がどうして発生するのかは、中央銀行のバランスシートを考えると理解することができます。すなわち、発行された銀行券は中央銀行のバランスシートの負債サイドに計上されますが、負債（借金）といっても銀行券には金利は支払われません（無利子です）。また、同じく負債に計上され、銀行券よりさらにウェイトの大きい民間銀行から預かっている当座預金にも、多くの場合、利子は付きません。その一方で、資産サイドでほとんどの割合を占めている国債や貸付金には、利子が支払われます。このように、中央銀行のバランスシートは、無利子で調達した資金で、利子の付く資産を保有するという構造になっており、このため、毎年かなりの利益が出るビジネスモデルとなっているのです。つまり、中央銀行は、銀行券をたくさん発行してバランスシートを大きくすればするほど、利益が出る仕組みとなっているのです[13]。

しかし、銀行券の発行額が減ってくると、それに見合った形で保有する利子の付く資産（国債など）の規模も縮小するため、中央銀行の収入は先細りとなります。シニョレッジは、独占的な通貨発行権が認められた結果として発生するものですので、中央銀行が業務遂行に必要とする経費（人件費、システム経費など）を差し引いて、残りは全額、国庫に納付されます。しかし、中央銀行のバランスシートが縮小して、通貨発行益が極端に細ってくると、シニョレッジによって中央銀行の運営費用が十分に賄えないといった事態が想定されるのです。リクスバンクの言う「危機感」とは、このことではないでしょうか。

中央銀行が発行すれば、物理的な現金でも、デジタル通貨であっても、それに対する通貨発行益が得られるという点では同じです。そして、デジタル通貨の使い勝手がよければ、現金からの単純なシフトだけではなく、中央銀行の通貨発行量（現金＋デジタル通貨）は全体として増えるで

13　よく言われる、銀行券の額面と製造費との差額が通貨発行益になるという俗説は誤りです。たとえば、日本銀行は1万円札を20円で仕入れて1万円で発行しているため、9980円を儲けているという説明がなされることがありますが、これは完全な間違いです。

しょうから、その分、通貨発行益が増えることになるでしょう。デジタル通貨の発行を急ぐスウェーデン中央銀行の狙いは、ここにあるのではないかと筆者は考えています（最も現金の利用率が低い国の中央銀行が、最初にデジタル通貨を発行しようとしているのは、ある意味で筋が通っています）。

なお、リクスバンクでは、「eクローナは、現金を『補完』するものであって、完全に『代替』するものではない」としており、eクローナの発行後もクローナ銀行券の発行自体は継続していく意向です。

②気乗り薄のスウェーデン国民

しかし、この計画発表直後の2016年12月に行われたアンケート調査では、現金に加えてeクローナを持つことを望むのは、国民の10％未満にとどまるとの結果が出ました（ちなみに、ビットコインについては、3分の2の人が知っているが、実際に使ったことがあるのは2％のみという結果でした）。スウェーデンでは、クレジットカードやデビットカードがコーヒー代や電車の切符などの小口取引に至るまで幅広く使われるようになっているのに加えて、携帯電話番号を使ってスマートフォンによる個人間送金が簡単にできる「スウィシュ」（Swish）というサービスが普及していることなどから、すでにキャッシュレス化が相当程度進んでいます。このため、追加的に新しい電子的な決済手段を求める国民のニーズはさほど高くないようです。デジタル通貨の発行に向けて中央銀行がアグレッシブな前傾姿勢を示している一方で、国民は冷めたスタンスにあるという、すれ違いの状況に陥っています。

スウェーデンについては、まだ初歩的な実証実験にも着手しておらず、技術的な検討が必ずしも十分でないままに、「世界で最初のデジタル通貨発行国を目指す」というスローガンだけが独り歩きしてしまっている感があります。デジタル通貨導入に向けた決断が迫られる2018年末までに、どこまで検討を進めることができるのかが注目されます。それと同時に、それまでにどのようにしてデジタル通貨に対する国民の支持を得るかも大きな課題です。

(5) その他の中央銀行でも続々と実証実験の動き

以上、英国、カナダ、シンガポール、スウェーデンの取組みについてみてきましたが、これら以外の中央銀行でも、いろいろな動きがあります。以下では、上記以外の中央銀行の取組みについて、簡単にみておきましょう。

①「Fedコイン」が注目される米国

米国の中央銀行であるFed（連邦準備制度）では、特に実証研究などの具体的なアクションを起こしている訳ではありませんが、Fedがデジタル通貨を発行して「Fedコイン」(Fedcoin) と名付けてはどうかという構想が折に触れて話題になっています。Fedコインは、現金に代わる役割を果たすものとして、小口決済（リテール・ペイメント）で使われることが想定されています。Fedコインの価値は、米ドルと等しく、Fedがその生成と破棄をコントロールするものとされています。人々は、必要に応じて、現金や銀行預金をFedコインに変換できるものとされており、Fedコインは、流通現金と中銀の当座預金に次ぐ3番目の「マネタリーベース[14]」の構成要素となります。

Ｆｅｄコインは、①ビットコインと異なり価値が安定していること、②スマートフォンがあれば、安価で迅速な支払いを誰でもどこでも実行できること、などがメリットとされています。また、銀行券がＦｅｄコインに置き換えられていけば、Ｆｅｄにとっての現金供給コストが低下し、納税者にとってもプラスであるものとされています。前述したカナダ中銀のＣＡＤコインが銀行間の大口決済用であったのに対して、Ｆｅｄコインは、企業や個人間の小口決済用として想定されている点が大きな違いとなっています。

この構想は、もともとはあるブロガーの提案によるものでしたが、２０１５年にセントルイス連銀のデビッド・アンドルファット副総裁が、これを支持する見解を公表したことから、俄然、注目を集めることになりました。同副総裁は、「公的なデジタル通貨の発行により、企業も消費者も、ビットコインが持っていたような低コストで、世界の誰とでもリアルタイムに決済ができるというメリットを享受することができるし、中央銀行がデジタル通貨を発行することによるデメリットは特に見当たらない」として、Ｆｅｄコイン構想を高く評価しました。これは、Ｆｅｄとしてのオフィシャルな見解ではありませんが、少なくともＦｅｄがこの技術に興味を持っていることを示すものとして受け止められています。

②日本銀行でも実証研究を実施

日本銀行でも、２０１6年にブロックチェーンを使った「基礎実験」を行っています。これは、「銀行間資金決済システムの擬似環境」を用いて、分散型台帳の有効性や課題について評価することを目的にした実験でした。ブロックチェーンとしては、リナックスの「ハイパーレッジャー・ファブリック」を使い、ネットワークから切り離した端末上に仮想環境を設定して行われました。コンセンサス・アルゴリズムには、クローズド型ブロックチェーンでよく利用される「実用的ビザンチン・フォールト・トレランス」（PBFT）が用いられ、認証局が1つ、検証ノード（取引先の金融機関）は4～16という小規模な設定で行われました（ちなみに、日本銀行の取引先は500先以上です）。これにより、①参加行数や取引件数の増加による処理性能への影響、②少ない流動性で決済を進める「流動性節約機能」などをスマートコントラクトで実装できるか、などの確認が行われました。

この結果、検証ノード数（参加行数）が増加するに伴って、「レイテンシー」（決済指図が送られてから取引処理が行われるまでの時間）が拡大することが観察されました。また、こうした処理時間の増大（遅延）は、取引件数が増えるほど顕著にみられることが確認されました。こうした点は、多くの参加者や多数の取引量を伴う実際の運用を考えるうえでは、スムーズな取引処理に困難が生じる可能性を示唆しています。一方、流動性節約機能といった複雑な業務処理については、「スマートコントラクト」を使って実装できることが分かりました。

カナダ中銀やMASとは異なり、法定通貨とのリンクは実験の対象範囲に含まれていませんが、基本的に分散型台帳技術を銀行間の資金決済システムとして利用していこうという方向性は、これら2つの中央銀行と同じものと考えられます。ただし、端末1台による小規模な実験に止まっ

14　中央銀行が世の中に直接的に供給するお金のことです。

ていますので、今後は、より規模を拡大した本格的な実証実験が必要となってくるでしょう。

なお、日本銀行では、2016年からECB（欧州中央銀行）との間でブロックチェーンに関する共同調査である「ステラ・プロジェクト」を立ち上げ、2017年9月には第1段階の実証実験結果を発表しています。これによると、日銀とECBが運営する現行の決済システム（日銀ネットとTARGET2）とほぼ同等の決済処理を実現できたものとしています。

③「DNBコイン」を作ったオランダ中央銀行

オランダ中央銀行（DNB）では、2015~2016年にかけてビットコインのソフトウェアをもとに「DNBコイン」（DNBcoin）と呼ばれる実験用の仮想通貨を試作しています。オランダ中央銀行では、この仮想通貨をもとに、ビットコインを実装した仕組みが実際に機能するのかどうかを確認する数種類の実験を行っています。

④人民元のデジタル化を進める中国人民銀行

中国人民銀行では、「人民元」をデジタル通貨にした「チャイナコイン」（仮称）の初期段階の実験を行い、2016年12月までに完了したことを公表しています。実験は、中国工商銀行、中国銀行などの国有銀行も参加して行われました。また次の段階として、テスト用の取引データを使った実証実験に民間銀行と協力して取り組んでおり、「他の中央銀行より進んだ段階にあるのではないか[15]」との見方も出ています。このほか、中国人民銀行では、2017年6月には北京に「デジタル通貨研究所」を開設するなど、体制を整えています。

チャイナコインは、まず民間銀行に対して発行され、民間銀行が企業や個人に対して発行するという2段階のかたちをとるものとされています（詳細は第5章を参照）。

⑤3つの発券銀行との共同実験を進める香港金融管理局

香港の中央銀行である香港金融管理局（ＨＫＭＡ）でも、２０１７年3月に、中央銀行発行のデジタル通貨に関する実証研究を開始しています。これは、香港における3つの発券銀行（香港上海銀行［ＨＳＢＣ］、スタンダードチャータード銀行、中国銀行）と、香港の決済システムを運営しているＨＫＩＣＬ（香港インターバンク・クリアリング・リミテッド）、およびＲ３との共同で行っているもので、国内における銀行間決済や企業間決済、証券のＤＶＰ決済などへの利用可能性を探ることが目的とされています。これは実証実験の第1フェーズにあたり、２０１７年末までに完了させる予定とされています。

⑥ロシア中央銀行はイーサリアムをベースに

ロシア中央銀行では、ブロックチェーン技術「イーサリアム」をベースにした銀行間取引のプロトタイプを２０１６年中に開発し、テストしました。これは「マスターチェーン」（Master Chain）と名付けられており、パイロット・テストにはロシアの大手銀行が参加しています。

＊　＊　＊

ここまでみたように、これだけ多くの中央銀行がブロックチェーン（分散型台帳技術）の活用

15「China's Central Bank is Already Testing Its Own National Digital Currency」（CryptoCoinsNews, ２０１７年6月24日付）

に向けて、一斉に実証実験などに乗り出しているというのは、実に驚くべきことです。最新技術による通貨発行が中央銀行のＤＮＡだとは言え、一般に中銀の組織風土はきわめて保守的であり、新しい技術の採用についてもこれまでは慎重なことが多かっただけに、多くの中銀が競うように積極的な取組みを行っていることは、ブロックチェーンがいかに革命的で、実用性と信頼性の高い技術であるかを物語っていると言えましょう。

こうした多くの中央銀行の取組みの中から、どこが頭一つ抜け出してくるのか、あるいはどの中央銀行が一番先に実用化にまで漕ぎ着けるのか、またその場合にどのようなスキームとなるのかなど、世界的な通貨のトレンドにも大きな影響を及ぼすことが予想されるだけに、興味は尽きないところです。

第5章

中央銀行がデジタル通貨を発行する日

前章で述べたように、多くの中央銀行では、自らのデジタル通貨の発行の可能性を試すべく、ブロックチェーン（分散型台帳技術）を使った実証実験を行うなど積極的に取り組んでいます。初の仮想通貨であるビットコインは、もともとは、どの国の当局（政府や中央銀行）からも管理されない通貨を作りたいという「自由至上主義者」（リバタリアン）のイデオロギーに基づいて開発されたものでした。そのまさに回避しようとしていた中央銀行がビットコイン用に開発された技術を使ってデジタル通貨を発行しようとしていることは、なかなか皮肉な成り行きのようにも思われます。

本章では、仮に中央銀行がデジタル通貨を発行する場合には、それはどのようなものになりうるのか、またどのようなパターンがありうるのかについて、前章で述べた中央銀行の実証実験も踏まえて、考察してみたいと思います。

1．2種類の中央銀行マネー

この点を議論するための出発点として、まず、現状における中央銀行による通貨供給の役割について考えてみることにしましょう。中央銀行では、その任務を遂行するために、自らの「負債」をマネー（通貨）として市中に提供しています。このため、中央銀行は「自らのバランスシートを使う」ことによって、通貨の発行や金融政策を行っているとも言われています。

こうした中央銀行の負債としてのマネーのことを「中央銀行マネー」（セントラルバンク・マネー）と呼びます。これに対して、民間銀行の預金（つまり負債）のことは、「商業銀行マネー」（コマーシャルバンク・マネー）と呼ばれます。中央銀行マネーと商業銀行マネーは、各国で共存しており、相互に補完しあう形でそれぞれの役割を果たしています。しかし、中央銀行マネーは、破たんの危険がなく、安全性が高いという性格があり、また、その受渡しによって決済が最終的に完了するという「ファイナリティ」（決済完了性）を有しているという特徴があります。こうした特徴から、中央銀行マネーは、決済の仕組みにおいて中心的な役割を果たしており、特にリスクが高い大口の資金決済については、中央銀行マネーを利用することが推奨されています。

さて、こうした中央銀行マネーの形態としては、「銀行券」（現金）と「中央銀行の当座預金」という2種類があります。このうち銀行券は、企業や個人などが幅広く保有して使うことができ、主として対面型の小口決済（リテール・ペイメント）に用いられます。これに対して、中央銀行の当座預金は、原則として金融機関のみが口座の保有を許されており、銀行間の資金決済などの大口決済（ホールセール・ペイメント）に用いられます。

したがって、中央銀行によるデジタル通貨の発行を考える場合には、この2つが検討の対象となります。すなわち、銀行券と中央銀行当座預金のどちらか（またはその両方）の機能を、ブロックチェーン（分散型台帳技術）を使ってデジタル化して提供することを検討することになります。ここではまず、この2種類の中央銀行マネーの性格について見てみることとしましょう。

（1）分散系の「銀行券」

銀行券は、紙という物理的媒体のうえにすべての情報を載せ、偽造防止の技術でプロテクトしたうえで、その物理的移転により流通させるという仕組みです。したがって、個人や企業がそれぞれ必要に応じて、銀行券の受払いを個別に行っており、個人や企業の銀行券の保有残高を中央銀行が一元的に管理することはありません。つまり、銀行券は完全な「分散型のシステム」となっているのです。

一方、分散型台帳技術は、「分散型」の帳簿により参加者の取引や残高の管理を可能とする仕組みであり、その名前のとおり「分散型のシステム」です。このため、分散型台帳技術を使って銀行券をデジタル通貨にすることは、「物理的な分散型システム」を「デジタルの分散型システム」に移行させるということであり、親和性が高いようにもみられます。

（2）中央集権型の「中央銀行当座預金」

もう一つの中央銀行マネーである「中央銀行の当座預金」（以下では「中銀当預」と言います）とは、民間の銀行が中央銀行に預けている預金です。この当座預金は、銀行が他の銀行との間で大口の資金決済を行う際の「決済資産」（セトルメント・アセット）として用いられます。

中銀当預では、中央銀行が各行の保有している資金の残高を電子的な帳簿によりシステムで管理していますので、すでに「電子的な中央銀行マネー」となっています。また、中央銀行がすべての参加行の口座残高を集中的に管理しているため、「中央集権型の中央銀行マネー」となっています。

各国には、Ｆｅｄｗｉｒｅ（米国）、ＴＡＲＧＥＴ２（ユーロ圏）、ＣＨＡＰＳ（英国）、日銀ネット（日本）など、中央銀行が運営する「資金決済システム」があり、これらのシステムによって、中銀当預を使って銀行同士の決済が行われています。たとえばわが国についてみると、「日銀ネット」では、各行の当座預金の間で資金が振り替えられることによって、銀行間でファイナリティのある決済が行われています。また、個人や企業の間での決済が行われる「全銀システム」では、参加行間の受払いの差額（ネット・ポジション）が算出され、一日の終わりになるとそれが日本銀行に通知されて、各銀行の当座預金間の資金の受払いによって、最終的な決済が行われています。

決済資産としての中銀当預は、このように資金決済において重要な役割を果たしていますが、それだけではありません。株式や債券などの決済を行う「証券決済」における資金決済においても、重要な意味を持ちます。証券決済は、証券の受渡し（証券レグ）と資金の受渡し（資金レグ）の2つによって成り立っています。このうち、証券の受渡しは「証券決済機関」において行われる一方、資金の受渡しは、中央銀行において中銀当預の受払いによって行われるのが一般的です。わが国においても、株式や社債については、証券レグが証券保管振替機構（ほふり）で決済される一方で、資金レグは日本銀行の当座預金において決済されています。

前述のとおり、中銀当預は、「決済機関」である中央銀行が、コンピュータで中央型帳簿を管理して、各行の残高を記録することによって運営されており、典型的な「中央集権型のシステム」です。ブロックチェーンによる分散型のシステムとは、まったく対極に位置するものと言えるでしょう。現行の資金決済システム（中央集権型のシステム）は、大量の決済をリアルタイムで処理することができ、すでにかなり効率的なシステムになっています。ただし、これを分散型のシステムに変えることによって、システム・コストの削減や取引コストの低下が実現するのであれば、中央銀行の当座預金を分散型台帳に移行することはメリットがあることになります。

＊　＊　＊

こうした2つの中央銀行マネーの性格を踏まえたうえで、以下では、中央銀行によるデジタル通貨発行のいくつかのパターンについて考えてみたいと思います。現状の技術で、中央銀行がいわば「デジタル中銀マネー」を発行したらどうなるかというバーチャル体験だと思って、読み進めてください。

図表5−1　銀行券と現金型デジタル通貨の流通経路

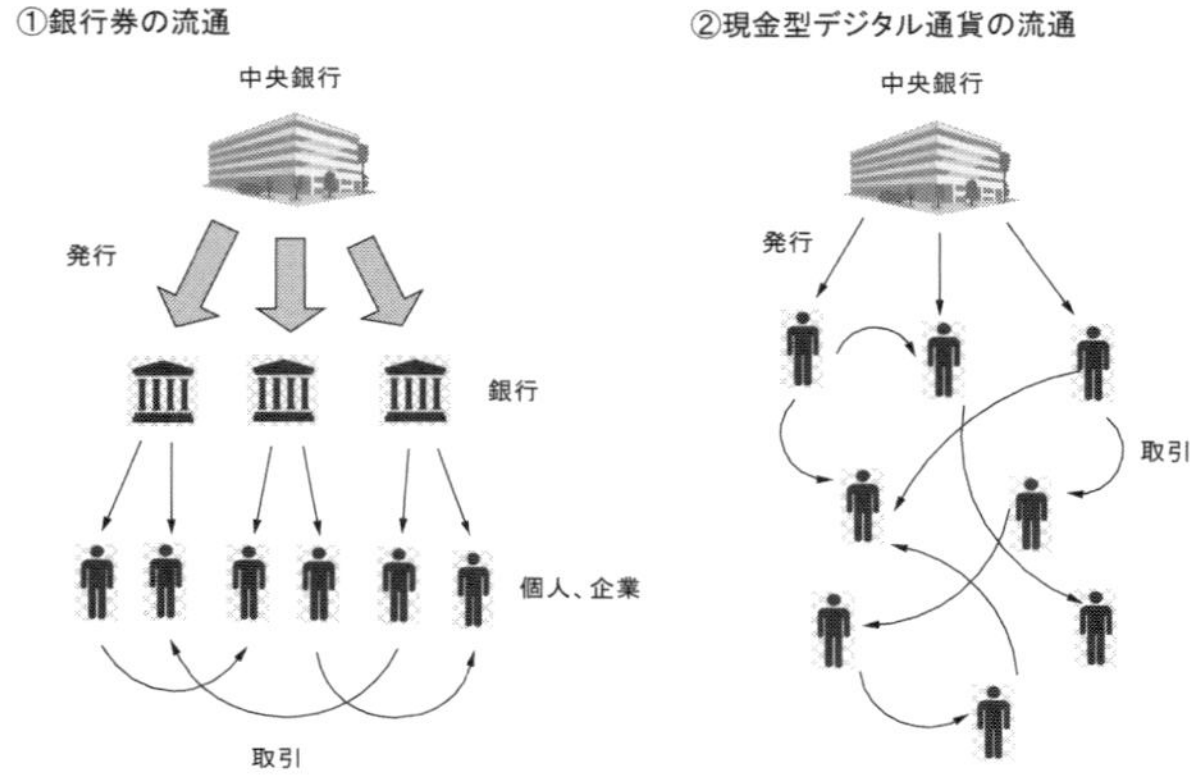

出所：筆者作成

2. 銀行券を電子化する「現金型デジタル通貨」

まず1つ目は、中央銀行が、銀行券を電子化したかたちでデジタル通貨を発行するというアイデアです。ここでは、これを「現金型デジタル通貨」と名付けることとします。銀行券は、個人や企業によって幅広く使われているものですので、これが一番イメージしやすく、また実現した場合には、社会的なインパクトが最も強いものとみられます。

(1) 中央銀行が国民に直接発行する「現金型デジタル通貨」

「現金型デジタル通貨」では、ブロックチェーン（分散型台帳技術）を使ったデジタル通貨を、中央銀行が国民に対して直接発行し、国民はネットワークを通じて、お互いにこのデジタル通貨をやり

図表5−2　仮想通貨と現金型デジタル通貨との比較

	現金型デジタル通貨	仮想通貨（ビットコインのケース）
発行主体	中央銀行	なし
システムの運営主体	中央銀行	なし
通貨単位	国内の通貨単位（円、ドルなど）	独自の通貨単位（BTC）
強制通用力	あり	なし
ブロックチェーンのタイプ	パブリック型	パブリック型
取引の承認者	要検討	誰でも
マイニングに対するリワード	要検討	あり
取引の確定時間	要検討	10分

出所：筆者作成

とりして支払いを行うことになります（図表5−1の②）。いわば、中央銀行が「公的な仮想通貨を発行する」ことになり、またそれは中央銀行が発行主体として「公的なブロックチェーンのシステム」を運営することでもあります。ユーザーは、パソコンやスマートフォンを使って、お互いにデジタル通貨をやり取りします。その際、通貨単位は、円、ドルなどの法定通貨の単位となり、現金と等価で交換されます。

中央銀行が発行するデジタル通貨をビットコインなどの仮想通貨と比較すると、以下のような点が異なっているものと言えます（図表5−2）。

①**中央銀行が発行主体となること**（仮想通貨には発行主体がありません）。

②**全体のシステムの運営についても中央銀行が行うこと**（仮想通貨には中央の運営主体がありません）。

③**通貨単位が国内の通貨単位**（円、ドルなど）**となること**（仮想通貨では、BTCなどの独自の通貨単

位があります）。

④銀行券と同様の位置付けで発行されるため、銀行券と同じ「強制通用力」を持つこと（仮想通貨には強制通用力はありません）。

イメージとしては、ビットコインのような仮想通貨を、中央銀行が発行主体となって発行することになります。これは、中央銀行の負債として発行され、中央銀行が利用者ごとの帳簿を管理することになりますので、あたかも国民一人一人が、中央銀行に口座を持つようになるようなものと言えるでしょう。そして、こうした中央銀行デジタル通貨は、国民誰もが使えるようにする必要がありますので、誰でもアクセスが可能な「オープン型のブロックチェーン」による通貨とする必要があります。

一方、現金型デジタル通貨で、どこまで「匿名性」を認めるかは悩ましい問題です。現金と同等な機能を実現しようとすると、高い匿名性が必要になります。しかし、高い匿名性は、ビットコインが違法サイト「シルクロード」で利用されたように、デジタル通貨が違法薬物の売買や脱税などの不正な取引に使われる可能性を高めることになり、社会的にみると好ましいこととは言えません。また、マネーロンダリングやテロ資金対策などの面からも、匿名性には一定の制限が必要となるでしょう。

こうした不正な支払いを抑制するためには、①電子マネーのように、現金型デジタル通貨のウォレット内の残高を制限する、[1]②一日の利用可能額に上限を設ける、といった方法が考えられます。しかし、こうした上限額の設定によって、利用を実質的に小口取引に限定してしまうと、その分、デジタル通貨の使い勝手が悪くなってしまうというデメリットが生じます。そもそも、銀行券には、こうした利用制限はありません。

なお、現金型デジタル通貨の導入を検討している中央銀行でも、従来型の「物理的な現金」（フィジカル・キャッシュ）を廃止する予定の先は見当たりません。したがって、現金型デジタル通貨が実現した場合には、物理的な現金とデジタル通貨が社会のなかで共存していくかたちになります。

（2）現金型デジタル通貨には検討課題が多い

現金型デジタル通貨を実現させることを考えた場合には、以下のようないくつかのデメリットや検討課題があることが分かります。

①オープン型ブロックチェーンとしての限界

一つは、オープン型のブロックチェーンを採用することによる問題点や課題です。オープン型のブロックチェーンでは、取引データを改ざんして不正な取引を行おうとする「悪意の参加者」が入ってくる可能性があります（第3章参照）。このため、こうした悪意の参加者がいても、正しい取引データのみが次のブロックに記録されていくようにするために、取引を承認していくコン

1　プリペイド型の電子マネーにチャージできる金額は、交通系（Ｓｕｉｃａ、ＰＡＳＭＯなど）では2万円、それ以外（楽天Ｅｄｙ、ｎａｎａｃｏなど）では5万円などとなっています。

センサス・アルゴリズムとしてかなり厳格な仕組みが必要となります。つまり、「プルーフ・オブ・ワーク」のように複雑な計算を行うことが必要になるのです。

この点は、以下のような面で、困難をもたらすものと考えられます。

第1に、誰がマイニング（取引の承認）を行うのかという点です。ビットコインでは、参加者は誰でもマイニングに参加できることになっていますが、中央銀行デジタル通貨についても、同様に誰でも取引の承認ができるようにしてよいのかという問題があります。この点は、中央銀行デジタル通貨に対する信任にも関連してくることになります。

第2に、マイニングに対するリワード（報酬）も問題となります。ビットコインでは、リワードを求めて大規模なマイニング・ファームが現れて、寡占状態とも言えるかたちで取引の承認作業を行っています。しかし、中央銀行デジタル通貨については、マイニングの都度、中央銀行がマイナーにリワードを支払うといったことは難しいものとみられます。一方で、リワードが得られないことになると、誰がコストをかけてマイニングを行うのでしょうか？

第3に、厳格な取引承認の方法をとった場合には、取引が確定するまでに時間がかかってしまうという問題があります。ビットコインの場合にはこの時間は10分となっていますが、同じような仕組みをとったものとすると、コンビニや小売店においてデジタル通貨で支払いを行ったあとで、取引が確定されるまでレジのところで10分の間じっと待っていなければなりません。これでは、とても実用には適さないでしょう。

このように考えると、現状の技術を前提にした場合、現金型デジタル通貨を国民の誰もが使えるようにするためには、オープン型にする必要がある一方で、オープン型を採用すると困難な点が多く発生してしまうというジレンマに陥ってしまいます。ただし、こうした点については、将来的には、技術的なブレイク・スルーが生み出される可能性も考えられます。

②銀行の中抜きの発生

もう一つの問題が、中央銀行がデジタル通貨を国民に直接発行して、決済を行わせることにすると、「銀行の中抜き」が発生してしまうことです。銀行券（現金）については、中央銀行が民間銀行にまとめて発行し、個人や企業は銀行のＡＴＭなどから現金を引き出すというかたちで、民間銀行が、中央銀行と企業や個人との間の仲介者（ミドルマン）としての役割を果たしています（図表５－１の①：198頁）。また、銀行口座を使って決済を行うために、企業や個人が民間銀行に決済用の預金（普通預金、当座預金など）を持ち、それを使って口座振替、口座引落しなどを行うのが一般的となっています。

ところが、中央銀行から直接発行を受けたデジタル通貨を使って、個人や企業が誰とでも直接に決済できるようになったとすればどうでしょうか（図表５－１の②：198頁）。この直接発行型のデジタル通貨が広く普及した世界を考えると、人々は銀行のＡＴＭに銀行券を引き出しにいく必要はありませんし、また、そもそも銀行に送金や引落しのための決済性の預金を持つ必要さえなくなってしまいます。つまり、銀行の主要業務の一つである「為替業務」が不要となり、決済業務において銀行の中抜き現象が発生してしまうのです。

もう一つの深刻な問題が、銀行の貸出業務への影響です。銀行預金からデジタル通貨へ大量のシフトが発生して、銀行預金が大幅に減少したとすると、銀行には貸出のための原資が少なくなり、貸出を行うことが困難になります。それにより、これまで銀行が担ってきた預金・貸出のメカニズム（金融仲介機能）に深刻な影響が出ることになります。銀行の貸出能力が低下すれば、銀行からの借入に依存していた中小企業や個人には大きな打撃となるでしょうし、そもそも経済活動の潤滑油がなくなって経済がうまく回らなくなってしまいます。中央銀行がデジタル通貨を発行することによって、こうしたかたちで民間銀行の役割を奪ってよいのかということは、当然、大きな問題となるでしょう。

③中央銀行口座の開設範囲をどこまで認めるか

中央銀行がデジタル通貨を国民に対して直接発行するということは、前述のように、あたかも国民一人一人が、中央銀行に口座を持つようなものとなります。このことは、中央銀行の口座へのアクセスをどの範囲まで認めるのかという問題を引き起こします。現状でも、どのような主体に中央銀行の口座の保有を認めるかは、中央銀行によって多少違いがあり、預金を取り扱う金融機関に限定している先（米国など）や、銀行以外の金融機関（証券、生損保など）にも幅広く認めている先（日本など）などがあります。しかしいずれの場合でも、原則として広義の金融機関に限られており、企業や個人にまで幅広く口座の開設を認めている中央銀行はみられません。

今後、現金型デジタル通貨の発行を考えた場合には、この中銀口座の開設範囲の問題をクリアする必要があります。この点の解決法としては、金融機関に認めている当座預金口座とは別の種類の、特別な「デジタル通貨口座」（デジタル・カレンシー・アカウント）を新しく創設するという手段も考えられます。ただし、その場合にも、口座管理に関する膨大な業務（現在、民間銀行が顧客に提供しているカスタマー・サービス）を中央銀行が行うのかといった問題は残ります。そうした業務は、中央銀行にとってはあまり得意分野ではありませんし、中央銀行員のマンパワーの限界を考えると、どうも現実的ではないような気がします。

＊　＊　＊

このように考えると、中央銀行が国民に直接デジタル通貨を発行するという形態は、現在の銀行券（現金）に類似のかたちであり、最もイメージしやすいものですが、現実には検討すべき課題が多く、現状の技術を前提にすると、なかなか実現は難しいのではないかというのが現時点での結論となります。こうした現金型デジタル通貨の構想としては、Ｆｅｄコイン（米国）やｅクローナ（スウェーデン）がありますが、いずれもまだ構想段階のものです。各国中央銀行による実証実験でも、このかたちを実際に試みた先はまだみられていません。それだけ各国中銀でも、この形態についてはハードルが高いとみていることの証左でしょう。

3．銀行経由で発行する「ハイブリッド型デジタル通貨」

中央銀行が国民に直接発行する「現金型デジタル通貨」では、前述のように銀行の中抜き問題が発生する可能性がありますが、こうした問題の発生を回避するために、デジタル通貨をまず中央銀行が民間銀行に発行し、それを民間銀行が企業や個人に対して発行するといった2段階に分けた仕組みのモデルも登場してきています。

その典型的なものが「ＲＳコイン」です。これは、ロンドン大学の２人の研究者が２０１６年２月に発表した論文で示されたモデルですが、中央銀行であるイングランド銀行（ＢＯＥ）のスタッフとの議論に基づいて作成されたものとされています。論文の筆者は、金融の仕組みにはあまり詳しくないとみられる暗号の研究者です。このため、デジタル通貨の流通経路に民間銀行を入れ、中央銀行が全体をコントロールするという枠組みのアイデアを提供したのは、ＢＯＥの関係者であるとみるのが妥当でしょう。つまり、ＢＯＥの考えるデジタル通貨の仕組みを暗号技術によって実現するとこういうかたちになる、というのがＲＳコインなのです。

（１）２段階の仕組みで流通する「ＲＳコイン」

ＲＳコインのモデルにおいては、登場人物は、①中央銀行、②銀行、③ユーザーの３つの階層に分かれています。このうち、中央銀行だけが「信頼される機関」であり、銀行とユーザーは、不正行為をする可能性があるものとされています。「銀行」は、論文の中では「ミンテッツ」[2]と呼ばれており、中央銀行の許可を受けた先のみが銀行（ミンテッツ）としての機能を果たすことができます（つまり、クローズド型の仕組みになっています）。また「ユーザー」とは、ＲＳコインを使って受払いを行う個人や企業のことを指します。

このモデルでは、ブロックチェーンが２段階に分かれた「２階層アプローチ」を採用しているのが特徴です。すなわち、銀行は、分散環境によりユーザーの取引を記録する「下位レベルのブ

図表5－3　RSコインの仕組み（イメージ）

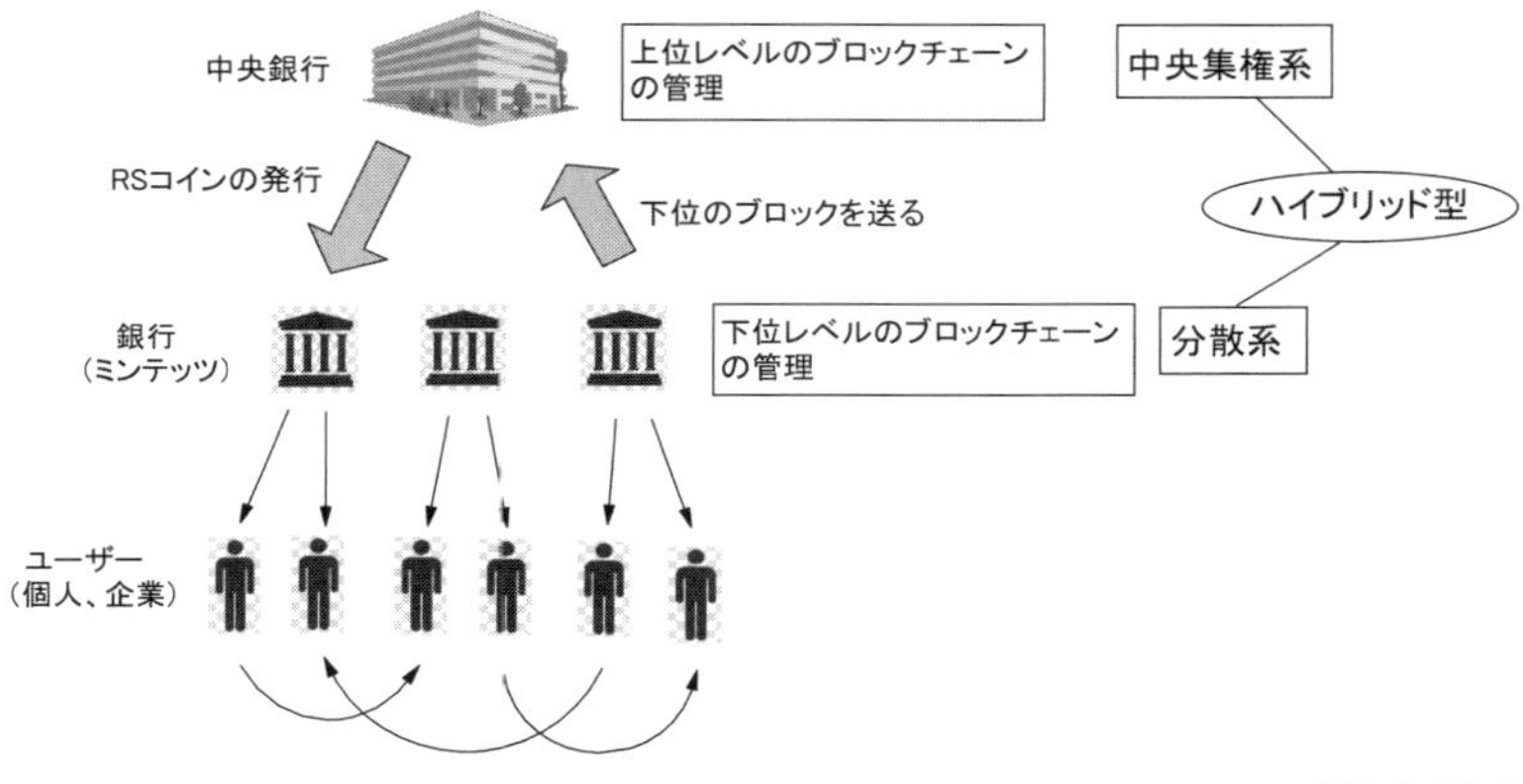

出所：筆者作成

ロックチェーン」を共同で管理する一方、中央銀行は、銀行から下位レベルのブロックを受け取って、それを「上位レベルのブロックチェーン」に入れることにより、全体を管理することになっています（図表5－3）。

こうした2段階の仕組みにより、中央銀行がＲＳコインを発行（通貨発行）する一方で、銀行（ミンテッツ）が取引用帳簿（トランザクション・レッジャー）を管理するというかたちで、両者の役割を明確に分けています。またこれにより、中央銀行では、通貨発行を集中的に管理できる一方で、個人や企業による膨大な取引の管理や顧客対応を直接的に行わなくてよい仕組みとなっています。

送金人は、取引銀行からＲＳコインの「未使用証

2　論文の中で、こうした耳慣れない言葉を使い、あえて「銀行」と呼んでいないのは、ノンバンクの決済業者が含まれることをイメージしているためと思われます。ここでは、分かりやすくするために、銀行としておきます。

明書」を受け取って、ＲＳコインによる支払いを行います。ユーザー間の取引は、銀行と銀行との合意によって承認され、下位のブロックチェーンに入れられます。銀行では、一定時間ごとに下位レベルのブロックを中央銀行に送り、中央銀行ではそれをもとに上位レベルのブロックを形成します（こちらがメインのブロックチェーンになります）。

このモデルでは、中央銀行だけがＲＳコインを発行できる発行主体となっており、下位レベルでは「分散型」の取引処理を行いつつも、システム全体としては、中央銀行による「中央集権型」の仕組みをとっています。このため、分散型台帳技術のメリットと通貨の中央コントロールを組み合わせたという意味で、分散型と中央集権型が合体した「ハイブリッド型のデジタル通貨」と呼ばれています。

（2）ＲＳコインにはいくつかのメリットがある

ＲＳコインには、以下のようにいくつかのメリットがあります。

①デジタル通貨の発行手続き

一つは、デジタル通貨の発行手続きに関するものです。デジタル通貨をどうやって発行するのかを考えてみましょう。人々が現金を入手する場合には、通常、ＡＴＭや銀行窓口で、自分の銀行預金を引き落とすかたちで現金を引き出します。デジタル通貨についても同じように入手するものと考えると、利用者は、取引銀行とのやり取りによって、自分の預金口座から一定額を引き落とし、その額をデジタル通貨のウォレットに入金するかたちになります。

その場合、デジタル通貨対応のＡＴＭといったものができて、ＡＴＭを操作すると口座番号や金額に応じたＱＲコードが表示され、それをスマートフォンで読み取ると、デジタル通貨が入金されるといったことになるかもしれません。また、スマートフォンで銀行のアプリを使い、銀行口座からの引き落としとデジタル通貨の受取りの手続きを同時に行うことができるようになるかもしれません。

こうしたデジタル通貨の発行手続きは、すべての国民が利用者となるため、国全体では膨大な件数にのぼるものとみられます。これらをすべて、中央銀行が直接行うというのはどうみても現実的ではありません。やはり、中央銀行は、銀行への「卸売り《おろし》」に徹し、顧客への「小売り」は銀行に任せるという、従来型の役割分担が適切なのではないでしょうか。こうした面からも、ＲＳコインの「２階層アプローチ」には現実的なメリットがあるものと言えるでしょう。

②取引件数の上限問題の解決

ＲＳコインのもう一つのメリットとして、オープン型の仮想通貨（ビットコインなど）が抱えていた取引件数の上限問題を解決できることが挙げられます。ビットコインでは、１秒間に７件の取引が上限とされていましたが、ＲＳコインでは、実証実験において１秒間に２０００件の取引を達成しており、また必要な取引件数に応じて、さらに取引量を増やすことが可能であるものとされています。

こうした高いスループット（処理能力）を可能にしているのは、①参加する銀行を限定したクローズド型にしていること、②ネットワーク全体への取引通知（ブロードキャスト）を行わないこと、③コンセンサス・アルゴリズムに、負荷の軽い「2相コミット」[3]（ツー・フェイズ・コミット）という方式を採用していること、などの工夫によるものです。

③中央銀行のガバナンス確保と負担軽減

さらに、中央銀行の立場からすると、①通貨の発行を中央でコントロールできる仕組みであること、②システム全体のガバナンスも中央銀行が行うことができること、③中央銀行が膨大な取引を直接取り扱う必要がないこと、などが大きなメリットになるものとみられます。

＊＊＊

ロンドン大学の論文では、「このフレームワークを使えば、どの中央銀行でも独自にデジタル通貨を発行することが可能である」として、実用化に向けて楽観的なトーンとなっています。ロンドン大学の研究者とBOEでは、引き続き協力して、さらにこの研究を進めていく予定です。まだかなり技術的な色彩が強い論文となっていますが、「メインチェーン」を中央銀行が管理する一方、顧客との関係を維持する「分散系のサブチェーン」は民間銀行が管理するという2段階のアプローチは、①現在の取引の姿にも近く、銀行の中抜き問題が発生しないこと、②中央銀行が膨大な取引の管理や顧客との直接の関係維持を行う必要がないこと、といった点で「筋がよい」ものとみられ、注目に値するものと考えられます。このRSコイン方式がそのまま実現するかどうかはまだ不透明ですが、少なくとも、中銀が直接発行する現金型デジタル通貨に比べると、こうした2段階方式の方が、現実性が高いアプローチであるということは言えるでしょう。

（3）やはり2段階を目指す中国人民銀行の「チャイナコイン」構想

前章でも述べたように、中国人民銀行では、人民元のデジタル通貨（仮称は「チャイナコイン」）を発行する構想があることを公表していますが、このデジタル通貨でもRSコインと同様に、2階層によるハイブリッド型のデジタル通貨を目指していることが明らかになっています。

すなわち、このデジタル通貨では、①まず、中央銀行が民間銀行に対してデジタル通貨を発行し、②それを受けて、民間銀行が一般の顧客（企業や個人）に対して、デジタル通貨の預け入れや払い出しに関するサービスを提供する、という「間接型」のアプローチをとることとされています。詳細は明らかになっていませんが、コンセプトとしては、RSコインとほぼ同じと言ってよいでしょう。

なお余談ながら、デジタル通貨に「追跡可能性」（誰から誰に渡ったかを後で調べられる）をつけることにより、汚職を減らすことを目指としている点が、いかにも中国らしい特徴です。

3　分散システム内のノードを「調整者」と「参加者」に分けて、参加者からの合意の応答を調整者が取りまとめて、取引を完了させる手法のことです。

4. 当座預金の機能を目指す「決済コイン型デジタル通貨」

ここまで述べてきた「現金型デジタル通貨」や「ハイブリッド型デジタル通貨」（RSコイン）は、ブロックチェーンを使って「銀行券の機能」を実現しようとするものです。これに対して、ここからみる「決済コイン型デジタル通貨」は、「中央銀行の当座預金の機能」を分散型台帳技術によって実現しようとするものです。

(1) 決済コイン型が多い各国中銀の実証実験

前章で述べた各国中央銀行の行っている実証実験をみると、カナダ中銀のCADコイン、日本銀行の基礎実験、シンガポール（MAS）のデジタルSGD、香港（HKMA）の実証実験などは、いずれも中央銀行の発行するデジタル通貨を、主として銀行間の資金決済に利用しようとするものです。つまり、これらの実験では、これまで中央銀行の当座預金が果たしてきた機能を、分散型台帳の技術を使って実現しようとしているのです。

このうち、カナダ中銀（CADコイン）とMAS（デジタルSGD）の実証実験では、いずれも法定通貨を中央銀行に預入することによって、同額のコインが発行される仕組みとなっており、法定通貨による100パーセントの裏付けを得てデジタル通貨が発行されるかたちとなっています。中央銀行は、これまで中央集権型の資金決済システムを運営して、銀行間の決済サービスを提供してきましたが、これをデジタル通貨の発行により、分散型台帳に置き換えようとするものです。

こうした「決済コイン型デジタル通貨」では、ネットワーク参加者を中央銀行が選定することになるため、信頼できる金融機関のみが参加できる「クローズド型」のブロックチェーンになります。したがって、取引を承認するためのコンセンサス・アルゴリズムについても、比較的負荷の軽い仕組みを用いることができ、迅速な取引処理と高いスループット（処理能力）を実現できます。これは、短時間に大量の取引が想定される銀行間決済への応用を考えた場合には、重要な要素となります。

（2）民間でも進む決済コイン構想

実は、民間銀行にも同様な構想があります。UBS、BNYメロン、ドイツ銀行、サンタンデールの4行などでは、2016年8月に、共同で分散型台帳に基づく仮想通貨の開発計画を明らかにしています。これは、「ユーティリティ決済コイン」（USC：ユーティリティ・セトルメント・コイン）と呼ばれており、現金を民間銀行に預託することにより、その民間銀行が資産の裏付けのあるかたちでUSCを発行します。

プロジェクトの参加行では、USCを金融市場での取引に関する銀行間の決済に使うことを目標としています。つまり、これまで中央銀行の当座預金の振替によって行われてきた銀行間の決済を、USCのやり取りによって行うことを目指すものです。カナダ中銀やMASの実証実験と比べた場合には、発行主体が中央銀行か民間銀行かの違いはありますが、いずれも銀行間の資金決済をデジタル通貨によって行おうとしている点では共通しています。

このプロジェクトでは、当初、ドルとユーロを対象に実証実験を行ってきましたが、2017年9月から対象通貨を日本円とカナダドルに広げるのを機に、バークレイズ、クレディスイス、HSBC、三菱東京UFJ銀行など6行が追加で参加し、日米欧連合となりました。USCは、2020年ごろの本格的な運用開始を目指しています。

(3) 証券決済に必要となる決済コイン

前述のように、金融におけるブロックチェーンの有力な応用分野の一つとして、証券決済があります。実際に証券決済への応用が実現し、仮に、証券（株式や債券）の受渡しが分散型台帳によって行われるようになったとしましょう。この場合、証券の受渡しと資金の支払いが別々に行われると、「証券を渡したのに資金がもらえない」という「取りはぐれのリスク」が発生してしまいます。このリスクを削減するためには、資金と証券との同時決済を行う「DVP決済」を確保することが必要となります（詳細は第7章）。そしてそのためには、「証券レグ」（証券の引渡し）と「資金レグ」（資金の受渡し）の両方を、分散型台帳の環境下で行うことが必要となります。つまり、リスク削減のために必要なDVP決済を分散型台帳の環境下で実現するためには、資金決済のための「決済コイン」（デジタル通貨）が不可欠な存在となるのです。

では、こうした決済コインは、USCのような民間コインでもよいのでしょうか。決済のグロ

図表5—4　中央銀行デジタル通貨の類型

類型	概要	代替する中央銀行マネーの機能	構想、実証実験など
現金型デジタル通貨	中央銀行が国民に直接発行	銀行券	Fed コイン（構想） e クローナ（構想）
ハイブリッド型デジタル通貨	中央銀行が銀行を通じて国民に発行		RS コイン 中国人民銀行のチャイナコイン
決済コイン型デジタル通貨	銀行間の資金決済をデジタル通貨で行う	中央銀行の当座預金	カナダ中銀の CAD コイン、日本銀行の基礎実験、MAS の実証実験、HKMA の実証実験、ロシア中銀の実証実験

出所：筆者作成

ーバル・スタンダードとなっている「金融市場インフラのための原則」（BIS［2012］）では、証券決済については「中央銀行マネーで資金決済を行うべきである」とされています。これは、民間銀行には破たんのリスクがあるため、「商業銀行マネー」（民間銀行の預金）で決済を行った場合には、ファイナリティが確保できないためです。

つまり、資金レグを証券レグと一緒に同じ分散型台帳環境で行うためには、USCのような民間のデジタル通貨ではなく、中央銀行マネー（中央銀行発行のデジタル通貨）を使って資金決済を行うことが必要となります。実はここに、各国の中央銀行が決済コインの分野で積極的な実証実験を行っている狙いがあるのです。

カナダ中央銀行によるCADコインのプロジェクト報告書（カナダ中銀［2017］）でも、「分散型台帳による資金決済システムは、単独で構築してもあまり意味がない」と断定したうえで、「一方、同じ分散型台帳環境の下で、他の資産（株式、債券、デリバティブ、シンジケート・ローンなど）とともに資金決済が行われるようになった場合には、そのメリットはかなり大きなものとなるであろう」と結論づけています。

決済コイン型デジタル通貨は、クローズド型であるため、前述したオープン型のような難しさはなく、技術的な実現可能性は比較的高いものとみられます。また、実際に各国中央銀行の実証研究で最も多く取り上げられているのは、この分野になります（図表5－4）。こうした点から考えると、中央銀行デジタル通貨の3つの類型のうち、最も早く実現するのは、実はこの形態かもしれません。ただし、上述のように、決済コインだけが単独で実現してもあまり意味はありませんので、中央銀行だけが先行するということではなく、他の資産（証券など）の分散型台帳化（ブロックチェーンの利用）と歩調を合わせて、決済コインの導入が進められていく可能性が強いものとみられます。

5．デジタル通貨は新たな政策ツールとなるか？

中央銀行によってデジタル通貨が発行され、それが銀行券に代わって広く普及した場合には、デジタル通貨を新たな政策ツールとして使うことができるのではないかといったアイデアも浮上してきています。デジタル通貨を政策ツールに使うというのは、どういうことでしょうか？

一般に、景気が悪くなったり、経済がデフレに陥ったりした場合には、中央銀行は「金融緩和策」をとります。伝統的には、これは「金利の引下げ」という方法によって実施されます。しかし、金利には「名目金利のゼロ制約」[4]（名目金利はマイナスの値をとることができない）という性質があります。このため、経済環境からはさらなる金融緩和が必要とされていても、名目金利のゼロ制約の面から、これ以上金利が下げられないといった局面に追い込まれると、中央銀行では「非伝統的金融政策」と呼ばれる異例の政策をとらざるを得ません。これは、国債を大量に買い入れたり、国債以外のリスク資産[5]を買い入れたりする政策です[6]。しかし、黒田日銀の異次元金融緩和がなかなか思うような効果を上げられないことからも分かるように、こうした政策にも、一定の限界があることが明らかになってきています。

では、名目金利のゼロ制約を回避して、金利をマイナスにできるとしたらどうでしょうか。すでに中央銀行が民間銀行から預かる当座預金の一部にマイナスの金利を付けるという「マイナス金利政策」は、異例の政策としていくつかの中央銀行（日本銀行を含む）でとられていますが、中央銀行が自らの発行する通貨（銀行券）にマイナス金利を付けるといったことは、長い中央銀行の歴史でも未だかつて行われたことはありません。しかし、もしもそれができれば、これまで以上に強力な金融緩和策をとることができ、金融政策の効果をさらに高めることができるかもし

4 見かけの金利から物価上昇率を引いたものを「実質金利」と言うのに対して、実際の取引に使われている見かけの金利のことを「名目金利」と言います。
5 社債、CP（コマーシャル・ペーパー）、資産担保証券などです。
6 量的緩和政策や信用緩和政策と呼ばれます。

れません。中央銀行の発行するデジタル通貨は、これまでにない新しい政策ツールとして、「通貨へのマイナス金利」に道を開く可能性がある手段として期待されているのです。

(1) 印紙を使った「ゲゼルのスタンプ付き紙幣」

実は、通貨にマイナス金利を付けるというアイデアは、ドイツの経済学者であったシルビオ・ゲゼルが、かつて1920年代に提案しています。ゲゼルが考案したのは「スタンプ付き紙幣」と呼ばれる方式でした。これは、紙幣の所有者が郵便局などで印紙（スタンプ）を購入し、毎月それを貼り付けなければ貨幣としての価値を保持できないようにしたものです。つまり、時間がたつと、印紙代の分だけ紙幣の価値が低下していきますので、いわばその分の「マイナス金利」が付いた通貨となります。印紙代は、1週間で額面の0・1％、年率で5・2％に設定されました。

マイナス金利付きの紙幣は、それを長く持っていると価値が低下して損をすることになるため、所有者はなるべく早く使ってしまおうとします。それによって、紙幣が次々に使われると、貨幣の流通速度が上がるため、景気を刺激する効果を持ちます。このスタンプ付き紙幣は、1930年代にドイツ、オーストリアなどで特定地域における「地域通貨」として実際に導入されました。そして、マイナス金利の効果により、導入した地域で消費促進の効果をもたらしたものとされています。

（2）デジタル通貨を使えばマイナス金利が実現できる？

ゲゼルのスタンプ付き紙幣は、アイデアとしては大変に興味深いものですが、実際にこの制度を導入するとなると、紙幣の1枚ごとに毎月、印紙を貼り続けていくという気の遠くなるような作業が必要になります。このため、良いアイデアではあっても、あまりに手間がかかりすぎて、実際に国レベルでこれを運用することは現実的ではありません。しかし、これと同じことを、電子的に手間をかけずにできるとしたらどうでしょうか。

たとえば、中央銀行発行のデジタル通貨が広く普及した世界において、中央銀行が台帳上の残高を一定期間ごとに一律に減らしていくことにすれば、電子的な形で、マイナス金利を付けることができます。たとえば、デジタル通貨の台帳で１０００円の残高が1年経つと９９０円になるように設定すれば、△１%のマイナス金利を実現することができます。そうすると、人々はなるべく早くデジタル通貨を使おうとするでしょうから、デジタル通貨の流通速度が上がって、国全体として消費が促進され、景気が上向くことが期待されます。つまり、消費や投資を刺激するための金融政策として、デジタル通貨へのマイナス金利の付利を使うことができるのです。

また同じように考えると、中央銀行発行デジタル通貨に「プラスの金利」を付けることも可能となります。デジタル通貨の台帳で１０００円の残高が1年経つと１０１０円になるように設定すれば、デジタル通貨に＋１%のプラス金利を付けることができます。ただし、その場合には、民間銀行の預金とデジタル通貨とが、金利が付く同じような資産として、直接的に競合するようになるという点には注意が必要です（詳細は後述します）。

従来、中央銀行は、銀行券にはどんな場合でも「ゼロ・パーセントの金利」しか付けることができませんでした。つまり、銀行券を政策のツールとして用いることはできなかったのです。しかし、中央銀行がデジタル通貨を発行し、それが銀行券に代わって普及するようになれば、中央銀行は、上記のように、それにプラスでもマイナスでも、自由に金利を付けることができるようになります。また、従来の金融政策は、銀行行動（企業に対する貸出金利の変更など）を通じて間接的に効果を発揮する部分も多かったのですが、これがデジタル通貨の保有者に直接的に金利で働きかけることができるようになれば、よりダイレクトな効果を発揮しやすくなることが期待できます。イングランド銀行の論文（BOE［2016］）では、中央銀行の発行するデジタル通貨のことを「第2の金融政策手段」と呼んでおり、これを使うことにより、景気変動に対する調節機能が大幅に強化されるものと予想しています。このため、経済学者の中には「デジタル通貨システムの下では、金融政策は、ずっと実行しやすくなるだろう」[7]といった見解も出てきています。

もちろん、これまで銀行券には金利が付いていませんでしたので、デジタル通貨にプラスまたはマイナスの金利を付けるという政策を導入することの是非については大いに議論があるところでしょう。特に、デジタル通貨にマイナス金利を付けることは、中央銀行が広く国民全般に「一種の税金」を課すのと同じことになりますので、強い反発を呼ぶことになるかもしれません。しかし、人々が中銀の発行したデジタル通貨を広く持つような世界が実現した場合には、デジタル通貨を新たな政策ツールとして使うことができる可能性が開かれるわけで、これは金融政策に関心のある方にとっては、大いに興味をかきたてられるところではないでしょうか。

前述したイングランド銀行の調査プロジェクトにおいても、「中央銀行発行デジタル通貨の新しい政策ツールとしての利用可能性」というテーマが、重要な検討課題の一つとして挙げられています。政策ツールとして、どのような検討がなされ、どのような使い方のアイデアが出てくるのかが楽しみなところです。

（3）資産間シフトの可能性には注意が必要

このように、デジタル通貨は、新たな政策ツールとして使うことができるといったプラスの可能性もありますが、一方で、金融の不安定化要因になるというマイナスの可能性も指摘できます。

中央銀行がデジタル通貨を発行し、銀行券も残っているという世界が実現したものとすると、人々はいつでも支払いに使える資産を、①物理的な現金、②デジタル通貨、③銀行預金の3つに分けて持つことができるようになります。このうち現金は、物理的な引き出しや持ち運びが必要ですが、デジタル通貨と銀行預金は、ともにそのままで電子的な支払いに用いることができる（またともに金利が付く）という意味では性格がよく似ており、その分、競合度が高い関係となります。

このため、上記のようにデジタル通貨に対して付利を行うとした場合には、その水準によって

7　Raskin & Yermack（2016）

は、この3つの資産の間で大きなシフトが発生して、金融が不安定化する可能性があります。たとえば、マイナス金利のデジタル通貨から金利ゼロの現金へのシフトが発生したり、銀行預金よりもデジタル通貨の方が金利が高ければ、デジタル通貨への大量のシフトが生じたりするといった可能性が考えられます。

また、金融危機などで銀行経営が全般に不安定化したような環境では、銀行預金からデジタル通貨へのシフトによる「取付け」が発生しやすくなる可能性もあります。これまでは、人々が銀行経営を不安に思って現金を引き出すためには、銀行の窓口に並んだり、ATMの出金制限があったりといった制約がありましたが、デジタル通貨に移すという方法を使えば、銀行からの預金流出が、従来よりも早くまた大量に起きるといった可能性も否定できないのです。

デジタル通貨の発行やそれに対する付利については、このように、金融政策面からの検討のみならず、プルーデンス政策（信用秩序の維持政策）の面からの配慮も求められることになるでしょう。

＊＊＊

ここまで述べてきた政策ツールとしての利用や資産間シフトの可能性に関する議論は、「もし、中央銀行の発行するデジタル通貨が普及したら」という仮定に基づく仮の議論となります。しかし、いったんデジタル通貨を発行したあとになってから、「弊害が出たのでやっぱり止めます」という訳にはいきません。このため、中央銀行の発行するデジタル通貨については、技術的な側面のみならず、以上のような点も含めて十分な議論を積み重ねていくことが必要でしょう。

第6章

ブロックチェーンによる国際送金革命

ブロックチェーンは、金融業務において様々な分野への応用が考えられていますが、そのもっとも有力な分野の一つが「国際送金」です。これは、国境を越えた支払いという意味で、しばしば「クロスボーダー・ペイメント」とも呼ばれます。

国際送金については、従来から、相手先への着金までに時間がかかる、手数料が高いといった不満がありましたが、とりわけ近年、こうした不満が高まっているのが、個人間でのクロスボーダー送金です。世界銀行の調査によると、こうした送金は、年間58兆円（2015年）という巨額に及んでいます。この中には、いわゆる出稼ぎ労働者による本国への送金が多く含まれており、本国の人々にとっては重要な収入源であり、また小口の送金を繰り返すことが多いため、送金コストの高さが問題となっています。最近では、安価な料金で海外への送金を手掛ける資金決済業者も出てきていますが、送金できる国が限定的であるなどの制約があり、やはり海外送金の中心となっているのは銀行です。このため、現在は、銀行が中心となって、新しいブロックチェーンの技術を使ってこうした問題を解決しようとする動きが出てきています。

筆者は、これまで国際送金のネットワークとして使われているＳＷＩＦＴ（スイフト）を研究対象とするなど[1]、国際送金の分野には〝土地勘〟を持っているだけに、ブロックチェーン技術がこの分野にもたらすインパクトの大きさを実感しています。以下、国際送金の現状とブロックチェーンによって目指す方向性について、分かりやすく解説を加えていくことにしましょう。

1．高くて遅い「国際送金」の現状

まずは国際送金の現状から見てみることにしましょう。

（1）ＳＷＩＦＴを使った国際送金

国内の資金決済については、各国に「資金決済システム」があり、中央銀行が主要銀行の間をネットワークで結んで、国内通貨（円やドルなど）による資金決済を行っています。たとえば、わが国には日銀ネットや全銀システムがあり、米国にはＦｅｄｗｉｒｅやＡＣＨがあり、ユーロ圏にはＴＡＲＧＥＴ２やＳＴＥＰ２があり、それぞれが各国通貨（円、ドル、ユーロ）での決済を行っています。[2]
ところが、グローバル化が進んでいるにもかかわらず、国境をまたいだクロスボーダーの資金の受払いには、国内決済における中央銀行に当たるような機関がありません。このため、銀行は海外の「コルレス銀行」[3]との間で契約を結び、お互いに口座(コルレス口座)を開設しあって、個別に相手行のために資金の受払いを行うのが一般的です。たとえば邦銀A行では、米銀B行とコルレス契約を結んで、B行に米国内でのドルによる支払いを依頼する一方で、B行のために日本における円の支払いを行います。

こうしたコルレス銀行間における国際的な送金メッセージ(支払指図)の通信を行っているのが「SWIFT」(スイフト)です。[4] SWIFTは、銀行間の金融取引に関するメッセージ通信(「金融メッセージング・サービス」)を国際的なネットワークにより提供する組織です。SWIFTでは、世界200カ国以上にある1万1千以上の金融機関を結んで、こうした国際的な支払メッセージの伝送サービスを行っています(図表6-1)。SWIFTのネットワークがあることによって、私たちは、世界のどの国のどの銀行に対しても、資金を送ることが可能となっているのです。

1 国際決済については、『SWIFTのすべて』『外為決済とCLS銀行』などの著書があります。
2 各国の決済システムの詳細については、『決済システムのすべて(第3版)』を参照してください。
3 海外の銀行のために決済を代行する銀行のこと。
4 SWIFTは、Society for Worldwide Interbank Financial Telecommunication の略であり、ベルギーに本部を置く協同組合として設立されています。詳細は『SWIFTのすべて』を参照してください。

図表6−1　SWIFTを通じた銀行間のメッセージ通信

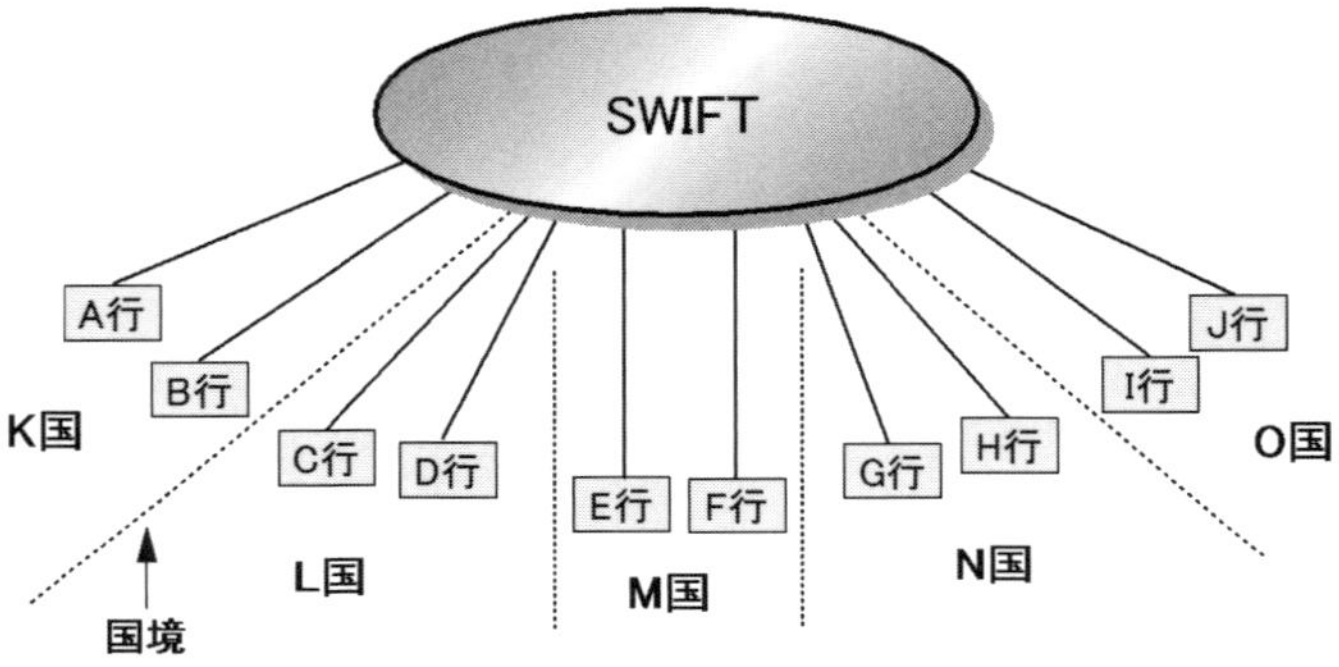

出所：筆者作成

図表6−2　コルレス関係にある銀行間の送金

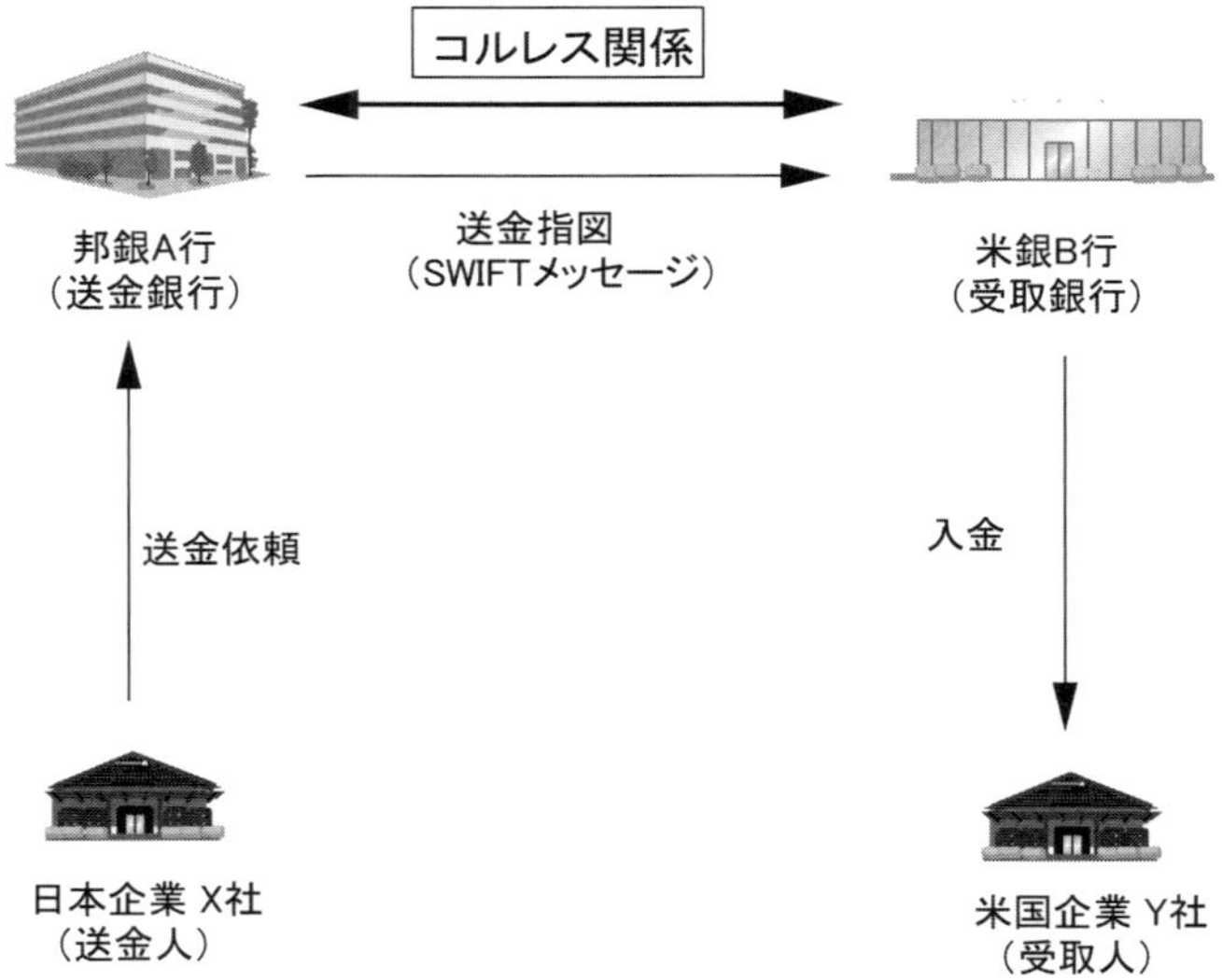

出所：筆者作成

（2）コルレス銀行を通じた国際送金

こうしたコルレス銀行を通じた国際送金について、いくつかの実例を見てみることにしましょう。

①直接のコルレス関係にある銀行間の国際送金

送金銀行と受取銀行が、直接のコルレス関係にある場合には、国際送金は比較的単純です。邦銀A行と米銀B行が契約を結んでコルレス関係にあり、A行の顧客X社（日本企業）が、B行の顧客Y社（米国企業）にドル建てで送金を行うものとしましょう。この場合、A行はX社から送金の対価を受け取ったうえで、B行に対してSWIFTを使って送金メッセージを送り、そのメッセージを受け取ったB行ではY社の口座に指定された金額を入金します（図表6－2）。A行とB行との資金決済は、通常、相互に保有しているコルレス口座を通じて行われます（たとえば、A行がB行に保有しているドル建てのコルレス口座から送金額が引き落とされます）。

②直接のコルレス関係にない銀行間の国際送金

直接のコルレス関係にない銀行同士の間で、国際送金を行おうとする場合には、やや複雑になります。送金銀行（A行）と受取銀行（B行）が直接のコルレス関係にない場合には、双方の銀行がコルレス関係にある銀行（C行）を探し出して、C行に両行の仲介を依頼します。そして、C行が「中継銀行」となって、A行→C行→B行の順で送金が処理されます（図表6－3の①）。

さらに、双方が共通にコルレス関係を有している銀行が存在しない場合には、「送金銀行側の

図表6−3　コルレス関係がない銀行間の送金

①中継銀行が1行のケース

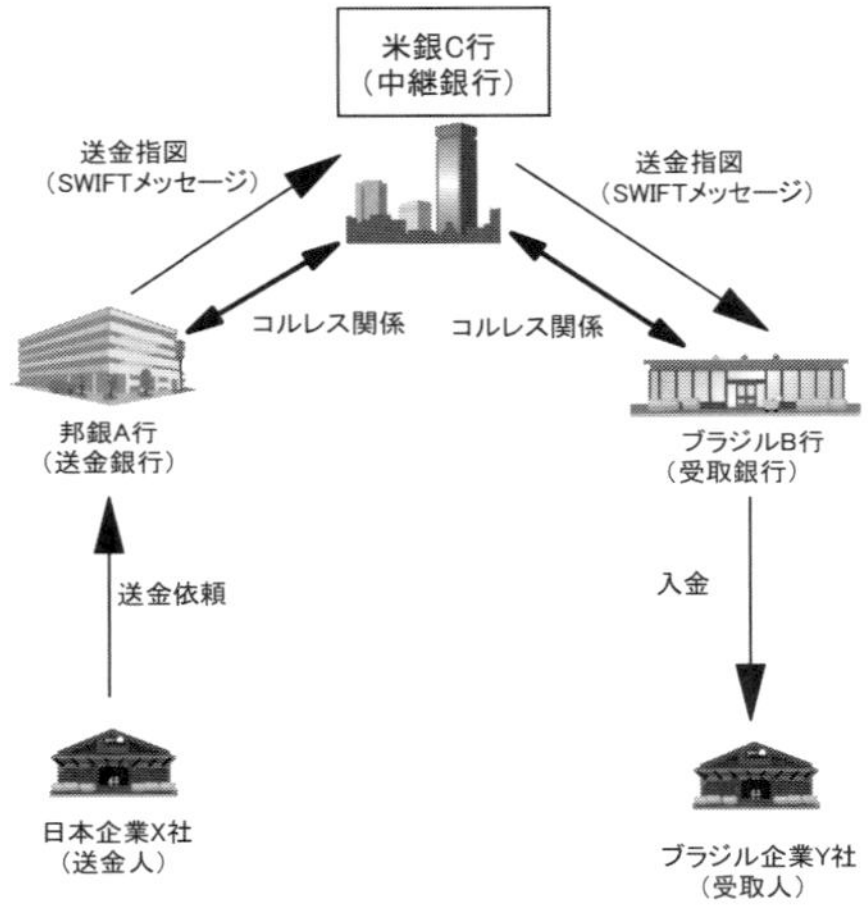

②中継銀行が2行のケース

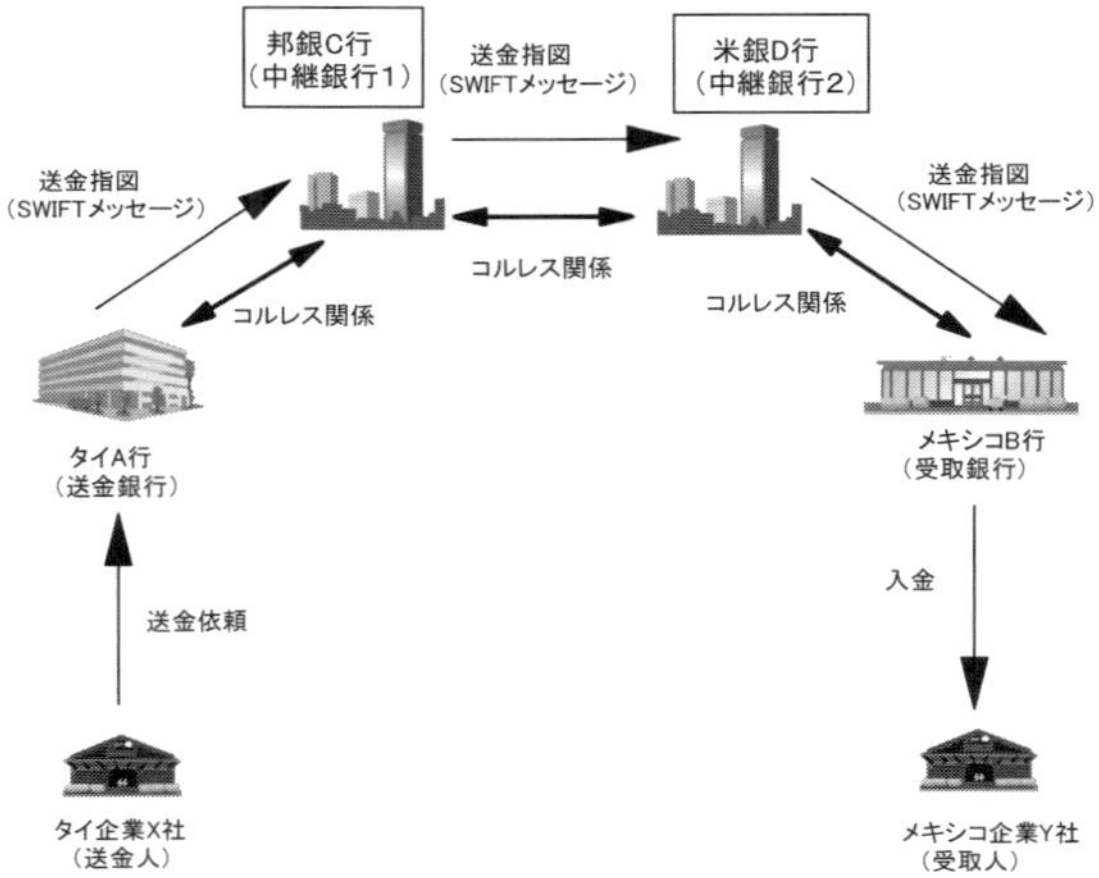

出所：筆者作成

中継銀行」(C行)と「受取銀行側の中継銀行」(D行)という2つの中継銀行を通じて、A行→C行→D行→B行といった順に、送金が処理されることになります(図表6-3の②)。

このように、中継銀行が入った国際送金では、関与する銀行が増えるため、それに応じて、送金の処理には時間がかかります。また、送金メッセージに一部でもデータが不足していると、確認作業が発生して、送金処理が途中で止まってしまうといったケースもあり、入金までに2~4日を要することも少なくありません。また、各中継銀行では、それぞれが手数料をとりますので、その分、送金コストが高くなってしまいます。さらに、こうした手数料は、通常、途中で送金額から差し引かれていきますので、着金してみるまで最終的な入金額が分からないといった問題も発生します(たとえば、1万ドルを送ったはずなのに、途中で手数料が差し引かれて、着金は9950ドルであったといったことが起きます)。こうした現状が、国際送金は「遅くて、高くて、分かりにくい」というユーザーの不満につながっているのです。

2. 安くて早い国際送金を目指す「リップル・プロジェクト」

このような利用者の不満を背景として、国際送金の高コストや非効率性をブロックチェーン(分散型台帳)の技術を使って解決しようとするいくつかの試みが行われています。この中で先頭に立っているのが、リップル社の進める「リップル・プロジェクト」です。このプロジェクトは、銀行間を分散型台帳のネットワークで結ぶことにより、国際的な送金を安価にかつリアルタイムで行うことを目指しています。

「リップル社」（正式にはリップル・ラボ・インク）は、2012年に創業されたスタートアップ企業であり、米国サンフランシスコに本社を置き、ブロックチェーン技術の金融分野への応用を図っています。

(1) リップルの送金モデルとは

リップル・プロジェクトでは、ブロックチェーン関連技術を使って、銀行と銀行がネットワークで直接つながり、分散型台帳で情報を共有しつつ、送金を行うというモデルを構築しています（図表6－4）。これにより、複雑な仲介の過程がなくなり、クロスボーダー送金をリアルタイムで効率的に行うことができるものとしています。従来のコルレス銀行を通じた決済には、関係する当事者が多く、時間とコストがかかるという欠点がありましたが、これを送金銀行と受取銀行との直接的な送金と決済に変えることによって解決しようとするものです。

(2) 安くて早い送金を可能とするリップルの仕組み

リップルでは、分散型台帳技術により構築された「ＩＬＰレッジャー」[5]と呼ばれる台帳に、各参加行が接続して、台帳を共有しつつ、効率的に送金を行う仕組みとなっています。送金銀行と

5　ＩＬＰは、インターレッジャー・プロトコルの略です。

図表6－4　リップルの国際送金モデル

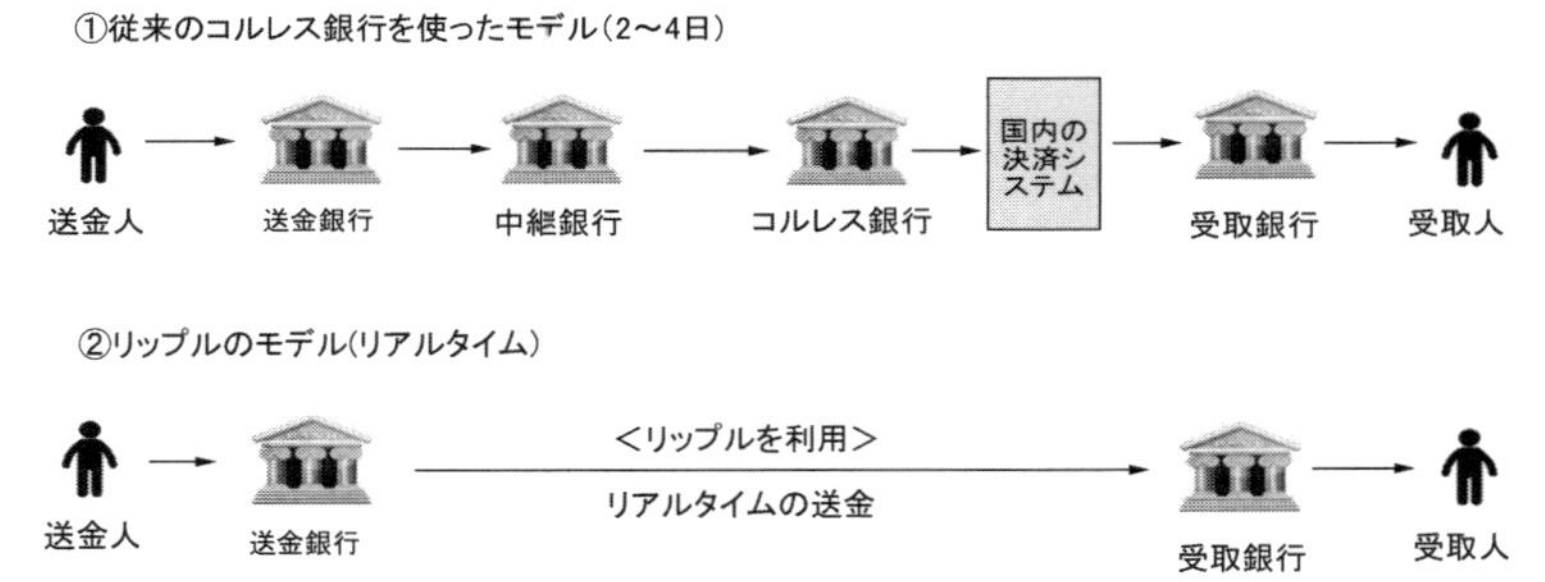

出所：筆者作成

図表6－5　リップルにおける主要な構成要素

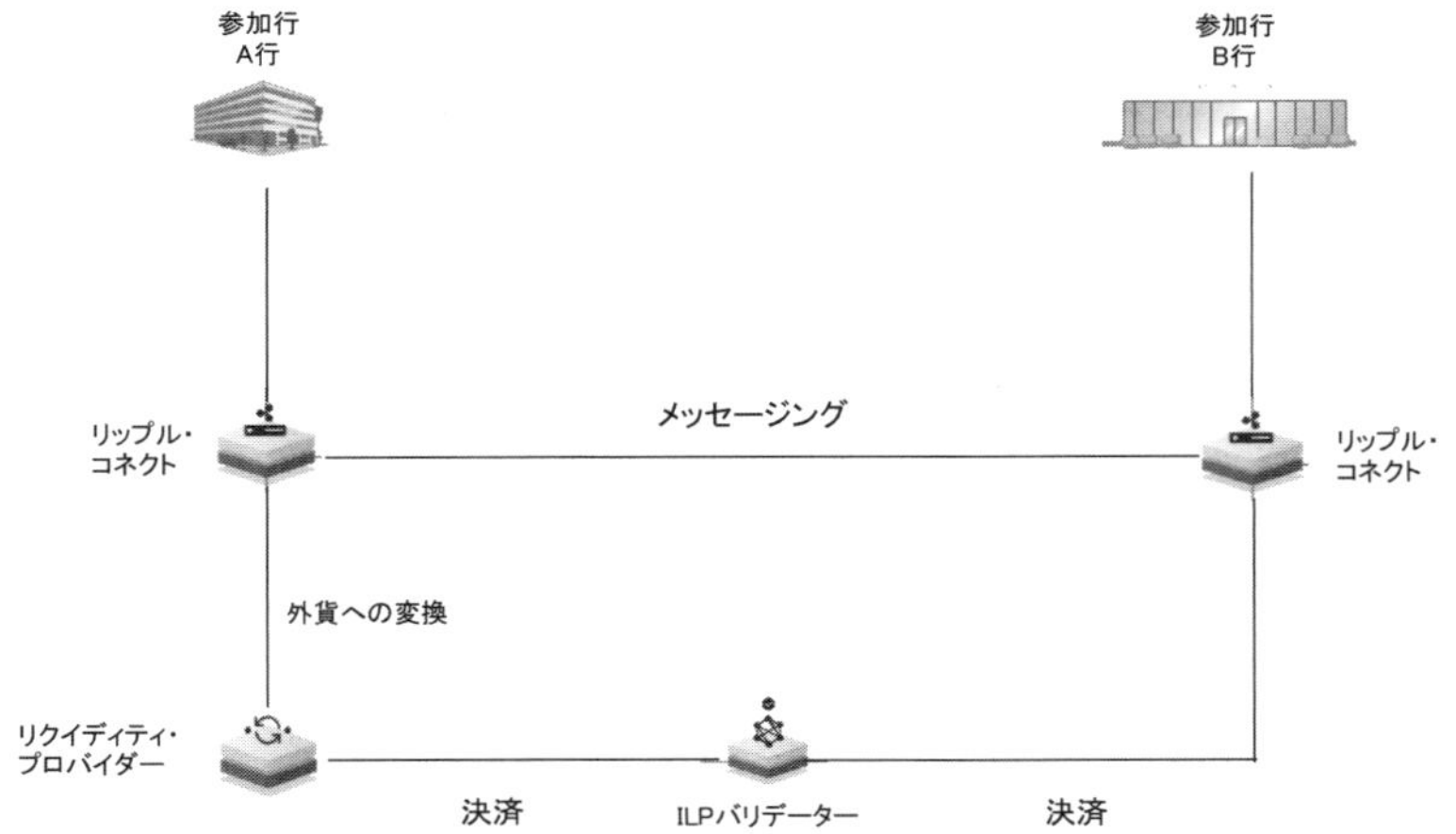

出所：リップルのウェブサイトを修正

受取銀行をリップルのネットワークでつなぐことにより、直接送金ができるようにし、クロスボーダーの送金をわずか数秒という、ほぼリアルタイムで実行できるようにしています。

こうしたリップルの仕組みは、「リップル・ソリューション」[6]と呼ばれるソフトウェア群によって構築され、セントラル・オペレーター（中央管理者）を置かない銀行間の直接決済を実現しています。リップルの仕組みを形づくる主な構成要素としては、①インターレッジャー・プロトコル（ILP）、②リップル・コネクト、③ILPバリデーター、④リクイディティ・プロバイダー、⑤仮想通貨「XRP」、などがあります（図表6-5）。そして、こうした仕組みによる分散系のグローバルなネットワークのことを全体として、「リップルネット」（RippleNet）と呼んでいます。以下では、こうしたリップルの構成要素についてみることとします。

①インターレッジャー・プロトコル（ILP）

リップルでは、「インターレッジャー・プロトコル」（ILP）と呼ばれる分散型台帳技術を使っています。これは、銀行の有する台帳同士を接続し、資金移動を行うための仕組みです。各銀行が保有する台帳は「ILPレッジャー」と呼ばれます。

②リップル・コネクト

「リップル・コネクト」は、参加行の行内システムに接続して、送金に関する「メッセージング」を行うモジュールです（最近では「メッセンジャー」と呼ばれることもあります）。リップル・コネクトでは、送金人や受取人のデータ（KYC[7]情報）、送金手数料、外貨への交換レート、送金金額、取引有効期限など、送金に関する様々なデータを参加行間で相互にやり取りします。前述したSWIFTがメッセージの一方向の送信であるのに対し、リップルでは、双方向の通信（情報交換）を可能にしている点が一つの特徴になります。

またリップル・コネクトでは、手数料や交換レートなどをまとめた送金の総費用（オールイン・コスト）を、送金の開始前に送金銀行が送金人に通知します。送金人がこの条件を了承すると、初めて送金が開始され、インターレッジャー・プロトコル（ILP）を通じて決済が行われます。つまり、送金人は事前に、着金までの手数料を知ったうえで送金を行うことができ、料金の透明性が高まります。

③ILPバリデーター

「ILPバリデーター」は、リップルのネットワークにおいて、参加行の分散型台帳（ILPレッジャー）間の資金移動を検証する役割を果たすモジュールです（図表6-6）。リップルでは、このバリデーターが一定の検証を行うことで、資金移動が確定します。ビットコインにおけるマイニングにあたる作業と考えれば、分かりやすいでしょう。ただし、プルーフ・オブ・ワークのような負荷の高い計算作業は行わず、合意が容易な検証方法を採用しているため、送金はわずか数秒で実行されます。

6　最近では、「Xカレント」（xCurrent）とも呼ばれるようになっています。
7　KYCとは、Know Your Customer の略で、銀行が顧客に関する情報を確認することを言います。

図表6−6　ILPレッジャーとILPバリデーターの関係

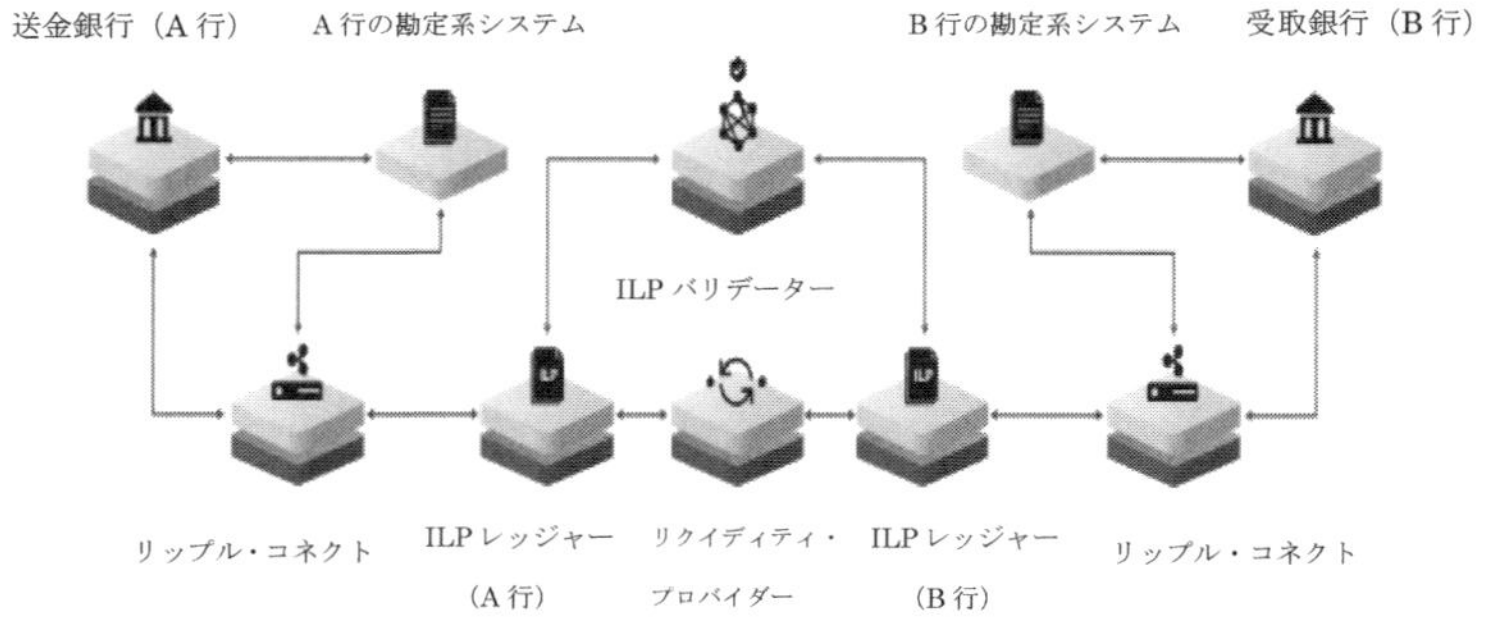

出所：リップルのウェブサイトを修正

④リクイディティ・プロバイダー

国際送金には、円資金を払い込んで、海外にドル建てで送金を行うなど、外貨への交換が必要となるケースが多くあります。リップルのネットワーク上において、こうした外貨への交換を行うのが「リクイディティ・プロバイダー」(流動性供給行)です。リクイディティ・プロバイダーは、自分の提供する交換レートを呈示しておき、送金銀行は、複数のプロバイダーの中から最も有利なレートを選択することができます。リクイディティ・プロバイダーは、通常、各参加行に各国通貨建ての口座を保有しておき、外貨への交換による資金の受渡しを行います。

リクイディティ・プロバイダーの存在によって、送金銀行では、必要なときに必要な通貨を調達することができます。このため参加行は、送金に備えて多数の外貨で資金を準備しておく必要がなく、その分のコストを削減することができます。なお、送金銀行では、リクイディティ・プロバイダーとして、自行の外為部

図表6―7　リップルにおけるXRPの役割

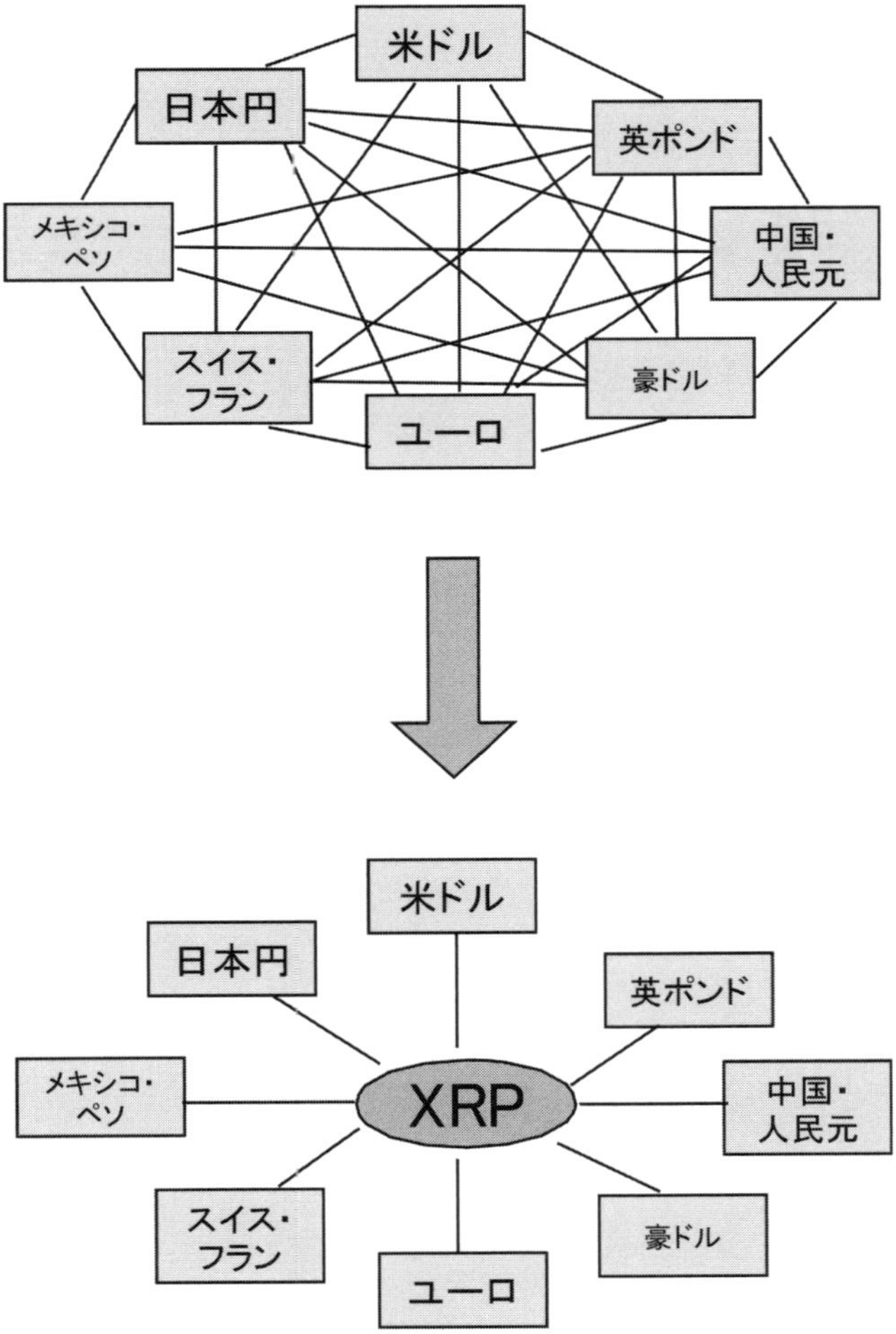

出所：リップルのウェブサイトを修正

門を選択する（つまり、自行がリクイディティ・プロバイダーになる）こともできます。

⑤仮想通貨「XRP」

リップルのネットワーク上では、「ＸＲＰ《エックスアールピー》」という独自の仮想通貨を使うことができます。XRPは、リップルでは「デジタル資産」（デジタル・アセット）とも呼ばれています。「リップル」という仮想通貨名でも通用しており、仮想通貨の時価総額リストでは、ビットコインとイーサリアムに次ぐ第3位となっています（第1章を参照）。

リップルのネットワークを通じて多くの通貨での取引が行われるようになると、円／ドルやドル／ユーロといったメジャーな通貨同士の取引だけではなく、たとえばタイ・バーツからメキシコ・ペソへといったマイナーな通貨ペアによる取引が発生する可能性があります。こうした場合に、XRPは「ブリッジ通貨」として機能することが想定されています。つまり、バーツ→XRP→ペソといった形で、XRPを間にはさんだ通貨の変換が行われます（図表6－7）。しかも、こうしたXRPへの変換やXRPからの交換は、リップルのネットワーク上で瞬時に行われます。

こうした通貨と通貨とを仲介する機能は、「媒介通貨」（ビークル・カレンシー）と呼ばれており、現在の外為市場では米ドルがこの役割を果たしています。ただし、XRPを使えば、送金に備えて米ドル口座に予め多額の資金を用意しておく（寝かせておく）必要がないため、米ドルよりもコストを抑えることができるものとされています。

またXRPの存在により、リクイディティ・プロバイダーは、すべての通貨間のレートを呈示する必要はなくなります。つまり、各通貨とXRPとの交換レートのみを呈示すればよく、マイナー通貨同士の交換レートは、XRPとのレートを元にクロスレートとして算出されるからです。

(3) リップルを使った国際送金の具体例

リップルによる国際送金の具体例を示したのが、BOX1です。詳しい仕組みを知りたい方は、ここを読んでください（あまり細部に立ち入りたくない方は、スキップして頂いても結構です）。

【BOX1】リップルを使った国際送金の例

米国企業のX社が、ユーロ圏にあるY社に100ユーロを送金する必要があるものとします。X社は米銀A行と、Y社はユーロ圏のB行と取引を行っており、A行とB行は、リップルのネットワークでつながっているものとします。

このとき、X社からY社への送金は、リップルの仕組みにより、以下のように行われます。

(1) 送金の準備段階（図表6-8参照）

①まず、X社が取引銀行であるA行に送金を依頼します。

②A行とB行のリップル・コネクトが送金人と受取人のデータを交換し、各行では、マネーロンダリング、テロリスト資金規制などの事前チェックを行います。

③A行のリップル・コネクトは、この送金についてのB行の手数料の呈示を求めます。また、リクイディティ・プロバイダー（または自行の外為部門）に対しても、外為の交換レートの呈

図表6—8　リップルを使った国際送金の例（送金準備段階）

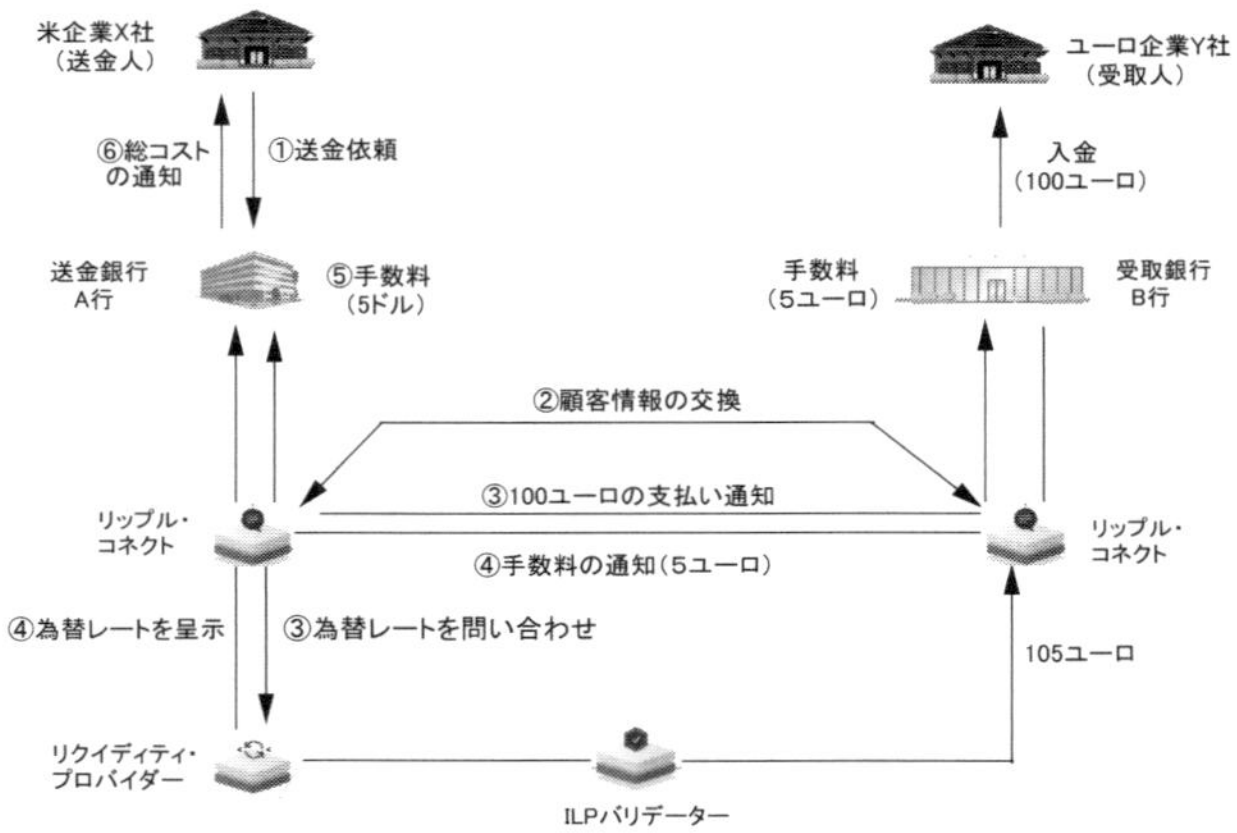

出所：リップル資料を修正

図表6—9　リップルを使った国際送金の例（資金移動段階）

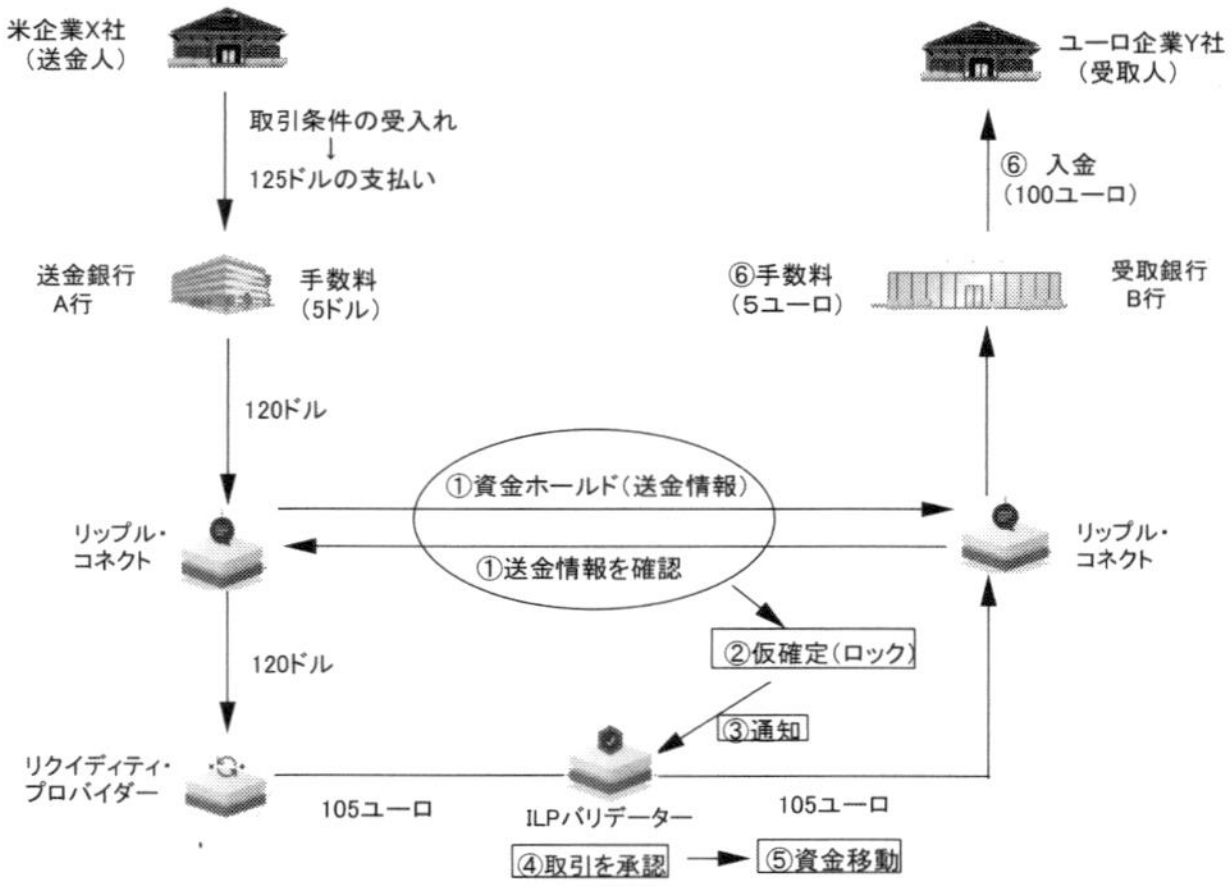

出所：リップル資料を修正

示を求めます。

④A行のリップル・コネクトは、B行から手数料の金額を、リクイディティ・プロバイダーからは為替レートを、それぞれ入手します。

⑤A行では、そこに自行の手数料を加えて、送金の総コスト（オールイン・コスト）を算出し、X社に通知します。A行の手数料が5ドル、B行の手数料が5ユーロ、交換レートが1ユーロ＝1・1429ドルとすると、100ユーロを送金するためにX社が支払うべき金額は125ドルになります。

⑥X社がこの取引条件を受け入れると、送金が開始されます。

⑦まずA行では、X社の口座から125ドルを引き落とし、自行の手数料5ドルを差し引いて、「リップル送金口座」（ILPレッジャーの残高を反映する口座、「サスペンス口座」とも言われます）に120ドルを入金します。

（2）資金移動段階（図表6－9参照）

①A行では、上記のように、リップル送金口座に120ドルの送金資金を確保（資金ホールド）したうえでB行に通知し、B行ではその送金情報を確認します。

②この段階で、リップル・コネクトは、両者の状態を「仮確定」（ロック）します。

③リップル・コネクトでは、この仮確定の情報をリップルのネットワークに転送し、取引情報がILPバリデーターに通知されます。

④ILPバリデーターが、この取引の正当性を確認して取引を承認すると、この取引が確定します。
⑤取引承認により、A行のレッジャーとB行のレッジャー間の決済（資金の移動）が実行されます。A行、B行、リクイディティ・プロバイダー間の資金の移動は瞬時のうちに同時に行われます。これでA行とB行との間の処理は終了します。
⑥次にB行では、A行口座から105ユーロを引き落とし（A行がB行のユーロ口座に資金を有している場合）、自行の手数料5ユーロを差し引いて、Y社の口座に100ユーロを入金します。こうしたプロセスにより、米国企業X社から、ユーロ圏の企業Y社への100ユーロの送金が、無事に完了したことになります。

（4）世界の大手行が参加を始めたリップル

リップルでは、こうした分散型台帳を使った国際送金の仕組みによって、従来の送金方法に比べて、大幅なコスト削減が可能になるものとしています。1件500ドルの送金のケースでは、1件当たりのコストは、従来の5・56ドルからリップルを使うと2・21ドルに減少し、60％のコスト削減になるものと試算しています。[8]

こうしたコスト削減が可能となるのは、①送金プロセスのSTP化[9]が進み、手作業が不要になること、②SWIFTの電文送信のコストが不要になること、③瞬時に取引の確認ができること

（インスタント・コンファメーション）により、「ノストロ照合」[10]のコストが不要となること、などによるものであるとされています。

また、送金時間も大幅に短縮され、スペインの大手行ＢＢＶＡのケースでは、これまで通常４日を要していたスペインからメキシコへの送金が、数秒で完了することが確認されました。

リップルには、当初は中小銀行しか参加していませんでしたが、２０１６年からは、大手の有力行が続々と参加するようになっており、それに伴って注目度が急速に高まっています。参加行の中には、バンクオブアメリカ・メリルリンチ、スタンダード・チャータード、バークレイズ、サンタンデール、ＵＢＳ、ＢＢＶＡなどが含まれています。また、わが国からも、三菱東京ＵＦＪ銀行、みずほ銀行などのメガバンクが参加しています（図表６－10）。世界で約１００行がプロジェクトに参加しており、このうち75行がすでにライブで稼働しているものとされています（２０１７年8月時点）。また三菱東京ＵＦＪ銀行では、２０１８年初めから米欧豪の６行と連携して、個人向け送金サービスを開始する予定です。

リップルには大手行の参加が相次いだため、すでに27カ国にまたがる送金が可能となっています。リップルの参加行約１００行というのは、ＳＷＩＦＴのネットワークの参加行（1万1千行）

8　リップルのウェブサイトによる。
9　ストレート・スルー・プロセッシングのこと。すべての工程を人手を介さずに電子的に行うことを言います。
10　自行がコルレス先に持っている口座（ノストロ口座）の残高を確認することです。

図表6−10　リップルの参加銀行（グローバル・ベース）

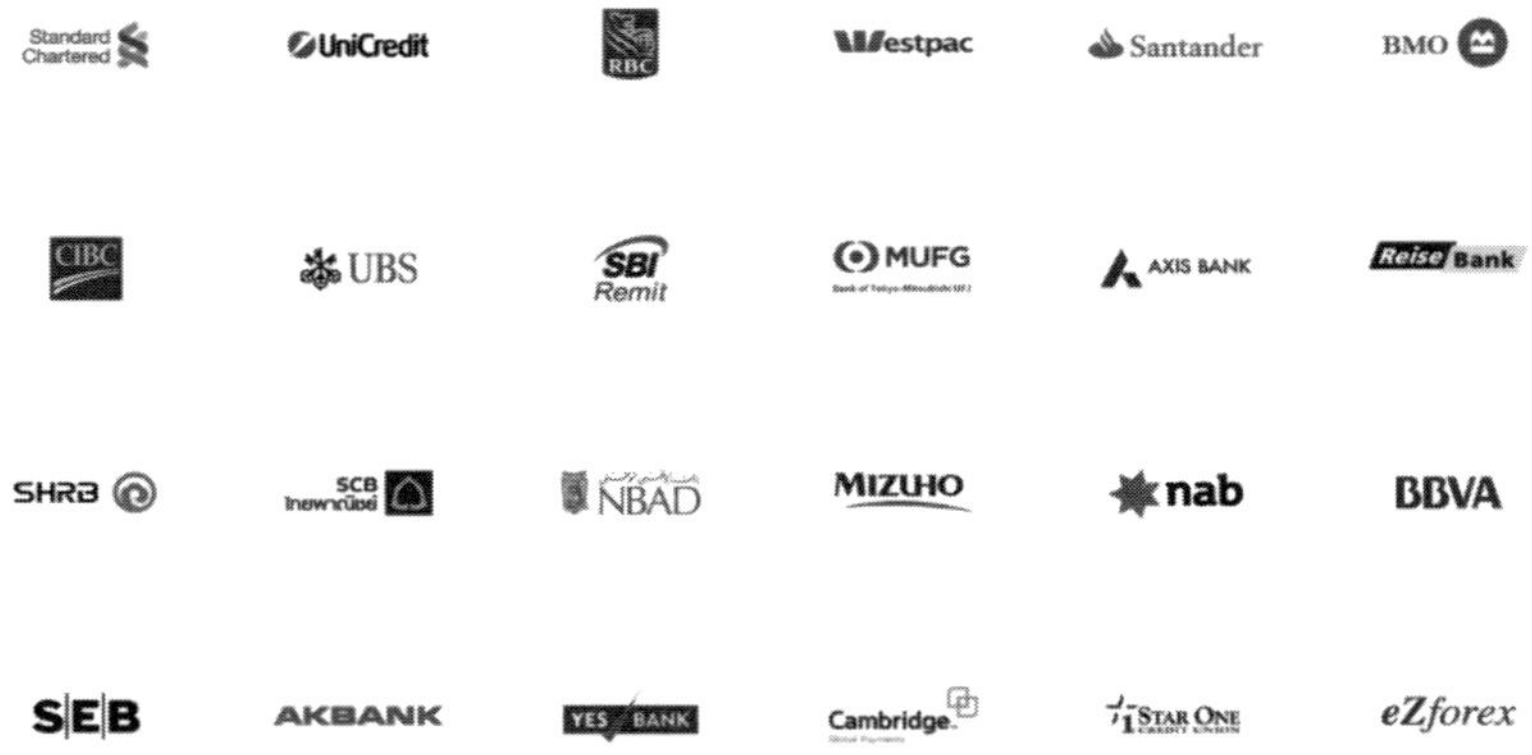

出所：リップルのウェブサイトによる。2017 年 8 月時点

に比べると、銀行数ではまだ1％程度と限定的ですが、このネットワークが今後、どのようなペースで、どこまで拡大していくのかが注目されます。最近では、ＳＷＩＦＴでもリップルをライバル視するようになっているようです。

（5）取引条件の標準化を進めるユーザー組織：リップルネット・アドバイザリーボード

リップルを利用する世界の大手6行では、２０１6年9月に「リップルネット・アドバイザリーボード」（旧名称：ＧＰＳＧ[11]）というユーザー組織を結成しました。リップルでは、国際送金のための技術的な基盤を提供していますが、実際に各銀行がこれを導入する際には、銀行間で個別のパラメーター（取引条件など）を事前に柔軟に決めることができる仕組みとなっています。これは、各行のニーズに合わせるという意味では良い面もあるのですが、逆に導入に際しては、当事者間で決めなければいけない事柄が多くなっており、スタート時のハードルが高いとの声が出るようになりました。

そのため、このアドバイザリーボードでは、多くの銀行が定型化した条件でリップルに参加できるようにするため、標準的な取引条件（基本フレームワーク）を策定することにしたものです。アドバイザリーボードを進めているのは、バンクオブアメリカ・メリルリンチ、サンタンデール、ウニクレディト、スタンダード・チャータードなどの欧米の大手行であり、2017年3月には三菱東京UFJ銀行も参加しました。このグループによって標準型が策定されれば、新規の参加行がリップルのネットワークに参加しやすくなり、参加行の拡大につながるものと期待されています。

3．国内におけるリップル・プロジェクトの展開

このように、リップルの導入に向けた動きがグローバルに進んでいるのと並行して、日本においても、リップルの仕組みを利用して海外送金や国内送金を行おうとする動きが出ています。これが「内外為替一元化コンソーシアム」です。

11　設立時には、GPSG（グローバル・ペイメンツ・ステアリング・グループ）と呼ばれていましたが、その後、名称を変更しました。

図表6−11　内外為替一元化コンソーシアムの参加銀行
（2017年8月時点、61行、五十音順）

青森銀行、秋田銀行、足利銀行、阿波銀行、イオン銀行、池田泉州銀行、伊予銀行、岩手銀行、愛媛銀行、大分銀行、沖縄銀行、オリックス銀行、群馬銀行、京葉銀行、山陰合同銀行、滋賀銀行、四国銀行、七十七銀行、清水銀行、十六銀行、商工組合中央金庫、信金中央金庫、新生銀行、住信 SBI ネット銀行、スルガ銀行、セブン銀行、ソニー銀行、第四銀行、大和ネクスト銀行、千葉銀行、千葉興業銀行、中国銀行、筑波銀行、東京スター銀行、東邦銀行、東和銀行、栃木銀行、名古屋銀行、西日本シティ銀行、農林中央金庫、野村信託銀行、八十二銀行、百五銀行、広島銀行、福井銀行、北洋銀行、北陸銀行、みずほフィナンシャルグループ、みちのく銀行、三井住友信託銀行、三井住友銀行、三菱東京 UFJ 銀行、三菱 UFJ 信託銀行、武蔵野銀行、八千代銀行、山形銀行、山口銀行、ゆうちょ銀行、横浜銀行、りそな銀行、琉球銀行

出所：SBIリップルアジア株式会社

（1）60行以上が参加する「内外為替一元化コンソーシアム」

このコンソーシアムの動きを中心になって進めているのが、リップル社とＳＢＩホールディングスの合弁会社である「ＳＢＩリップルアジア株式会社」です。

このコンソーシアムには、ブロックチェーン技術に対する地域銀行等の関心の高まりから、すでに61行もの金融機関が参加しています（２０１７年8月時点）。参加業態は、都銀（メガ3行、りそな銀行など）、地銀（横浜銀行、千葉銀行など）、ネット専業銀行（住信ＳＢＩネット銀行、ソニー銀行など）、信託銀行（三井住友信託銀行、野村信託銀行など）、第二地銀（東京スター銀行、京葉銀行など）、信金（信金中央金庫）、ゆうちょ銀行など、多岐にわたっています（図表6−11）。

このコンソーシアムは、２０１６年10月に発足したものですが、２０１７年3月までの間に、リップルのスキームを使った送金の実証実験を行い、これを成功させています。

（2）内外為替一元化コンソーシアムの実証実験の内容とは

このコンソーシアムの実証実験には、以下のような特徴があります。

①国内送金も対象に

前述のように、海外のリップル参加行では、国際送金に的を絞ってリップルの利用を考えているのに対して、本コンソーシアムでは、国内送金も対象に含めて検討しているのが特徴です。このためコンソーシアムの名称が「内外為替一元化」となっています。

内外一元化を目指しているのは、リップルのスキームを使えば、国内送金も国際送金も同一の仕組みで実行できることが大きな要因となっています。また、従来から国内送金を取り扱ってきた「全銀システム」の使い勝手、利用時間、コストなどについて、参加行が必ずしも十分には満足していない表れとも考えられます。

国内送金については、個人の小口送金を中心に、スマートフォンやパソコンからの送金指図を受けて、リップルによる送金を実現していく計画です。そしてリップルの分散型台帳の仕組みを使うことによって、①内外為替の一元化、②送金の24時間化・リアルタイム化、③コスト削減などを実現することを目指しています。

このうち、リアルタイム化については、銀行間の送金は「約1秒で完了する」ものとされています。また、送金コストについては、具体的な手数料は不明ですが、「銀行側の送金にかかるコストを従来の10分の1以下にすることを目指す」（SBIリップルアジア）ものとされています。

図表6−12　RCクラウドの概要

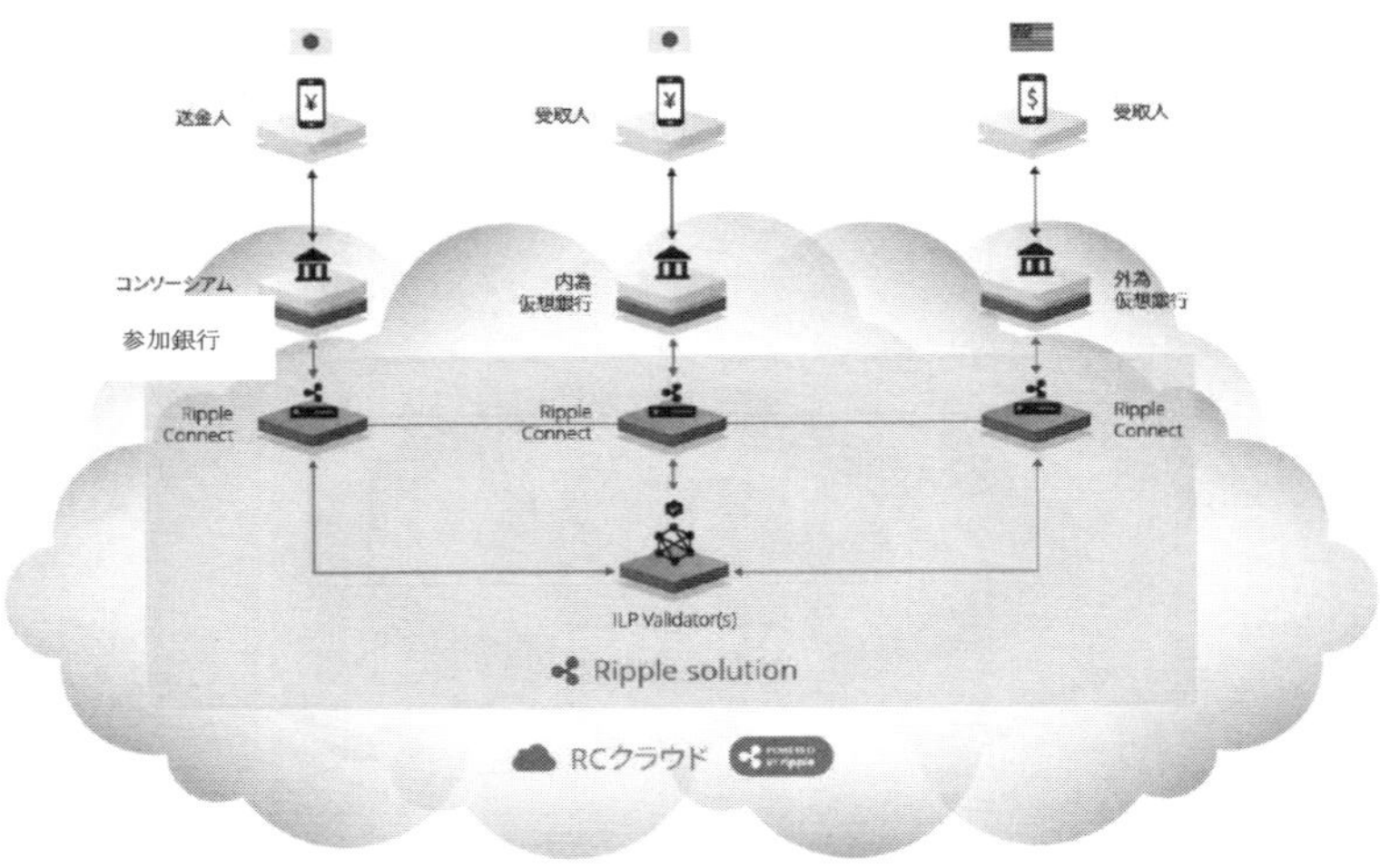

出所：SBIリップルアジア株式会社

②RCクラウドの構築

このコンソーシアムでは、実証実験に参加する各行の導入負担を軽減するために、「RCクラウド」を構築したことが大きな特徴となっています。これは、リップルの決済基盤（リップル・ソリューション）をクラウド上に実装したものであり、世界初の試みでした（図表6－12）。

実証実験では、参加行がリップルの仕組みを利用して、クラウド上に作られたバーチャル・バンク（内為仮想銀行と外為仮想銀行の2行）との間で、外貨での国際送金や円での国内送金を実際に送ってみるという実験を行いました[12]。その結果、リップルの送金機能が実際に機能することが確認されたものとしています。

③共通ゲートウェイ、送金アプリの構築

実証実験を進める中で、リップルのネット

ワーク環境と各金融機関の勘定系システムとの接続が新たな課題としてみえてきました。そのため、本コンソーシアムでは「共通ゲートウェイ（GW）」の構築に着手しています。これは、リップルのRCクラウドと各金融機関の勘定系システムとを接続するための共通基盤のことであり、様々な接続方法が用意される予定です。これが構築されれば、各金融機関が個別にRCクラウドとの接続方法を検討したり、勘定系システムを改修したりしなくて済むようになり、各行ではリップルのスキームに、より簡便にアクセスできるようになります。

また、顧客に対してリップルを使った送金サービスを提供していくために、スマートフォン上に共通の「送金アプリ」を作成する方針です。各行のサイトから個別にサービスに入っていく方式よりも、共通の送金アプリによって各行の送金サービスに直接アクセスできる方が、顧客にとっても、従来の送金との違いが分かりやすくなり、また使いやすさも向上することになるでしょう。

④日本発の動き

現在までのところ、リップルに関して1つの国で60行以上もの大規模なユーザー・グループを形成して実証実験を行っているのは、グローバルにみても日本発のこのコンソーシアムのみです。このプロジェクトは、リップル本社からも注目されており、ある意味で世界の動きを牽引しているものと言えます。

12　その後、参加行同士の送金についても、実証実験を行っています。

図表6−13　実用化に向けたロードマップ（マスタースケジュール）

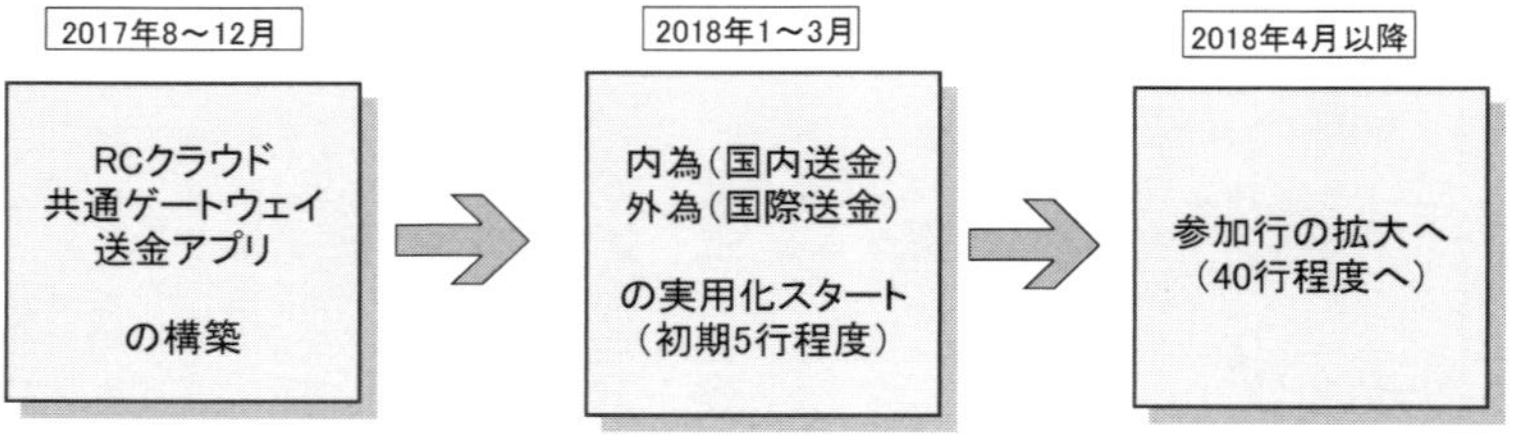

（注）2017年8月時点の計画

出所：SBIリップルアジア株式会社

（3）実証実験から実用化へ

①実用化に向けた発展

本コンソーシアムでは、リップルの利用を実証実験から「実用化」（商用化）に向けて発展させようとしています。具体的には、2017年8〜12月にかけて、RCクラウド、共通ゲートウェイ、送金アプリの構築を進めたうえで、2018年1〜3月には、国際送金と国内送金の実用化をスタートする予定です（当初は5行程度での開始を予定）。その後は、参加行を徐々に拡大させ、数年以内には40行程度までの拡大を見込んでいます（図表6−13）。

ブロックチェーンに関しては、世界各国で多くの実証実験が行われていますが、実際に実用化に至った例はまだ少なく、これが実現すれば、仮想通貨を除いたブロックチェーンの導入事例としては、世界的にみても最も早い実用化事例の一つになるものとみられます。

先に述べた通り、本コンソーシアムは、日本で初めてのブロックチェーンの実用化事例となるほか、世界でもトップランナーの位置にあり、今後の進展が期待されるところです。

②今後の課題

ただし、課題がないわけではありません。第1は、参加行の広がりの問題です。決済業務は「ネットワーク産業」であるため、送金を行う側と受け取る側が、同じネットワークに参加していないと送金を行うことができません。リップルを通じた送金についても同様であり、リップルに対応した銀行同士でなければ、送金ができません。このため、国際送金については、リップルの導入先に対してはリップルを使って送金を行う一方、それ以外の先には、従来のコルレス銀行経由でSWIFTを使って送金するといったかたちで使い分けを行うことが必要になり、送金事務が二元化します。また、国内送金についても、リップルですべての先に送金ができる訳ではありませんので、全銀システム[13]とリップルとを使い分けていく必要があります。いずれにしても、今後、参加行をいかに増やしていくかがこのプロジェクトの成否を分ける鍵となるでしょう。

第2に、資金決済の問題があります。リップルのモデルでは、参加行とリクイディティ・プロバイダー（ハブ銀行）とが、2行間で直接に資金決済を行うことが必要です。このため、特に国内決済の場合[14]には、①お互いに口座を持ち合うか、あるいは②ハブ銀行が多くの参加行に口座を開設するといった対応をとる必要があります。①の場合には、参加行が多くなった場合には限界

13 全銀システムには、約1300の金融機関が参加しており、都市銀行から農業協同組合まで、わが国の金融機関をほぼ網羅したネットワークを形成しています。

14 国際送金の場合には、すでに取引関係にあるコルレス銀行との間では、相互にコルレス口座を開設している場合が多くなっています。

がありますし、②の場合には、ハブ銀行に、多くの口座を管理する事務負担が集中する可能性があります。どちらの方式をとったとしても、清算機関を通じてネッティング（各送金の差額の計算）を行い、中央機関で差額を支払うといった「セントラル・クリアリング方式」に比べると、手間がかかり、また資金決済の効率性が低下する可能性があります。こうした課題についても、今後、検討を行っていくことが必要でしょう。

第3に、中長期的にみると、今後、さらに参加行が増えてきた場合には、決済ネットワークとしての公共的な性格が生じてくることになります。現在は任意参加によるコンソーシアムとなっていますが、公的な性質の高まりに応じて、ユーザーが関与したかたちで、しっかりとしたガバナンスの仕組みを整備していくことが求められるでしょう。

第7章

有望視される証券決済へのブロックチェーンの応用

金融業務におけるブロックチェーン（分散型台帳技術）の応用先として、前章で述べた国際送金のほかに、もう一つ有望視されている分野が「証券決済」です。証券（株式や債券など）の取引を行ったあとで、清算（受渡しされる証券と資金の金額を確定させる）や決済（証券の引渡しや資金の受払いを行う）などを行うプロセスであり、「取引」（トレード）が行われた後で処理を行う過程であるため、「ポストトレード分野」とも呼ばれます。

証券市場では、株式の取引だけをみても、世界全体で年間８６００兆円もの巨額の取引が行われており、その清算や決済にかかっている手間やコストは膨大なものとなっています。この部分にブロックチェーンによる革命が起きれば、その社会的なインパクトは巨大なものとなるでしょう。

このため、すでにこの分野では、世界の主要な証券取引所や証券会社などの間で、ブロックチェーン利用における主導権を握ろうとする競争意識が高まっており、いくつもの実証実験が行わ

図表7−1　証券決済における中央型帳簿と分散型帳簿

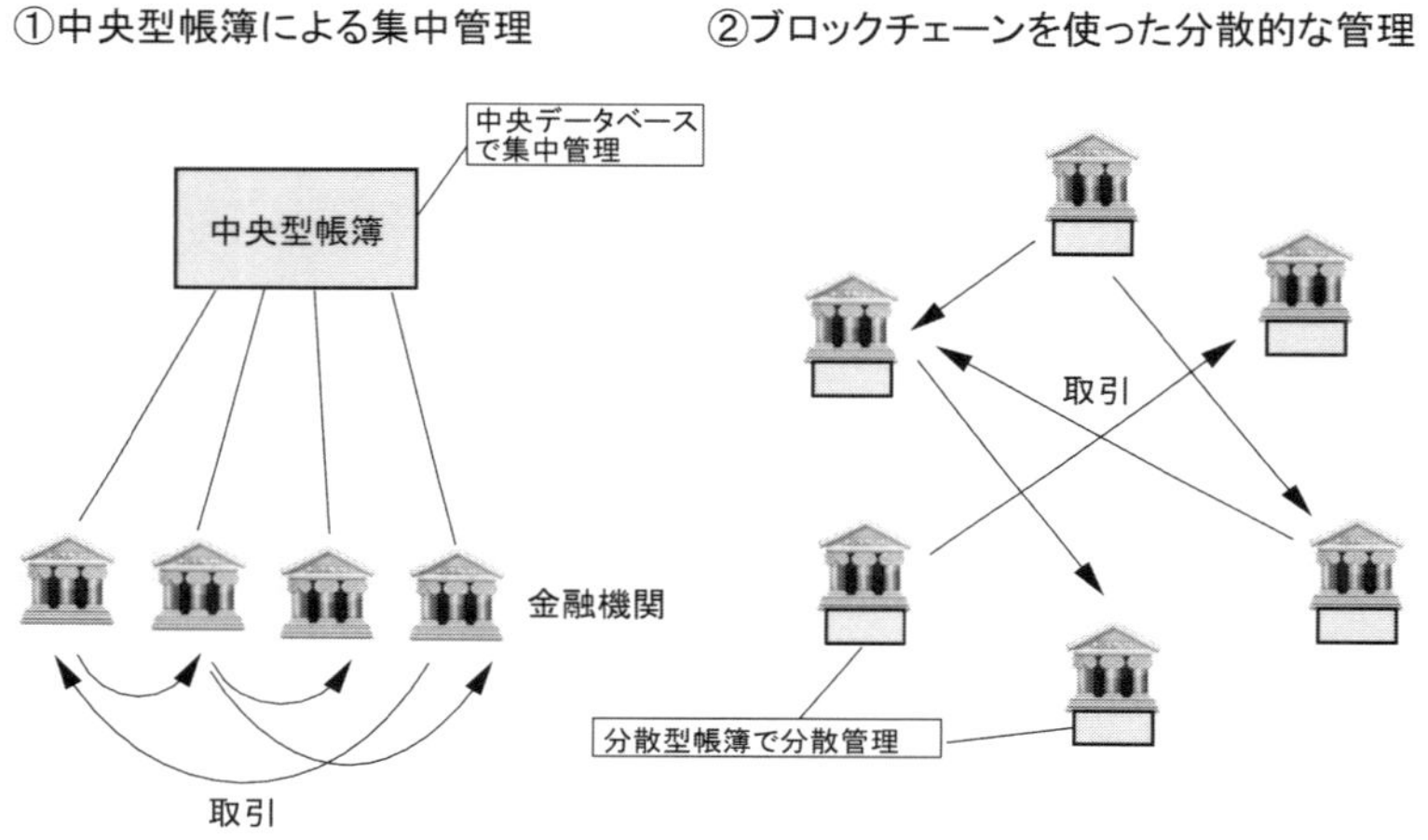

出所：筆者作成

れているほか、技術の囲い込みを狙った特許取得に向けた動きもみられています。したがって、国内だけの動きだけではなく、グローバルな動きをフォローしていくことが求められます。

1. 中央集権型で複雑な現行の証券決済

現状における証券決済は、かなり複雑なプロセスとなっています。[1] これは、①機関投資家、証券会社、カストディアン[2]などの多様な当事者が関与すること、②取引照合（トレード・マッチング）、清算（クリアリング）、決済（セトルメント）など多段階での処理が必要であること、などの要因によるものです。ここにブロックチェーン（分散型台帳技術）を利用すれば、複雑なプロセスを効率化し、証券決済にかかるコストを大幅に削減することができるのではないかとの期待が高まっています。

証券決済では、これまで「証券決済機関」（ＣＳＤ）[3]が電子的な帳簿を保有して、各市場参加者の証券の保有残高をシステムで管理するという「中央型帳簿による集中管理」によって、証券の受渡しと残高管理が行われてきました（図表７－１の①）。これを、ブロックチェーンを使って行い、市場参加者が分散型帳簿によって分散的に残高を管理する体制に移行すれば（図表７－１の②）、決済に要する時間を短縮し、また様々なコストを削減できるのではないかと期待されるようになっているのです。こうした期待を背景に、各国の証券業界では、さまざまな検討や実証実験が行われています。

2. 相次ぐ実証実験プロジェクト

以下では、証券決済の分野で行われている実証実験のうち、代表的なものについてみることとしましょう。

1　証券決済の詳細については、『証券決済システムのすべて（第2版）』をご参照ください。
2　投資家に代わって有価証券の管理（カストディ）を行う機関のことです。
3　Central Securities Depository の略です。

（1）米ナスダックの未公開株取引プロジェクト

①「ナスダック・リンク」による未公開株取引

証券決済の分野におけるブロックチェーンの利用で世界をリードしているのが、米国で新興（ベンチャー）企業向け株式市場を運営している「ナスダック」です。同社では、すでに2015年12月から、分散型台帳技術を使ったパイロット・プロジェクトを稼働させています。これは、「ナスダック・リンク」（Nasdaq Linq）と呼ばれるプロジェクトであり、対象は未公開企業の株式（未上場株）です。

ナスダック・リンクは、これまでシステム化が進んでいなかった未公開株を対象として、分散型台帳に記録するかたちで発行や売買を行うことを可能にしたものです。これにより、これまで多くを手作業によってきた、未公開株の新規発行や売買のプロセスについて、現物の株券の発行が不要となるほか、決済時間もかなり短縮されるなど、大幅な合理化とリスク削減ができるものとされています。

このパイロット・プロジェクトは、スタートアップ企業である「チェイン社」との協力により、同社が開発した「チェイン・コア」というブロックチェーン技術を使って行われています（同社にはナスダックが出資を行っています）。チェイン・コアでは、「カラード・コイン」（Colored Coin）という手法が使われています。カラード・コインとは、ビットコインに資産（アセット）に関する情報を付加することによって、さまざまなアセット（株式、債券、貴金属など）を少量のビット

図表7−2　カラード・コインの仕組み（イメージ）

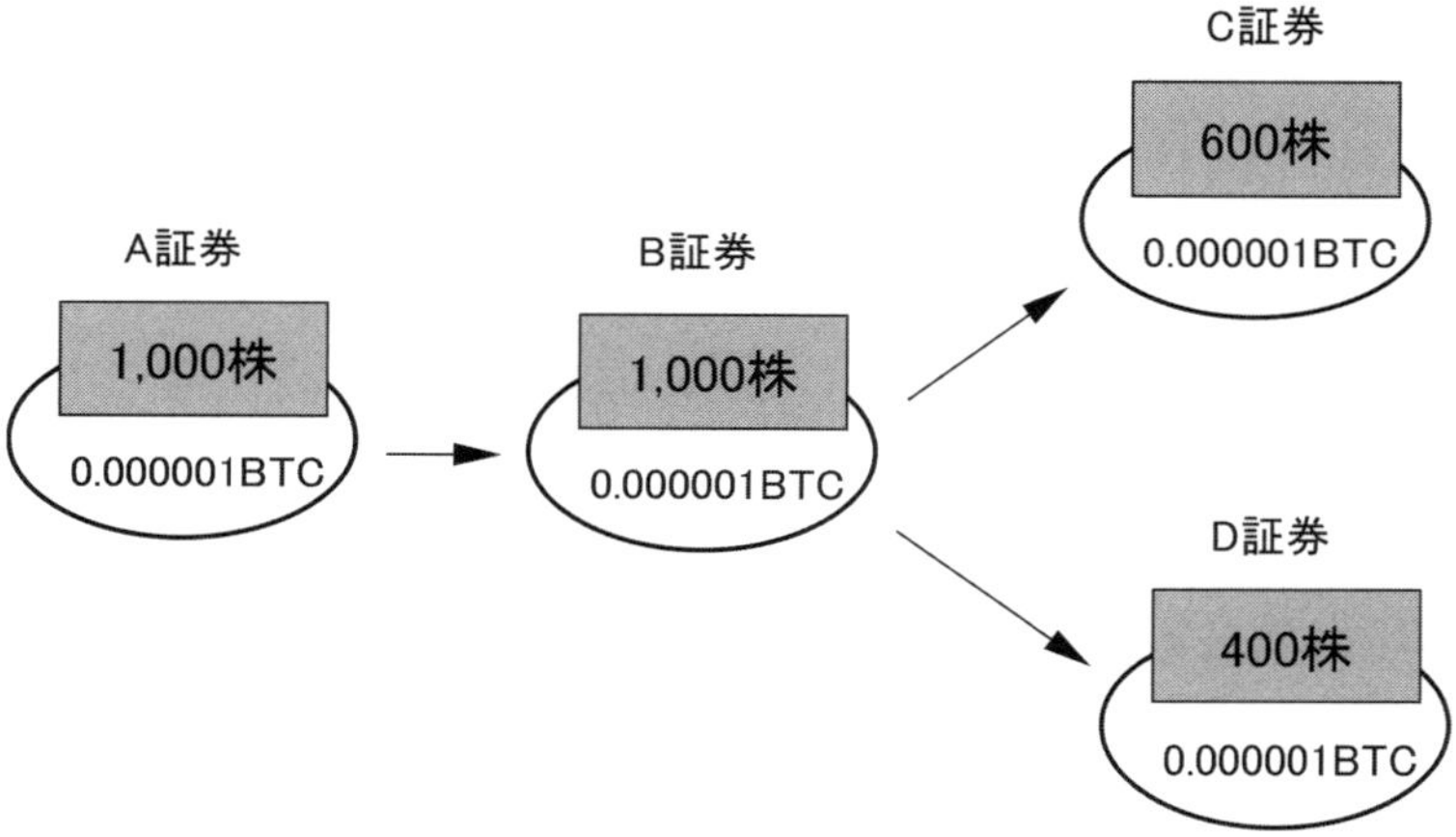

出所：筆者作成

コインと共に移動させるという手法です。ビットコインに「色」（情報）をつけることで、あらゆるアセットを表現し、その移転を行うことができることから、「色のついたコイン」と呼ばれています。

ビットコインには、その取引に必要なデータ（送金額や送信先など）を書き込むスペース（レイヤー）以外に、付加情報を書き込めるレイヤーが用意されており、カラード・コインでは、ここに資産のデータを載せて相手に送ることによって、アセットを移動させます。基本的にはビットコインの送金の仕組みを利用していますので、アセットを移動させるためには、少額のビットコイン（0・000001BTCなど）を実際に送ることが必要になります（図表7−2）。

なお、このようにブロックチェーンが標準で持っているデータの余白領域に、独自のアセットを載せて流通させるための技術のことを、一般的には「オープン・アセット・プロトコル」と呼びます。

②米ゴールドマン・サックスによる特許出願の動き

米国の大手投資銀行であるゴールドマン・サックスでも、やはり決済用のコインを使って証券決済を行う仕組みである「証券決済のための暗号通貨」を考案し、2015年に特許を出願しました。

これは、基本的には、上記のカラード・コインの手法を採用したもので、「SETLコイン」(決済を表すsettlementとcoinを組み合わせた造語)と呼ばれる決済用コインによって、証券取引に伴う株式の受渡しと資金の受払いを行おうとするものです。SETLコインのプラットフォーム上では、株式の売り手が買い手に、たとえばIBM株を表す「IBM-SETLコイン」やグーグル株を表す「GOOG-SETLコイン」を移動させることによって、株式が引き渡されます。一方、米ドルを表す「USD-SETLコイン」を買い手が売り手に渡すことによって、資金決済が行われます。このように、株式や資金をすべてコインのかたちで分散型台帳のネットワーク上で受渡しすることにより、証券決済に要する期間が短縮されるほか、コストも劇的に削減されるものとされています。

この構想は、カラード・コインの仕組みを使って証券や資金の受渡しを行うことを狙っており、前述のナスダック・リンクによく似た仕組みと言えます。このゴールドマンの出願は、2017年7月に米国特許商標庁によって、特許が与えられました。

米国の金融機関の特許出願としては、このほかにも、バンクオブアメリカが、2017年8月までにブロックチェーン技術に関する30以上の特許を出願済みであり、このうち18件を２０１６年に、２０１７年にさらに9件を追加で出願したものとされています。また米国だけで、ブロックチェーンに関する特許申請が早くも２００件を超えているとの情報もあり、特許戦争（パテント・ウォーズ）がすでに始まった観があります。

このように証券界では、決済コインを使うという発想により、証券決済を行おうとする考え方が広がってきているほか、技術の囲い込みを狙った特許出願の動きも始まっており、注意が必要です。

③電子議決権の行使サービス

ナスダックでは、前述の実証実験のほかにも、東欧の小国エストニアにおいて、同国のタリン証券取引所とエストニア証券決済機関（ＥＣＳＤ）と共同で、あるプロジェクトを進めています。[4]これは、ブロックチェーン技術を使って、上場企業の「電子議決権行使」（e-voting）のためのシステムを開発することを目指したものです。株主総会では、株主が配当や取締役選任などの議案に対して賛否を表明する「議決権行使」を行うことが必要です。しかし、議決権行使までの過程は、名義株主（信託銀行）と実質株主（機関投資家）が異なるなど、関係する当事者が多く、また多段階にわたる処理が必要となっていることから、人手と時間がかかる複雑な処理プロセスとなっています。エストニアのプロジェクトでは、このプロセスに分散型台帳の技術を用いることに

4　この2社は、すでにナスダックが買収しています。

より、関係者が同時に同じ情報を共有し、電子的にかつリアルタイムに議決権行使ができるようにすることを目指しています。

(2) 中核システムへの導入を決めた豪証券取引所(ASX)

ナスダックが、これまでシステム化が進んでいなかった未公開株式の業務にブロックチェーンの導入を図っているのに対して、コア・サービス(中心業務)である上場株式の清算・決済業務にブロックチェーンを利用することを計画しているのが、豪証券取引所(ASX)です。ASXでは、株式の清算・決済を行う中核システムである「CHESS」について、次期のシステム更改時にブロックチェーン技術を導入する計画を2016年1月に公表しています。このために、すでに米国のデジタル・アセット社を技術的なパートナーに選定し(同社に対して8・5%の出資を実施)、プロトタイプの作成や業界関係者との協議などを行っています。ブロックチェーンを導入するかどうかの正式な決定は、2017年末ごろの予定です。

世界の証券取引所の中でも、上場株式の決済などのメイン業務にブロックチェーンの導入を表明しているのは、今のところASXのみとなっています。まだ詳細は明らかにはなっていませんが、これが実現すれば、世界で初の本格的なブロックチェーンによる上場株式の清算・決済になるものとみられます。

（3）本格的な実証実験を行った日本取引所グループ（JPX）

東京証券取引所と大阪取引所を傘下に持つ「日本取引所グループ」（JPX）でも、2016年に、証券決済へのブロックチェーン（分散型台帳技術）の応用に関する本格的な実証実験を行いました。

実証実験のパートナーは、日本IBM、野村総合研究所、カレンシーポート社であり、日本IBMとはハイパーレッジャー・ファブリックを、野村総合研究所等とはイーサリアム系のブロックチェーンを使った実証実験を行いました。いずれも、国内の金融機関6社[5]が参加して行われました。以下では、この実証実験の報告書（JPX［2016］）をもとに内容について見てみることとしましょう。

①クローズド型の分散型台帳技術の採用

この実証実験では、特定の参加者だけが参加することができる「クローズド型」[6]（または許可型）の分散型台帳技術を利用しました。[7]

クローズド型を採用した理由として、JPXでは、①大量の件数の証券取引を安定的に処理す

5　野村證券、みずほ証券、マネックス証券、SBI証券、三菱東京UFJ銀行、証券保管振替機構の6社が実証実験に参加しました。
6　オープン型とクローズド型のブロックチェーンの違いについては、第3章をご参照ください。
7　JPXでは、これを「コンソーシアム型」と呼んでいます。

るためには、高い「スループット性能」（単位時間あたりの処理能力）が必要であること、②そのためには「実用的ビザンチン・フォールト・トレランス」（ＰＢＦＴ）をベースとした高速のコンセンサス・アルゴリズムが必要であること、③セキュリティを確保するためには、信頼できる参加者のみが認証処理を行うことができる許可型とする必要があること、④取引当事者のみが取引データを知ることができるようにする一方、市場管理者は、すべての情報を知ることができ、権利の移転を証明できるといったかたちで、階層的な情報の制御ができるようにする必要があること、⑤複雑な処理を可能とするため、「スマートコントラクト」が必須であること、などの要因を挙げています。

②取引プロセスを自動化する「スマートコントラクト」とその限界

上記の最後の項目にある「スマートコントラクト」について、ここで説明しておくことにしましょう。スマートコントラクトとは、「プログラム化して自動的に実行できる契約のこと」であり、「自動的に実行される契約」とも言われます。

スマートコントラクトの基本は、「執行する条件」と「契約の内容」を予め定義したうえでプログラム化しておき、「執行条件に合致したイベントが発生した場合には、契約が自動的に執行される」ようにすることです。つまり、契約に基づいた処理を自動化しておく仕組みと言えるでしょう。スマートコントラクトは、分散型台帳技術と相性が良いものとされており、分散型台帳上にスマートコントラクトを盛り込んでおき、イベントの発生によって分散型台帳上での取引（資金の支払いや担保の移動など）を自動的に行うようにすることが可能となっています。

スマートコントラクトの最も単純化した事例としては、「自動販売機」があります。つまり、利用者が「必要な金額の投入」と「特定の飲み物のボタンを押す」という2つの条件を満たすと、自動的に「特定の飲料を提供する」という契約が実行されます。そこでは、改めて利用者の意思を確認して契約を結ぶといったプロセスは不要であり、予め決められた（プログラムされた）契約である飲料の提供が自動的に実行されるのです。

金融界においてスマートコントラクトを利用した代表的な金融商品としては、「スマート・ボンド」があり、その発行に向けた検討が進められています。これは、債券を発行するときに、利払日や償還日、金額、支払方法などを予めプログラムしておき、期日になると、それらの支払いが分散型台帳上で自動的に実行されるようにした債券です。

なお、スマートコントラクトについては、「自動的な執行にすることによって、何でもできるようになる」といったバラ色の未来が語られることも多いのですが、注意を要する点もあります。それは、①事前にすべてのケースや要件を決めておくことは不可能であり、その面で限界があること、そして②自動執行の仕組みを悪用されると、不正な取引に使われる可能性があること、といった点です。①については、市場の変化などにより、当初、想定していなかった事態が発生することがありえます。また②については、実際に「ザ・ダオ事件」（第2章参照）において、ハッキング攻撃によりプログラムの脆弱性を突かれて、スマートコントラクトの仕組みが悪用され、巨額の仮想通貨が盗難に遭ったという事件が発生しています。

スマートコントラクトの実用化にあたっては、こうした事前設定の限界や不測の事態が起こる可能性にどのように備えるかといった点もよく考えておく必要があります。足許では、「スマートコントラクトを使えば、自動処理で何でもできるようになる」といった万能感に満ちた主張が勢いを増しているようです。しかし、期待感が先行する中で、その機能が過大評価されているおそれもありますので、注意が必要でしょう。

③ＪＰＸの実証実験の概要と評価

話がやや横道にそれましたが、ＪＰＸの実証実験に戻りましょう。この実証実験の環境は、クラウド上に構築され、ノード数は必要最小限のものとされました。証券取引所、清算機関、証券振替機関の３つを「市場管理者」として、取引の認証処理は、市場管理者と市場参加者のみが行うこととしました。

証券の受渡しについては、分散型台帳上で証券残高の記録が書き換えられた時点で、振替処理（決済）が行われたものとみなしました。また、資金決済については、分散型台帳上に「トークン」の移転として記録したあとで、外部の資金決済システムと連携させることとしました。つまり、分散型台帳では、トークンを使った仮処理（受払いの差額の計算に近い概念）だけを行っておき、最終的な資金決済は、その差額を従来型の資金決済システム（中央銀行が運営している決済システム）に通知して行うことが想定されています。

さらに、分散型台帳上で、投資家ごとの口座情報を登録できるようにすることによって、（金融機関名義ではなく）投資家単位での保有者情報をリアルタイムで更新することを可能としています。

この実証実験に対するＪＰＸの評価をみると、①分散型台帳技術は、リアルタイムでの処理性能が重視される取引プロセス（取引所における売買）には必ずしも向かない一方で、②ポストトレード分野（清算・決済）では、現状の処理性能でもある程度の対応が可能であるものと評価しています。つまり、証券業務の中でも、特に清算・決済が有力な応用分野であるものと判断しています。

そして総合的な評価として、「分散型台帳技術を証券決済分野に適用した場合には、いくつかの課題があるものの、新たなビジネスの創出、業務オペレーションの効率化およびコストの削減等をもたらす可能性が高く、金融ビジネスの構造を大きく変革する可能性を持つ技術であることが分かった」として、分散型台帳技術を高く評価しています。ＪＰＸでは、２０１７年度にも30社以上の金融機関の参加を得て、「業界連携型ＤＬＴ実証実験」として、さらに範囲を拡大し、次のステージの実証実験を行っています。

（４）香港証券取引所でも未公開株市場を開設へ

香港証券取引所（ＨＫＥＸ）では、２０１７年8月に、ブロックチェーンを使った未公開株市場を開設する計画を明らかにしています。この市場は「香港プライベート市場」（HKEX Private Market）と呼ばれ、上場前の新興企業が資金調達を行える場とすることを目指しており、ブロックチェーンを使うことによって、電子的に効率的な取引や決済ができるものとされています。

同市場の開設は、２０１８年中が予定されています。香港証取では、２０１６年の秋以降、米ナスダックから分散型台帳技術の指導を受けており、このプロジェクトはナスダックの影響を強く受けているものと推察されます。このため同市場は、前述した「ナスダック・リンク」の方式に類似のものになるとみられます。

(5) スイス証券取引所では、コーポレートアクションへの活用へ

スイス証券取引所（SIX）では、2017年8月に、ブロックチェーン技術を利用したコーポレートアクションの通知サービスを提供する計画を発表しました。「コーポレートアクション」とは、株式の価値に影響を及ぼす企業の意思決定に関する情報通知のことを指し、通知される内容には、配当、株式分割、株式併合、株式交換、第三者割当増資などが含まれ、その内容によっては投資家の対応（権利行使の指図など）が必要となります。

コーポレートアクションの処理は、非常に非効率なプロセスとなっており、従来から問題とされてきました。この背景には、①発行会社、証券取引所、証券決済機関、カストディアン、証券会社、機関投資家など、関係する当事者が多いこと、②発行会社→証券取引所→カストディアン→機関投資家といったかたちで、情報の受渡しが何段階にも分けて行われること、③情報のやりとりが関係者ごとに独自の方式で行われるため、データの自動接続ができず、途中で手作業が必要となること、などの要因があります。

今回のSIXのプロジェクトは、「MVP」（Minimum Viable Product）と呼ばれており、ブロックチェーンの技術を使って、すべての関係者が同時に同じ情報を共有することにより、コーポ

レートアクション処理の自動化・効率化を図ろうとするものです。分散型台帳技術には、多くの当事者が同時に同じ情報を共有することができるという性格があり、こうした処理には適しているものとみられます。

前述の香港証券取引所と並んでSIXについても、ブロックチェーン導入の背後には、米ナスダックの存在があります。SIXは、ナスダックとの間で10年間にわたる技術サポート契約を結んでおり、MVPもこれに基づいた技術提供によるものとなっています。ナスダックでは、ブロックチェーンなどのフィンテック企業に積極的に投資を行ったうえで、そこから得た技術を、他の市場にコンサルティングを行って売り込んでいくという戦略をとっており、証券界におけるブロックチェーンの普及においては、今後も影のフィクサー的な役割を果たしていくかもしれません。

(6) 広がるブロックチェーン実証実験の動き

上記のほかにも、証券界におけるブロックチェーンの実証実験の動きは、矢継ぎ早な展開をみせています。すなわち、これまでにブロックチェーンを用いた実証実験やプロトタイプ作成などのプロジェクトを打ち出している証券取引所は、ロンドン証券取引所、ドイツ取引所、イタリア証券取引所、ルクセンブルク証券取引所、トロント証券取引所、韓国取引所、インド国立証券取引所、モスクワ証券取引所など、数えきれないほどになっています。世界の証券取引所がこぞってブロックチェーンの可能性に注目しており、競い合って新技術の確認に動いている状況にあります。

3. 証券決済への適用時に考慮すべき点

このように証券決済へのブロックチェーンの応用については、多くの市場で実証実験が行われていますが、実際に証券決済に分散型台帳技術を応用するにあたっては、検討を要するいくつかの点があります。証券決済を長年研究してきた立場からすると、①ファイナリティの確保、②証券と資金の同時決済の実現、③ネッティング機能の維持、④リプレースメント・コストへの配慮、などが重要な論点になるものとみられます。以下では、これらの点についてみていくこととしましょう。

(1) ファイナリティは確保できるのか

まず、ブロックチェーンを使った証券決済において、「ファイナリティ」が確保できるのかが重要な課題となります。証券決済では、証券の受渡しと資金の支払いが、一定の時点で「ファイナリティ」(決済完了性)を持ち、無条件に取消不能となって、最終的に完了した状態となることが重要です。証券は次々と売買されて、転々と所有者が替わっていきますので、あとになって「実はあの受渡しは無効だった」とか「前の受渡しが取り消された」ということになると、市場は大きな混乱に陥ってしまいます。

実は、オープン型のブロックチェーン（ビットコインなど）では、権利移転のタイミングを明確に定義することができません。たとえばビットコインの場合には、あるブロックが作られたあとで、さらに3〜6個の新たなブロックが追加された時点で改ざんの可能性がかなり低くなるものとされています。しかし、それは必ずしもファイナリティが確保されるということではありません。また「次の3〜6個」のどの時点で取引が最終的に確定するのかも決まっていません。あくまでも「改ざんの可能性が低くなる」という確率的な問題として議論されているのです。このため、オープン型のブロックチェーン（ビットコインなど）の取引におけるファイナリティは、不安定なものとなっています（ビットコインには、ファイナリティがないとの見解も有力です）。

これに対して、クローズド型のブロックチェーンを採用するとともに、「実用的ビザンチン・フォールト・トレランス」（ＰＢＦＴ）をベースとした合意方法を採用し、一定割合以上のコアノードが合意した時点で取引を承認する（その時点でファイナリティを付与する）といったルールを決めておけば、ファイナリティの時期は明確となり、この問題は解決できることになります。上記のＪＰＸの報告書において「ファイナリティの問題は、コンセンサス・アルゴリズムの工夫により解決が可能である」とされているのは、この点を指しているものとみられます。

（２）必須となる証券と資金の同時決済

もう一つの課題が、証券と資金の同時決済である「ＤＶＰ決済」を実現することです。ＤＶＰ決済とは、「Delivery versus Payment」の略であり、証券の引渡し（delivery）と代金の支払い

図表7－3　DVP決済の概念図

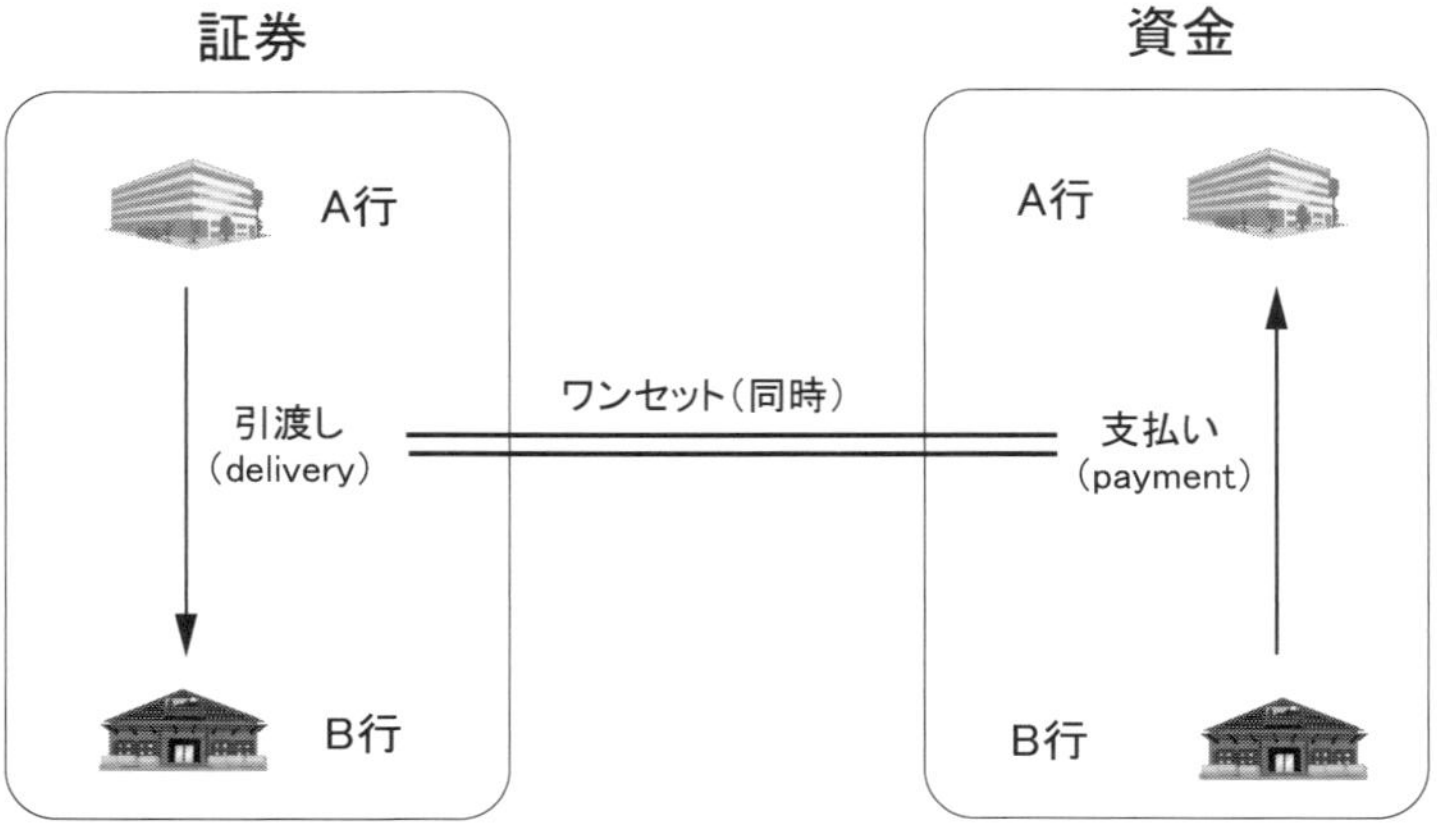

出所：中島・宿輪（2008）

（payment）の両方をワンセットで行う仕組みのことを言います（図表7－3）。これにより、「証券を引き渡したのに代金を受け取れない」とか、「代金を支払ったのに証券を受け取れない」といった事態を避けることができます。

ＤＶＰ決済は、「元本リスク」（取引額全体が損失となるリスク）が発生するのを防ぐうえで、非常に重要な仕組みです。このため、「金融市場インフラのための原則」（ＢＩＳ［２０１２］）などのグローバルスタンダードにおいても、その採用が強く勧告されており、海外諸国でも基本的に証券決済はＤＶＰ決済によって行われています。わが国においても、国債、株式、社債、地方債、ＣＰ（コマーシャル・ペーパー）など主要な証券は、すべてＤＶＰによる決済が行われています。

分散型台帳技術の導入によってコストを削減できたとしても、それによってＤＶＰ決済ができなくなり、決済リスクが高まってしまうのであれば、

図表7−4　インターフェース決済モデル

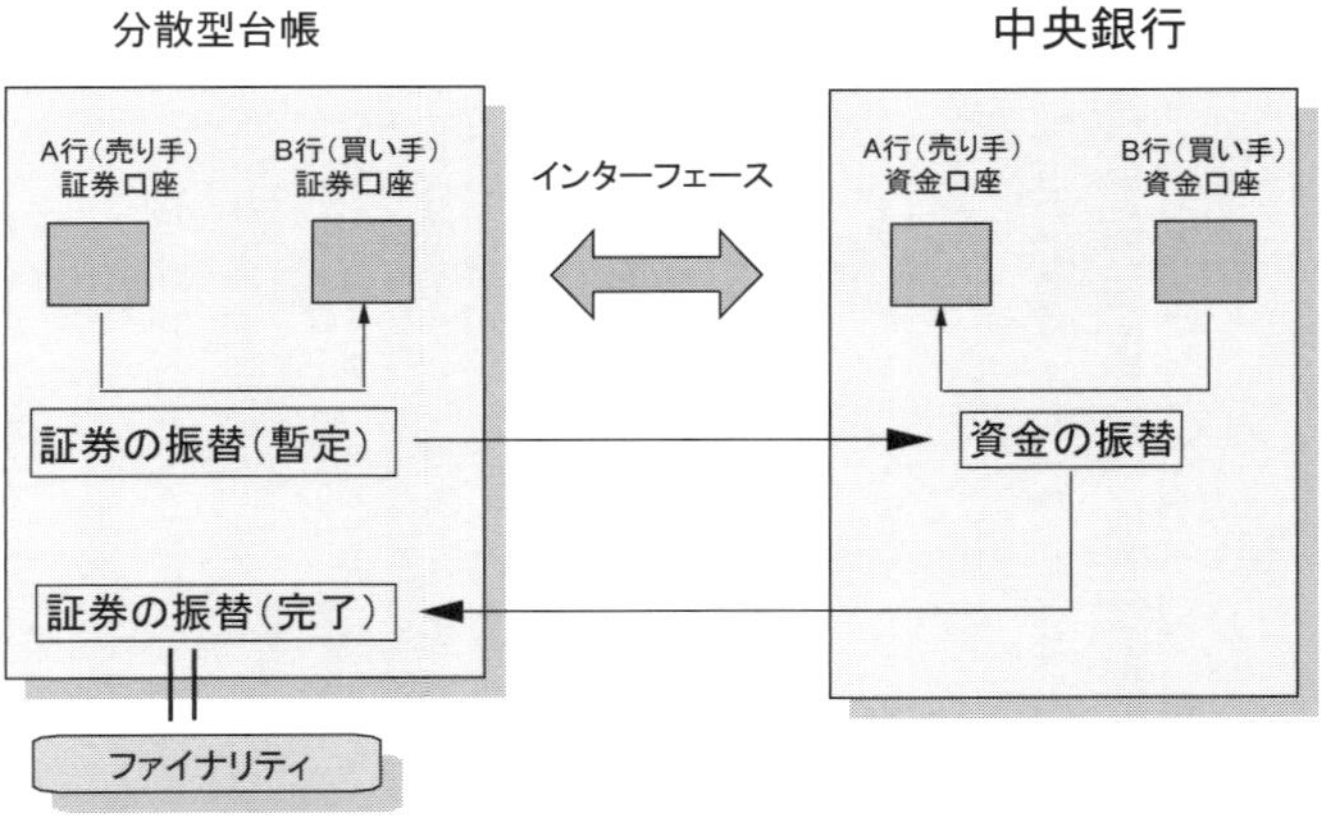

出所：筆者作成

そのメリットは帳消しになってしまいます。証券決済に分散型台帳技術が導入された場合にも、DVP決済の確保は、やはりリスク対策として必要不可欠な要件なのです。

では、分散型台帳技術によって証券の引渡しを行った場合には、どのようにDVP決済を実現すればよいのでしょうか。この点については、①既存の決済インフラとの連携、②民間決済コインの活用、③中央銀行デジタル通貨の活用という3つの方法が考えられます。

①既存の決済インフラとの連携

まず、分散型台帳の環境と既存の決済インフラとを連携させることによって、「証券レグ」（証券の受渡し）と「資金レグ」（資金の受払い）をワンセットで行うという方式があります。この方式では、まず分散型台帳で、A行からB行への証券の引渡しを行います。この段階では、この引渡しはまだ暫定的な振替にとどめておき（または対象証券をエスクロー勘定に入れておき[8]、その結果を中央銀行に連絡します。そして、中央銀行ではB行からA行への資金の振替（資金レグ）を実施し、その結果を分散型台帳に連絡します。分散型台帳側では、中央銀行からの資金決済の完了通知を受けて、証券の振替を完了させ、証券レグをファイナルなものとします（図表7－4）。

こうしたDVPの仕組みは、証券決済を行う機関と資金決済を行う機関が別々となっている場合には、通常の証券決済でもよく用いられている手法です（たとえば、証券保管振替機構と日本銀行の間でもこうした連携が行われています）。こうした手法は、2つの機関のシステムをつなぐインターフェースを介して行われるため、「インターフェース決済モデル」と呼ばれます。ただし、この方法では、分散型台帳による証券の引渡し（証券レグ）と、分散型台帳によらない資金の受払い（資金レグ）とが、分断されたかたちになってしまう（そのために両システムの間で何度も情報のやり取りが必要となる）点が難点となります。前述のJPXの実証実験では、証券レグのみを分散型台帳上で行うこととしており、このモデルが採用されています。

②民間決済コインの活用

次に、民間の決済コインを利用する方法があります。「民間決済コイン」とは、分散型台帳のネットワークで使われる一種の仮想通貨のことです。この民間決済コインは、市場参加者が法定通貨（日本円など）を民間銀行に預託し、それを裏付けとして民間銀行が分散型台帳上に発行するものです。この場合、証券と資金（決済コイン）が両方とも、分散型台帳上に存在しますので、証券の受渡しと資金の受払いの両方を分散型台帳上で実行することができ、同じ環境下でのDV

図表7−5　民間決済コインの活用

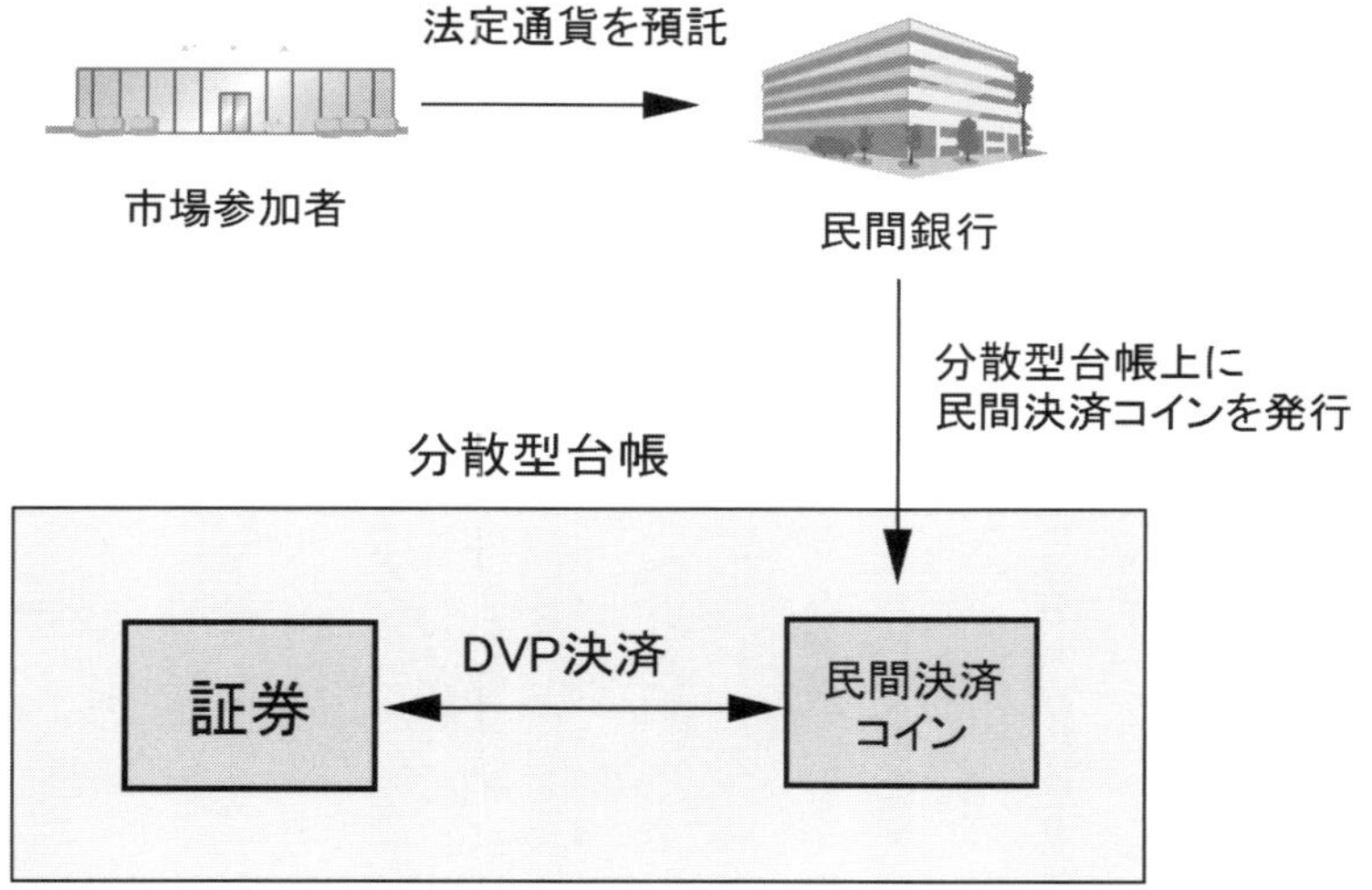

出所：筆者作成

P決済が可能となります（図表7－5）。つまり、前述したインターフェース決済モデルに比べると、DVP決済が分散型台帳の環境の中で完結する点がメリットとなります。第5章でみたUBS、BNYメロンなどが進めている「ユーティリティ決済コイン」（USC）は、民間銀行が発行した決済コインを金融取引の決済に利用しようとするものであり、まさにこうした機能を実現しようとしているものです。

この方式のメリットは、民間決済コインの価値が、民間銀行に預託されている法定通貨（日本円など）の価値によって担保されているという点です。いわば、法定通貨の価値によって100パーセント担保された仮想通貨になります。一方で、民間決済

8　「中立的な第三者」の口座のことです。

コインの法的な性格が、発行主体である「民間銀行の負債」となる点がデメリットとなります。つまり、民間銀行はあくまで民間の主体ですので、破たんのリスクが残されており、厳密な意味ではファイナリティが得られない可能性があるのです。ファイナリティの点からは、本来、証券決済に用いる決済コインは、倒産の可能性のない中央銀行が発行したものが望ましいのです。

③中央銀行デジタル通貨の活用

3つ目が中央銀行デジタル通貨を利用する方法です。「中央銀行デジタル通貨」とは、上記のような決済コインを中央銀行が分散型台帳上に発行したものであり、第5章で述べたデジタル通貨の3つの類型のうち、「決済コイン型デジタル通貨」にあたるものです。発行にあたっては、法定通貨（日本円など）の預託を受けたうえで、預託額に応じた額が発行され、100パーセントの法定通貨の価値を裏付けにしたデジタル通貨（決済コイン）となります。この場合にも、証券（デジタル証券）と資金（デジタル通貨）の両方が分散型台帳上に存在することになりますので、両者の間でのDVP決済を行うことができます。さらに、この決済コインの発行主体は中央銀行ですので、市場参加者の間で決済コインの受渡しが行われた段階で、直ちに資金決済の「ファイナリティ」が得られるというメリットがあります（図表7－6）。

賢明な読者は、こうした中央銀行の決済コインの使い方が、第4章でみたカナダ中銀のCADコインやシンガポール（MAS）のデジタルSGDの利用方法によく似ていることに気付かれたのではないでしょうか。そして、ここに来て、各国の中央銀行が相次いで決済コイン型のデジタル通貨の実証実験に踏み切っている理由にも思い当たったのではないでしょうか。

図表7−6　中央銀行デジタル通貨の活用

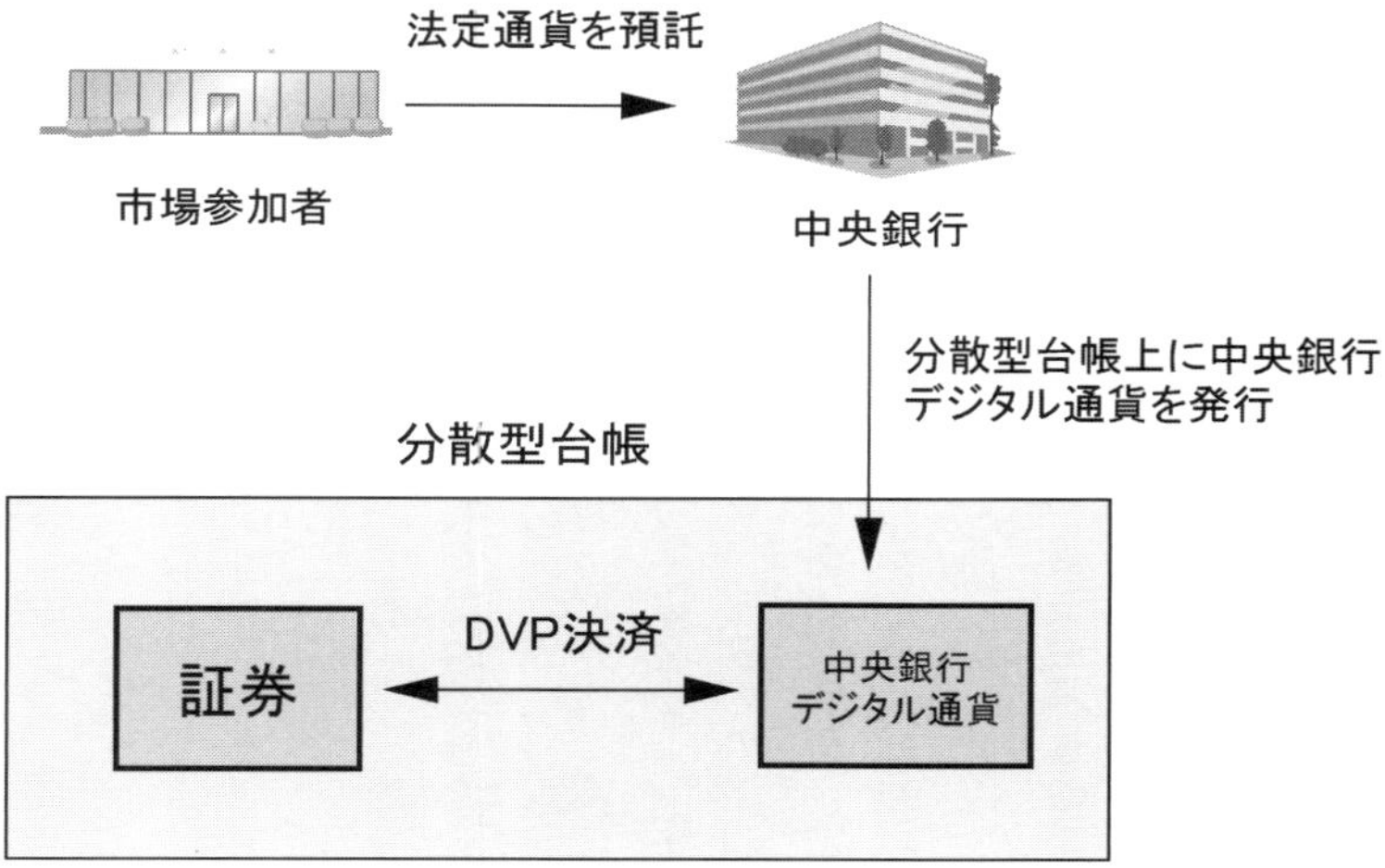

出所：筆者作成

ご明察のとおり、各国中銀がデジタル通貨の実証実験を行っている背景には、証券決済へのブロックチェーン（分散型台帳技術）の応用が進んだ場合には、それに対応して、分散型台帳ネットワーク上で「決済コイン」が必要になるという「読み」（あるいは洞察）があるものとみられます。しかも、ファイナリティの点を考慮した場合には、その決済コインは、中央銀行が発行する「公的な決済コイン」であることが必要となります。ここに、中央銀行がデジタル通貨（決済コイン）の発行に向けて準備を進めている意味があるのです。

このように考えると、証券決済へのブロックチェーンの応用の動きと中央銀行の決済コイン型デジタル通貨の発行に向けた動きとが、表裏一体の関係にあることが分かります。実は、両者は密接に関連しているのです。

ちなみに、欧州中央銀行（ECB）におけるブロックチェーン技術の責任者（フィンテック・コーディネーター）であるD・ブルマン氏は、「もし、証券市場がブロックチェーンの採用に比較的素早く動くのであれば、我々は確実に、ブロックチェーンの世界と中央銀行の世界とがスムーズに相互交流できるようにしなければならない」と述べており、中央銀行が証券市場の対応を見ながら、決済コイン（デジタル通貨）への対応を進めていることを裏付けています。

（3）ネッティング機能はなくなってもよいのか

分散型台帳環境において「ネッティング機能」をどうやって維持するのかも、大きな課題です。証券決済では、多くの場合、決済の金額や件数を削減してリスクを圧縮するために、「資金や証券の受けと払いを差引き計算し、それらの差額を決済する方法」である「ネッティング」が行われています。この役割は、各国市場にある「清算機関」（CCP：セントラル・カウンターパーティ）によって担われています。CCPは、売り手と買い手の間に入って、「売り手にとっては買い手、買い手にとっては売り手」となることによって、取引相手が債務不履行（デフォルト）となった場合のリスクを削減するほか、資金や証券の決済件数を圧縮して決済のコストを軽減しています（図表7－7）。

分散型台帳の導入によって、すべての取引が取引者同士の間で直接、1件ごとに決済されるようになると、こうしたCCPの機能は必要なくなるのかもしれません。しかし、その場合には、ネッティングが有していた決済リスクの削減効果がなくなってしまい、かえってリスクを高める

図表7−7　証券決済におけるCCPの役割

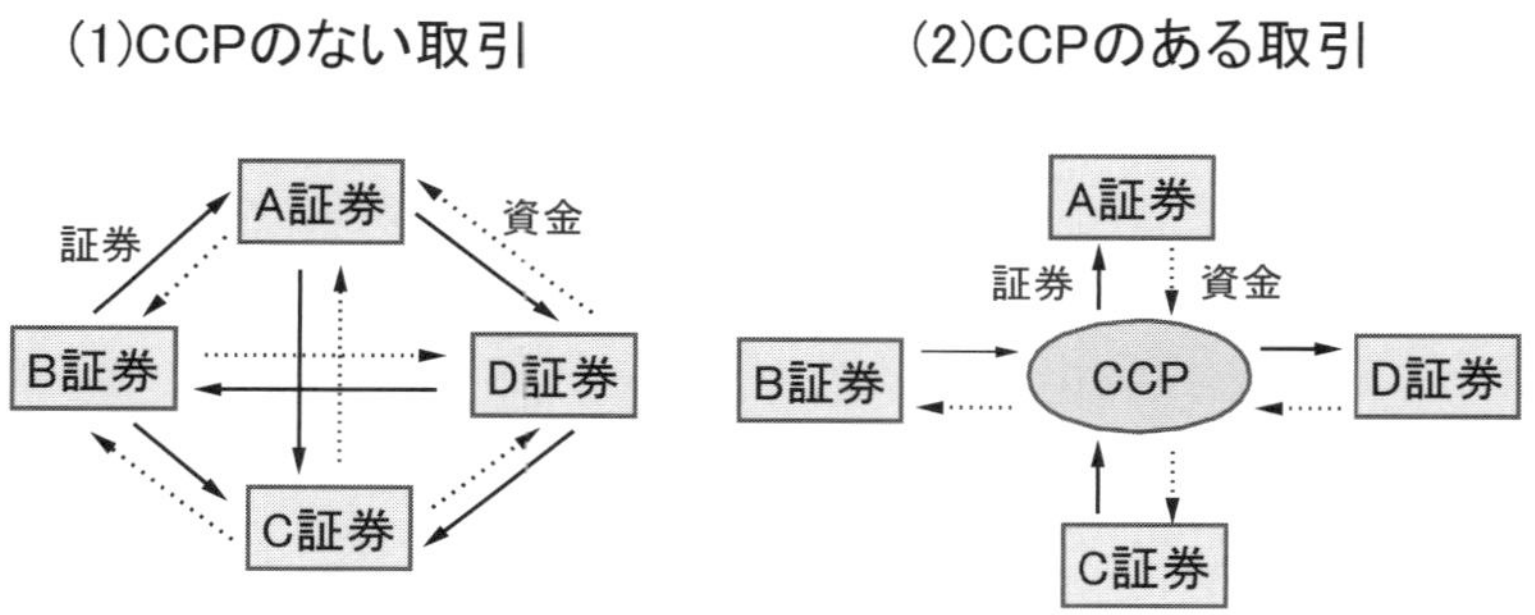

出所：中島・宿輪（2008）

結果になる可能性があります。当然のことながら、これは望ましいことではありません。このため、分散型台帳のネットワーク上にＣＣＰの機能を実現するなど、決済リスクの削減と決済の効率化を両立させるような何らかの仕組みが必要になるものとみられます。

（4）既存システムの全面入れ替えには膨大なコストが必要

証券市場の参加者は、すでにシステムに巨額の投資を行っており、証券決済機関や清算機関との間をネットワークで接続して、大規模なコンピュータ・システムにより証券決済を行っています。したがって、これを全面的に分散型台帳技術のシステムに変更するためには、システム入れ替えのための膨大な「リプレースメント・コスト」（移行コスト）が必要となります。これは、すべての市場参加者にとって、大きな負担となるでしょう。

したがって、すでにシステム化が進んでいる上場株式の決済などのメイン業務（コア・サービス）については、直ちに分散型台帳技術の導入を進めることはなかなか難しいものとみられます。むしろ、これまでインフラが未整備であり、人手をかけたマニュアル処理のウェイトが高かった分野において、先行して導入が図られていく可能性が高いでしょう。これまで非効率であったこうした業務分野としては、「未公開株式の取引」「議決権行使」「コーポレートアクション」などの例が挙げられます。これらはいずれも、上述したナスダックやスイス証券取引所などの実証実験で取り上げられているものであり、これらの関係者が、導入の必要性や実現の可能性が高いと判断している分野であるとみることができます。

＊＊＊

このように、証券決済については、上場株式などのメイン業務へのブロックチェーンの導入には、まだしばらく時間がかかるものとみられますし、また導入にあたっては、ファイナリティやDVP決済、ネッティング機能など、考慮すべき点も多くあります。しかし、証券決済において分散型台帳技術の導入が進展すれば、それが即座に中央銀行によるデジタル通貨（決済コイン）の発行を促す面もあり、両者は相互に影響を与えながらセットで発展していくものと考えられます。各国市場で、多くの証券取引所が続々と実証実験に乗り出してきていることや、特許出願によるブロックチェーン技術の囲い込みの動きも進みつつあることなども含めて、今後も注目していくことが必要でしょう。

おわりに

ビットコインの価格は、２０１７年に入ってから4倍以上に、また分裂騒動前の安値（7月半ば）からの2カ月弱の間に2倍以上に急伸しています。こうした値上がりを本当に喜んでいるのは、最近になって少額を投資した個人投資家ではなく、実は全体の9割を保有している１％の保有者であることでしょう。しかし、こうした中でも急激な値上がりに対する警戒の声はあまり聞かれておらず、さらなる強気の見通しが多数派を占めているようです。

本文で述べたように、こうした動きがバブルであると断定することはできませんが、仮想通貨の仕組みに疎《うと》い人ほど相場の先行きには楽観的であり、中身に詳しい人ほど警戒的にみているという傾向が強いようです。後者の代表として、たとえば日本銀行の元フィンテックセンター長である岩下直行氏（京都大学教授）は、「中期的にはビットコインがそのまま価値を保ち続けるとは考えられない」と述べています。また、バブルの研究者として有名なノーベル賞学者のロバート・シラー氏（イェール大学教授）は「『根拠なき熱狂』の最も典型的な例がビットコインだ」としており、さらにジェイミー・ダイモン氏（ＪＰモルガンチェースのＣＥＯ）も「ビットコインは、チューリップ・バブルよりひどく、良い終わり方はしないだろう」と評価しています。

少なくとも言えることは、「永遠に上がり続ける資産は存在しない」ということであり、このことは、バブル崩壊を経験したわれわれ日本人が世界中で一番よく知っているはずです。これは「永遠に続くことができないものには、必ず終わりが来る」（米国のエコノミスト、ハーバート・スタイン氏の名言）と同義であり、ブームはいつかは終わるものであることを肝に銘じておきたいものです。

２０１７年9月に、中国当局は突然、国内の仮想通貨取引所での取引を全面的に禁止する方針を発表し、中国の３大取引所が10月末までに閉鎖されることになりました。これまで圧倒的なウエイトを占めてきた中国での取引が恒久的に禁止されれば、グローバルな仮想通貨市場への影響は必至とみられます。思い返すとわが国でも、90年代のバブル崩壊の引き金を引いたのは、当局による不動産融資への総量規制でした。同じように、ビットコインについても、こうした各国の規制強化が相場の流れを変えるトリガーになるのかもしれません。

ビットコインは、２０１７年8月に2つに分裂しましたが、11月にはさらなる分裂が発生する可能性も指摘されています。2度目の分裂が起きると、ビットコインは3つのバージョンに分かれることになります。こうしてビットコインが何度も分岐を続けた場合には、やはり通貨としての信認は低下していかざるを得ないでしょう。こうした度重なる分裂騒ぎが「バブル・バースト」のきっかけになる可能性もあります。

いずれにしても、値上がり期待が強いうちは、ビットコインが支払手段として定着していくことは難しいものとみられます。本文でも述べたように「この先、値上がりすると思っているものを、今の支払いに使うことはない」ためです。このため、「ビットコインでみんながコーヒーを買うといった夢の世界は、幻《まぼろし》と消えてしまった」とされています。引き続き、値上がりを狙った「投資用資産」（インベストメント・アセット）としての使い方が、中心になっていくことでしょう。つまり、ビットコインは「通貨」ではなく、マネーゲームのための「投資商品」となっているのです。

敢えて大胆に予想すると、ビットコインを初めとする仮想通貨は、長期的には「ＦＸ取引」（外国為替証拠金取引）と同様な位置付けになっていくのではないかとみています。ＦＸ取引は、少額の証拠金をもとに多額の外貨の売買ができる仕組みであり、レバレッジがかけられる（少ない資金で大きな取引が可能である）ことから、投機的な取引を好む個人投資家が中心となっています。日本のＦＸ投資家は、海外でも「ミセス・ワタナベ」の愛称で知られる存在となっていますが、相場への影響は限定的であり、やはり外為取引の中心となって為替レートの水準を決めているのは、インターバンク市場の参加者（つまり銀行）です。ＦＸ取引の動向が、わざわざメディアで取り上げられることも、ほとんどありません。仮想通貨についても、徐々にそうした位置付けになっていくのではないでしょうか。最近では、ヘッジファンドが仮想通貨投資に乗り出してきており、投機色の強い投資家層による偏った市場となっている点はＦＸ取引と同様です。また仮想通貨取引所では、15～25倍もの高いレバレッジをかけた取引を行うことが可能となっており、取引の手法もＦＸ取引にそっくりになってきています。

＊＊＊

国際送金の分野では、本文で述べたように、リップルがブロックチェーン技術を使って送金のネットワークを構築しようとしていますが、防戦に追われるSWIFTでは、それに対抗するために「gpiイニシアティブ」と呼ばれるプロジェクトを開始しています。これは、従来のコルレス銀行を通じた国際送金を、①即日着金にする、②手数料を透明化する、③送金に追跡機能をつける、といった形に改革するものです。さらにSWIFTでは、ブロックチェーンを使った「ノストロ照合のリアルタイム化」のための実証実験にも着手しています。世界の主要な銀行では、海外のコルレス銀行にある自行口座（ノストロ口座）の残高を毎日、確認する照合作業を行っています。数十～数百行を対象にこうした確認作業を行うためには、膨大な手間がかかっていましたが、ブロックチェーンを使えば、このノストロ照合を簡便かつリアルタイムに行うことができるようになります。

この事例のように、ブロックチェーンは、分散型帳簿を共有する仕組みとして、複数の当事者間でデータや情報を共有するのに向いているものとみられます。ここに、今後、さまざまなビジネスシーンにおいてブロックチェーンの活用を考えていくうえでのヒントがあるような気がします。また、このSWIFTの事例にもみられるように、新規参入者による新たなサービスの展開とともに、既存の事業者においてもブロックチェーンを利用した業務革新の動きが出てくることになるでしょう。そしてこうした「ブロックチェーンによる革新」の波は、新旧の事業者同士の競争を通じて、一層広がりをみせていくことになるでしょう。

＊　＊　＊

中央銀行のデジタル通貨については、本文でいくつかの中央銀行の実証実験の事例を紹介しましたが、ここに来て、東欧の小国エストニアが、「エストコイン」(estcoin) と名付けられたデジタル通貨の発行に名乗りを上げています。エストニアは、人口130万人ほど(青森県と同程度)の小国ですが、実はブロックチェーンの利用においては、世界でも最も進んだ国であり、2014年からすでに同技術に基づく「eレジデンシー制度」(電子居住制) を導入しています。これは、海外に住む外国人を「デジタル市民」として登録させ、自国民に準じた行政サービスを提供するものです。eレジデンシーは、スタートアップや企業家の呼び込みを狙いとしており、すでに、138カ国から2万2千人以上が登録を済ませています。ネット上で会社登記などの行政手続きもできるため、デジタル市民になっておけば、現地に行かなくても会社設立を行うことができ、すでに海外の電子居住者により1700社以上が設立されています。エストコインを発行するという計画は、このeレジデンシーの責任者が提唱しているものであり、すでにブロックチェーン利用のノウハウをかなり蓄積しているため、「世界で初めて公的なデジタル通貨を発行するのは、エストニアになるのではないか」とする見方も出ています。ただし、そこで問題となるのは、エストニアがすでに共通通貨「ユーロ」を導入しており、自国通貨を廃止してしまっていることです。エストニアが勝手にユーロ建てのデジタル通貨を発行しようとしても、それをユーロ圏の他国や欧州中銀 (ECB) が認めるのかということが大きな争点となりそうです。その際、エストニア側では「これは法定通貨ではなく、ただの公的なトークンだ」とでも言うのでしょうか。

将来的に、中央銀行がブロックチェーン技術を応用した「デジタル通貨」を発行し、それを一般の人が広く利用できるようになった日のことを想像してみてください。その場合、管理主体も発行主体も存在していない仮想通貨と中央銀行という信頼される発行主体によるデジタル通貨のうち、人々はどちらの方を信用し、幅広く使っていくことになるでしょうか。生き延びる通貨はどちらになっていくのでしょうか。筆者には、その答えは「言わずもがな」のように思えますが、読者の皆さんはどう考えるでしょうか。いつの日か、人々が中央銀行の発行したデジタル通貨を自在に使いこなす環境が実現したものとすると、仮想通貨は「デジタル通貨時代」への橋渡し役を果たしたものとして一定の評価を受けることになるのかもしれません。

＊＊＊

最後になりましたが、本書の出版にあたっては、『中央銀行が終わる日』（新潮選書）の著者であり、日銀時代の先輩でもある早稲田大学の岩村充教授に、新潮社の三辺直太氏をご紹介いただきました。三辺氏は、文章が硬くなりがちな筆者に対して、執筆の上で多くのサジェスチョンを与えてくれ、また『アフター・ビットコイン』という、自分ではとても思いつかないような書名もつけてくれました。この場を借りて、お二人に御礼を申し上げます。

＊＊＊

ブロックチェーンは、まだまだ発展途上の技術であり、今後もさらに機能の拡充や多様化が進展していくものとみられます。また、民間銀行、証券取引所、中央銀行などによる実証実験も、引き続き進んでいきます。「アフター・ビットコイン」におけるブロックチェーンのインパクトからは、今後も目が離せません。

2017年9月　中島　真志

possibilities and impacts" March 2017
Bech, M. L. & Hobijn, B. (2007) "Technology Diffusion within Central Banking: The Case of Real-Time Gross Settlement" *International Journal of Central Banking*, Vol. 3 No. 3, September 2007
BIS (1996) "Implications for Central Banks of the Development of Electronic Money" October 1996
BIS (2012) "Principles for Financial Market Infrastructures" April 2012
BIS (2015) "Digital Currencies" November 2015
BIS (2017) "Distributed Ledger Technology in Payment, Clearing and Settlement" February 2017
BOE (2014) "Innovations in Payment Technologies and the Emergence of Digital Currencies" *Quarterly Bulletin*, 2014 Q3
BOE (2015) "One Bank Research Agenda" Discussion Paper, February 2015
BOE (2016) "The Macroeconomics of Central Bank Issued Digital Currencies" Staff Working Paper, No. 605, July 2016
Cheah, E. & Fry, J. (2015) "Speculative Bubbles in Bitcoin Markets?" *Economics Letters*, Vol. 130, May 2015
Danezis, G. & Meiklejohn, S. (2016) "Centrally Banked Cryptocurrencies," February 2016
Deloitte & Monetary Authority of Singapore (2016) "Project Ubin: SGD on Distributed Ledger" January 2016
Dyson, B. & Hodgson, G. (2016) "Digital Cash: Why Central Banks Should Start Issuing Electronic Money" Positive Money, January 2016
European Central Bank (2016) "Distributed Ledger Technologies in Securities Post-Trading: Revolution or Evolution?" Occasional Paper Series, No. 172, April 2016
European Securities and Markets Authority (2017) "The Distributed Ledger Technology Applied to Securities Markets" Report, February 2017
FINRA (2017) "Distributed Ledger Technology: Implications of Blockchain for the Securities Industry" January 2017
Fung, B. S. C. & Halaburda, H. (2016) "Central Bank Digital Currencies: A Framework for Assessing Why and How" Staff Discussion Paper, 2016-22, Bank of Canada, November 2016
Garratt, R. (2016) "CAD-coin versus Fedcoin" R3 academic paper, November 2016
Mills, D. et al. (2016) "Distributed Ledger Technology in Payments, Clearing, and Settlement" Finance and Economics Discussion Series, 2016-095, Board of Governors of the Federal Reserve System
OECD (2002) "The Future of Money"
Raskin, M. & Yermack, D. (2016) "Digital Currencies, Decentralized Ledgers, and the Future of Central Banking" NBER Working Paper, No. 22238, May 2016
Riksbank (2016) "Should the Riksbank issue e-krona?" Speech by Cecilia Skingsley, November 2016
Satoshi Nakamoto (2008) "Bitcoin: A Peer-to-Peer Electronic Cash System"

【参考文献】

岩下直行（2016）「中央銀行から見たブロックチェーン技術の可能性とリスク」IBM Blockchain Summit 2016 資料、2016 年 11 月
岩村充（2016）『中央銀行が終わる日』新潮選書
大塚雄介（2017）『いまさら聞けない ビットコインとブロックチェーン』ディスカヴァー・トゥエンティワン
岡田仁志・高橋郁夫・山﨑重一郎（2015）『仮想通貨』東洋経済新報社
翁百合（2016）「ブロックチェーンは社会をどう変えるか」NIRA オピニオンペーパー、2016 年 12 月
木ノ内敏久（2017）『仮想通貨とブロックチェーン』日経文庫
斉藤賢爾（2017）『未来を変える通貨　ビットコイン改革論（新版）』インプレス R&D
全国銀行協会（2017）「ブロックチェーン技術の活用可能性と課題に関する検討会報告書」2017 年 3 月
高木聡一郎（2017）『ブロックチェーン・エコノミクス』翔泳社
中島真志（2009）『SWIFT のすべて』東洋経済新報社
中島真志・宿輪純一（2008）『証券決済システムのすべて（第 2 版）』東洋経済新報社
中島真志・宿輪純一（2013）『決済システムのすべて（第 3 版）』東洋経済新報社
日本銀行金融研究所（1997）「電子マネーの一実現方式について　安全性、利便性に配慮した新しい電子マネー実現方式の提案」『金融研究』、第 16 巻第 2 号、1997 年 6 月号
日本銀行決済機構局（2015）「「デジタル通貨」の特徴と国際的な議論」日銀レビュー、2015-J-13、2015 年 12 月
日本銀行決済機構局（2016a）「決済の法と経済学」日銀レビュー、2016-J-3、2016 年 3 月
日本銀行決済機構局（2016b）「中央銀行発行デジタル通貨について」日銀レビュー、2016-J-19、2016 年 11 月
日本取引所グループ（2016）「金融市場インフラに対する分散型台帳技術の適用可能性について」JPX ワーキング・ペーパー、Vol. 15、2016 年 8 月
野口悠紀雄（2014）『仮想通貨革命』ダイヤモンド社
野口悠紀雄（2017）『ブロックチェーン革命』日本経済新聞出版社
ビットバンク株式会社 &『ブロックチェーンの衝撃』編集委員会（2016）『ブロックチェーンの衝撃』日経 BP 社
ブロックチェーン研究会（2016）「国内の銀行間振込業務におけるブロックチェーン技術の実証実験に係る報告書」2016 年 11 月
柳川範之・山岡浩巳（2017）「ブロックチェーン・分散型台帳技術の法と経済学」日本銀行ワーキングペーパー、No. 17-J-1、2017 年 3 月
Bank of Canada（2017）"Project Jasper: Are Distributed Wholesale Payment Systems Feasible Yet?" *Financial System Review,* June 2017
Baur, D. G., Hong, K., Lee, A. D.（2016）"Virtual Currencies: Media of Exchange or Speculative Asset?" SWIFT Institute Working Paper, No. 2014-007
BBVA Research（2017）"Central Bank Digital Currencies: assessing implementation

本文デザイン　森杉昌之
装　幀　新潮社装幀室

中島真志（なかじま・まさし）

1958年生まれ。81年一橋大学法学部卒業。同年日本銀行入行。調査統計局、金融研究所、国際局、金融機構局、国際決済銀行（ＢＩＳ）などを経て、現在、麗澤大学経済学部教授。博士（経済学）。単著に『外為決済とＣＬＳ銀行』、『ＳＷＩＦＴのすべて』、『入門 企業金融論』、共著に『決済システムのすべて』、『証券決済システムのすべて』、『金融読本』など。決済分野を代表する有識者として、金融庁や全銀ネットの審議会等にも数多く参加。

アフター・ビットコイン
仮想《かそう》通貨《つうか》とブロックチェーンの次《つぎ》なる覇者《はしゃ》

発　行／2017年10月25日

著　者／中島真志（なかじま・まさし）
発行者／佐藤隆信
発行所／株式会社新潮社
〒162-8711　東京都新宿区矢来町71
電話　編集部(03)3266-5611
読者係(03)3266-5111
http://www.shinchosha.co.jp

印刷所／株式会社光邦
製本所／加藤製本株式会社

ISBN978-4-10-351281-3　C0030